EL HOMBRE QUE
INVENTÓ A FIDEL

EL HOMBRE QUE INVENTÓ A FIDEL

CASTRO, CUBA Y
HERBERT L. MATTHEWS DEL *NEW YORK TIMES*

Anthony DePalma

Jorge Pinto Books Inc.
New York

Copyright 2006 © Anthony DePalma

El Hombre que Inventó a Fidel. Castro, Cuba y Herbert L. Matthews del New York Times

Copyright 2007 © Jorge Pinto Books Inc. (Edición en español)

Este libro fue originalmente publicado en inglés bajo el título *The Man who Invented Fidel. Castro, Cuba, and Herbert L. Matthews of the New York Times*, por PublicAffairs books, miembro de Perseus Books Group en los Estados Unidos de Norteamérica, quien autorizó la traducción y publicación de la obra en español. Queda prohibida, sin importar por qué medio se lleve a cabo, la publicación o reproducción de la presente traducción sin contar con el consentimiento expreso y otorgado por escrito del editor, Jorge Pinto Books Inc. 212 East 57th St., New York, NY 10022.

Todos los derechos reservados.

Publicado por Jorge Pinto Books Inc., sitio web: www.pintobooks.com

Traducción al español: Marta Merajver

Edición: Andrea Montejo

Diseño del libro: Charles King, sitio web: www.ckmm.com

Diseño de la portada: Susan Hildebrand

ISBN-10: 0-9790766-2-5
ISBN-13: 978-0-9790766-2-6

Copyright 2006 © Anthony DePalma

Copyright 2007 © Jorge Pinto Books (Spanish edition)
First published in the United States of America in 2006 by PublicAffairs, a member of the Perseus Books Group, as *The Man who Invented Fidel. Castro, Cuba, and Herbert L. Matthews of the New York Times.*

PublicAffairs books authorized the translation and publication of the book. No part of this book may be used or reproduced in any manner whatsoever with out written permission of the editor, Jorge Pinto Books Inc. 212 East 57th Street, New York, NY, 10022.

A Miriam,
Mi tesoro y mi verdad

Y a la memoria de
Mi adorada madre,
Phyllis DePalma

"Cuando todos los impostores hayan muerto, Matthews será leído en las escuelas para averiguar qué fue lo que realmente sucedió".
—ERNEST HEMINGWAY

"A menudo, la gran enemiga de la verdad no es la mentira, premeditada, efectista, y deshonesta, sino el mito, persistente, persuasivo, e ilusorio".
—JOHN F. KENNEDY

"Nuestras armas son nuestras ideas".
—CARTEL DE PROPAGANDA EN CUBA

CONTENIDO

INTRODUCCIÓN • 1

CAPÍTULO 1: ¿Hay algo más loco? • 9

CAPÍTULO 2: Mensaje desde las montañas • 25

CAPÍTULO 3: Verdaderos soldados de fortuna • 41

CAPÍTULO 4: El amanecer en la Sierra • 65

CAPÍTULO 5: Las impenetrables espesuras serranas • 77

CAPÍTULO 6: Un capítulo en una novela fantástica • 91

CAPÍTULO 7: El mejor amigo de los cubanos • 107

CAPITULO 8: Batallas decisivas • 123

CAPÍTULO 9: Es posible engañar a una parte de la gente... • 143

CAPÍTULO 10: Nadie lleva el paso, menos uno • 169

CAPÍTULO 11: Días oscuros • 187

CAPÍTULO 12: La larga lista de nombres • 215

CAPÍTULO 13: Lealtad • 227

CAPÍTULO 14: Un testigo cordial • 239

CAPÍTULO 15: Una buena pelea • 255

EPÍLOGO • 273

Indíce • 281

INTRODUCCIÓN

Una vida tras las huellas de la verdad le había enseñado a Herbert Lionel Matthews que ninguna mentira es más poderosa que los mitos, y que ninguna verdad es más frágil que aquella que nadie quiere oír. Estaba convencido de que un mito había arruinado prácticamente sus cuarenta y cinco años de carrera como editorialista, reportero, y corresponsal; uno de los corresponsales extranjeros más influyentes y controvertidos del siglo XX. Culpaba a las verdades desagradables al oído por convertir su vida en un infierno.

Ahora, en el verano de 1967, en una ventosa residencia veraniega de la Riviera francesa, acurrucado para protegerse de las ráfagas de diciembre y de los viejos fantasmas del pasado, Matthews estaba decidido a dominar los mitos y a dejar en libertad las verdades rechazadas en su momento. Buscando las pruebas que corroboraran que siempre había estado en lo cierto, examinó los archivos que había traído consigo al retirarse de *The New York Times* algunos meses atrás. Un buen día, por casualidad, encontró un trozo de papel perdido hacía ya mucho tiempo; tanto, que casi lo había olvidado desde el día que lo trajo de entre los muertos.

Matthews había supuesto que el papel había desaparecido para siempre. Y, sin embargo, ahí estaba, metido dentro de una polvorienta carpeta con fotografías de Cuba que hacía años no miraba. No recordaba cuándo había visto el papel por última vez, pero sí conservaba en la memoria la primera ocasión, como si estuviera tatuada en el reverso de sus apagados ojos castaños. Durante una vida entera de recuerdos extraordinarios que abarcaban docenas de países alrededor del globo, nada podía compararse con las tres horas que había pasado en la escarpada Sierra Maestra, al sudeste de Cuba, con un joven Fidel Castro que susurraba en sus oídos, fatigados de tanto escuchar hablar de guerras, sus sueños y esperanzas para una Cuba que nunca fue. Sabiendo que se encontraría frente a escépticos, Matthews le había pedido a Castro que firmara las notas que había tomado durante la entrevista. Con un bolígrafo de tinta azul, Castro garabateó su firma, confiada y precisa, comenzando por una efe mayúscula convencional rematada por una enérgica rúbrica, semejante a la cola de una cometa, que podría haberle costado un palmetazo en las escuelas católicas a las que había concurrido en su infancia. Luego agregó la fecha: 17 de febrero de 1957.

En aquellos día de cha-cha-cha y de Guerra Fría, cuando los Estados Unidos de Norteamérica rodeaban el globo con su vigoroso músculo militar mientras sus satisfechos ciudadanos vivían como si sólo tuvieran que preocuparse por pagar las cuotas de sus automóviles y por la amenaza comunista, Matthews se había internado en las impenetrables montañas cubanas, de las que había emergido con una exclusiva sensacional para la portada de *The New York Times*: Fidel Castro, a quien se creía muerto hacía ya meses, se encontraba sano y salvo, y había sido elegido para conducir la revolución en Cuba. Su firma, arrancada de las notas de Matthews, aparecía bajo una fotografía en la que se veía a Castro saliendo de los bosques con un rifle de mira telescópica y un rostro exento de malicia. La entrevista, llevada a cabo en el escondite de Castro en la Sierra, marcó un momento decisivo en la historia de Cuba y, pasando el tiempo, también en la de los Estados Unidos, puesto que señaló el primer escalón en el ascenso de Castro al poder. Por un tiempo, al menos, convirtió a Matthews y a Castro en figuras heroicas. Luego, cuando Castro se adhirió al comunismo, y el entusiasmo que el joven rebelde barbado había despertado en los estadounidenses se desvaneció, esta histórica entrevista llegó a ser considerada una misión inútil, si no algo peor. Quizá Castro había manipulado a un crédulo Matthews, o un Matthews con buena disposición hacia la causa había tomado partido por el líder rebelde. Durante los muchos años que siguieron a aquél encuentro fugaz en la Sierra, Matthews intentó que se escuchara su versión de la historia. Casi nadie le creyó, ni siquiera aquellos de quienes más había esperado comprensión.

Cuando se retiró del *New York Times*, no se le ofreció una gran fiesta de despedida, ni se descorchó champán, ni hubo largos discursos, ni palmadas en la espalda de felicitación fingida. Fue él mismo quien no consintió en ello, diciéndoles a sus colegas que celebrar su jubilación equivaldría a presenciar su propio funeral. Tal vez sea ésta una sensación compartida por muchos, pero el caso de Matthews era más complicado, puesto que era su reputación la que había muerto, víctima de las críticas salvajes que lo habían perseguido tanto en el periódico para el cual trabajaba como por fuera de él. Le quedaban pocos amigos en la sala de redacción. Cuando llegó el momento, Matthews se limitó a apagar las luces de su oficina, situada en el décimo piso del edificio de Times Square, y se marchó en silencio por la puerta giratoria con cantos de bronce, sin mirar atrás.

Partió hacia Cap d'Antibes, en la Riviera francesa, donde permaneció un tiempo en un apartamento que le prestó un amigo. En la década de los cincuenta, cuando Matthews se creía en la cima de su carrera, Cap d'Antibes era considerado como uno de los paraísos más atractivos y seductores del mundo; uno de los lugares preferidos por estrellas de cine y millonarios, gente a la que le fascinaba pasar allí sus momentos de ocio envueltos en las suaves brisas, siendo el blanco de todas las miradas. Ahora, la vieja ciudad balnearia había comenzado a pasar de moda, y Matthews también. Lastimosamente delgado y de aspecto frágil, con mirada hosca y resentida, pasaba gran parte de su tiempo en el apartamento, lejos del sol de la temporada baja, revisando los voluminosos archivos que había traído consigo para escribir una biografía de Castro con la que esperaba aclarar cómo habían ocurrido las cosas entre él y el líder.

El trozo de papel que portaba la firma de Castro constituía la clave para comprender cómo la vida de Matthews había sido vuelta del revés. Y, más aún, representaba la condición volátil de la verdad y la naturaleza imperfecta del periodismo. Esa firma testificaba que Matthews había estado con Castro y conversado con él acerca de la revolución. Eso, al menos, era un hecho indisputable y verdadero. Pero si la forma en que Matthews había descrito a Castro resultó una equivocación, ¿fue porque cometió un error de juicio o porque la compleja personalidad de Castro se había metamorfoseado con el correr del tiempo? En 1957 ¿cómo había sido el verdadero Fidel Castro? ¿Se trataba del joven que había se había adherido a la democracia antes de estampar su firma en las notas de Matthews? ¿O del demagogo comunista que venía desatando su furia contra los imperialistas *yanquis* desde hacía cinco décadas?

Matthews había hecho lo que creía ser el deber de todo periodista: encontrarse presente en los lugares y momentos en los que ocurren los sucesos importantes. Se jactaba de que jamás había informado nada de cuya veracidad dudara. Pero la verdad puede lastimar, y la paranoia generalizada de la Guerra Fría que reinaba en aquella época había distorsionado el concepto mismo de la verdad. La década de los cincuenta fue una época sumamente difícil para el periodismo. La televisión adquiría poder mientras Edward R. Murrow competía con el senador Joseph McCarthy en la ruinosa caza de brujas lanzada contra los comunistas. La prensa tradicional comenzaba a abandonar los sentimientos patrióticos que tanto alentaron durante la Segunda Guerra Mundial en pro de una actitud más escéptica para con el gobierno. Matthews, convertido en una superestrella de la prensa en el preciso instante en que los periódicos se veían opacados por la televisión, terminó siendo culpado por facilitar la entrada del comunismo al hemisferio occidental. Se le acusó de ser anti-estadounidense y, peor aún, cuando el mismísimo periódico para el cual trabajaba pensó que se había involucrado demasiado con la historia, le prohibió escribir acerca del tema que conocía mejor que cualquier otro periodista del país. A pesar de ello, Matthews volvía una y otra vez a la cuestión cubana. Coincidía con los pocos que continuaban apoyándolo en que culparlo a él por lo sucedido en Cuba era tan irrazonable como responsabilizar a un meteorólogo por una tormenta que hubiera anunciado. Sin embargo, él sentía que eso era precisamente lo que había ocurrido, y estaba más decidido que nunca a barrer con los mitos, mirar más allá de las leyendas, y relatar la verdad.

¿Dónde, exactamente, acaba el mito y comienza la verdad? Esta fue la pregunta que comencé por plantearme hace varios años, cuando comencé a indagar en las primeras épocas de Castro el rebelde. Investigar la historia de Matthews se convirtió para mí en una investigación personal sobre la mismísima naturaleza de la verdad.

A principios de 2001, un redactor del *New York Times* me pidió que escribiera un obituario anticipado de Castro. Acogí la tarea con agrado a causa de mi propio interés en América Latina, donde me había desempeñado como corresponsal extranjero para el *New York Times*, y también por el interés que me despertaba Cuba, complicada y fascinante, y cuna de mi esposa Miriam, quien había vivido allí hasta poco después de que se produjera la revolución. Como la mayoría de los otros periodistas, yo también estaba enterado de la historia apócrifa del fracaso de Matthews, y era consciente de que un obituario de Castro publicado por el *New York Times* tendría que exponer los detalles del controvertido suceso. Sin embargo, algo acerca de ello me molestaba. La historia que circulaba afirmaba que Castro había hecho desfilar repetidamente a un puñado de hombres para embaucar a Matthews y hacerle creer que contaba con un ejército mucho mayor de lo que en realidad era, y que esa ingenua estratagema había constituido las bases de la revolución. Yo no lo creía así. Había visto un intento similar en 1994, en la jungla de Chiapas, el escenario donde se libraba la guerrilla en México. Un líder rebelde, con el rostro cubierto por una máscara y que se hacía llamar Subcomandante Marcos, organizaba una puesta en escena política que había denominado Convención Democrática Nacional, poco antes de la caótica elección presidencial de ese mismo año. Miles de simpatizantes de la izquierda venidos de todo el mundo estaban sentados sobre toscos bancos de ramas de árboles en un anfiteatro que los seguidores indígenas de Marcos habían esculpido sobre la ladera de una montaña. Llegado un momento del 'espectáculo', Marcos intentó impresionar a la multitud ordenando a sus soldados que desfilaran enfrente del escenario. A pesar de la música, que sonaba a todo volumen, y de los empujones de la multitud, no me costó mucho reconocer un mismo rifle maltrecho, calibre 22, en manos de un soldado indígena que hacía su segunda pasada frente al escenario. La bandana verde que asomaba del bolsillo posterior de otro soldado me confirmó la superchería de Marcos. Su propósito de confundir a la multitud era tan burdo que me costaba creer que alguien que no fuera el colmo de la ingenuidad pudiera dejarse engañar por una treta tan burda.

Cuanto más sabía acerca de Matthews, más difícil se me hacía creer que hubiera sido defraudado de la misma manera. Leí sus libros, comenzando por la biografía de Castro que había escrito en Antibes, y examiné todos los artículos que había publicado sobre Cuba, comenzando por la entrevista en la Sierra Maestra. Descubrí que eran mucho más intensos y menos profesionales de lo que esperaba. Ardían con una pasión indisimulada que, en ocasiones, se cristalizaba en una inclinación inconfundible por la figura de Castro. Me esforcé por entresacar la verdad a partir del mito creado sobre Castro y su revolución, y mi curiosidad se tornó en duda. Algunos hechos del pasado de Matthews indicaban que se trataba de un ideólogo, de un simpatizante de la causa socialista que no tenía reparos en utilizar su posición para difundirla. Pero su escritura destilaba honestidad, y criticaba sus propios artículos, admitiendo que había cometido errores acerca de algunos hechos, pero que jamás había escrito algo que no creyera verdadero en el momento de volcarlo sobre el papel. Semejante contradicción despertaba interrogantes sobre la mismísima naturaleza de la verdad. Si se informa una verdad que luego resulta no ser tal, ¿fue verdad alguna vez? Y si, como parecía ser el caso, aquellas primeras versiones influyeron en las decisiones políticas que Estados Unidos adoptó en su trato con Cuba y Castro, ¿era Matthews responsable de ello?

Poco después de concluir mi obituario de Castro, las ciudades de Nueva York y Washington D.C. sufrieron ataques terroristas. Muchas cosas cambiaron en los meses y años posteriores, y hubo momentos en que parecía que era necesario redefinir el concepto de verdad. Llegué a darme cuenta de que las dificultades a las que se había enfrentado Matthews se parecían mucho a las que flotaban en el aire en los albores del siglo XXI. La Guerra Fría de los tiempos de Matthews era como la guerra antiterrorista de los nuestros: ambas confrontaciones, fuera de los patrones convencionales, representan un choque de ideas sin frentes de batalla predeterminados ni estrategias militares convencionales. Ambas tejen sospechas y pintaban a los disidentes como al enemigo. El macartismo de la década de los cincuenta renació en las obsesiones de la era del terrorismo. Aunque sin alcanzar a comprenderlo plenamente, Matthews sospechó hasta qué punto la Guerra Fría distorsionaba la política exterior de los Estados Unidos. Corresponsal veterano que había cubierto con energía y valor la invasión de Etiopía por Italia, la Guerra Civil Española, y toda la Segunda Guerra Mundial, estaba familiarizado con las armas. Sus notas periodísticas evidenciaban que era un observador atento, un escritor de pluma suelta, y un reportero perspicaz. Henry Hemingway dijo de él que era "valiente como un tejón". A medida que proseguía con mi investigación, se me hacía cada vez más difícil creer que un hombre de tales méritos pudiera haber sido engañado por Castro. Entonces el interrogante adquirió características más complejas, puesto que si no había sido víctima de un engaño, ¿había tomado partido al principio de la nueva fase de Cuba y distorsionado deliberadamente la verdad?

Cuando la cruzada antiterrorista devino en la guerra de Irak, y no se encontraron armas de destrucción masiva, los periódicos, especialmente el *New York Times*, fueron severamente atacados. El primer caso fue el de un joven reportero llamado Jayson Blair, quien intencionalmente mintió a jefes y lectores. El *New York Times* se refirió a este episodio como a "la cota periodística más baja del periódico en sus 152 años de historia". Dos años después, Judith Miller, una de las reporteras-estrella del periódico, se vio atrapada en la investigación de una filtración de información proveniente de la Casa Blanca que abría nuevas preguntas acerca de sus infundados informes sobre la existencia de armas de destrucción masiva en Irak, publicados con anterioridad al inicio de la invasión. Miller fue blanco de furiosas críticas por haber depositado su confianza en Ahmed Chalabi, una dudosa fuente iraquí, y en algunos funcionarios de la administración Bush que, según parecía, la habían manipulado para reforzar sus argumentos a favor de la guerra. "Si tus fuentes están equivocadas, tú también lo estás", declaró Miller, como un extraño eco de los informes de Matthews sobre Cuba cincuenta años antes. En medio de actos de desesperación, tales como retorcerse las manos, y de la autoflagelación que siguió a ambos incidentes, el nombre de

Matthews salió a luz a menudo, junto con el de Walter Duranty, otro controvertido corresponsal del *New York Times*. Los directores de sección del periódico se distanciaron del trabajo que éste había realizado en la Unión Soviética, así como del Premio Pulitzer que le fue otorgado en 1932 por artículos abiertamente favorables al régimen de Stalin. Blair fue obligado a presentar su renuncia, y los directores criticaron públicamente a Miller antes de hacer lo mismo con ella. Pero en lo tocante a Matthews y sus informes sobre Cuba, no hicieron ningún comentario.

A medida que me adentraba en la vida de Matthews, uno de mis objetivos era averiguar si éste merecía ser incluido en la misma categoría que Duranty, Blair, y Miller. Antes de retirarse del *New York Times*, Matthews reconoció haber sido, por cierto, el hombre que inventó a Fidel. Se sentía orgulloso de ello, convencido de que su acto de creación le permitía ubicarse en la primera línea de la verdad, más que a cualquier otro periodista. Debido a mi interés por la historia de las relaciones entre los Estados Unidos y América Latina, necesitaba saber qué papel había desempeñado Matthews (si en verdad había desempeñado alguno) en convertir a una nación que, por lógica, debía haber sido nuestro buen vecino, en uno de nuestros más encarnizados y peligrosos enemigos. Respecto de Matthews, a quien nunca conocí, me encontraba en una situación peculiar. Mi primer artículo firmado apareció en el *New York Times* en 1977, un año después de su muerte. Pero mientras me encontraba trabajando en el obituario que anunciaría la muerte de Castro, necesitaba comprender en qué forma Matthews lo había resucitado de entre los muertos; necesitaba saber si había caído en la trampa de creer que la única verdad era la que él mismo había aprehendido y difundido. Hasta su muerte, Matthews estuvo firmemente convencido de que la historia le haría justicia a él y a su reputación, sin percatarse de que, medio siglo después, su entrevista con Castro seguiría despertando las mismas controversias, representando un momento singular de la paranoia resultante de la Guerra Fría que sobrevive desde entonces, encerrada en una botella sacudida por un mar de retóricas y recriminaciones.

Sin importar lo que Matthews haya escrito más tarde sobre Castro o sobre su propia vida, la historia vuelve a remontarse a aquellos días de principios de 1957, cuando sólo él sabía con certeza si Castro se las había ingeniado para sobrevivir al torpe episodio que el rebelde denominaba "mi invasión de Cuba".

CAPÍTULO I

¿Hay algo más loco?

Sábado 1º de diciembre, 1956
En algún lugar cercano a la costa sudeste de Cuba

Escucharon atentamente.
Envueltos en la oscuridad de la noche invernal, escucharon atentamente, esforzándose por oír la voz que se desvanecía.
—¡Aquí! ¡Aquí! ¡Aquí!
Las aguas eran tan negras como la noche impenetrable, un manto perfecto que absorbía todo vestigio de luz y desviaba todos los sonidos. Durante una semana, los ochenta y dos hombres apiñados a bordo de la maltrecha embarcación de recreo de sesenta y un pies de eslora se habían mantenido en silencio, susurrando apenas para poder deslizarse sin ser vistos por las patrullas apostadas por Fulgencio Batista, el dictador cubano que habían jurado derrocar. Ahora, presas del pánico, maldecían la noche y el mar, que se había llevado a uno de los suyos.
—¡Aquí! —la voz se iba apagando gradualmente, como pasos que se alejan por las calles de una ciudad.
Sólo los hombres más cercanos sabían que se trataba de Roberto Roque, quien había trepado al techo resbaladizo de la cabina del capitán en busca de un leve resplandor. Según los cálculos, el faro de Cabo Cruz, situado en un extremo de la densa zona boscosa de la provincia de Oriente, a unas 500 millas al este de La Habana, debería haber estado titilando en el horizonte. Sosteniéndose de un travesaño sujeto a la antena del yate, Roque se había inclinado hacia delante, esforzándose por entrever algún destello en las alturas, para dar así a los hombres la esperanza de que estaban por tocar tierra. Pero no había nada.
Que no les fuera posible encontrar el camino de regreso a casa parecía una señal que apuntaba a la naturaleza dudosa de su propósito. Después de todo, Cuba es por mucho la mayor de las islas del Caribe, con sus 2.319 millas de litoral y varias cadenas de montañas, incluyendo la escarpada Sierra Maestra en Oriente, con el Pico Turquino elevándose por encima de todo lo demás. La isla se desparrama a través de las aguas celestes del Caribe al modo del

humo de una fogata, ondulando directamente en dirección a las costas amedrentadoras de los Estados Unidos. Y, al igual que el fuego, es caliente y etérea, desde la sofocante ciudad de Santiago de Cuba en el este hasta la sofisticada La Habana en el oeste. Entre ambas se encuentran granjas, playas, ferrocarriles, fábricas, museos, teatros de ópera, mujeres elegantemente ataviadas, y astutos hombres de negocios de oscuros cabellos, todo ello conformando un completo y exótico mundo mágico. Pero ellos no lograban encontrarlo.

Roque comenzó a dejarse caer sobre la maraña de piernas y brazos enredados como sogas en la cubierta. En ese momento, una ola sacudió la vieja carcaza, y las fuerzas lo abandonaron.

—¡Detengan las máquinas! —gritó alguien. Todos los hombres que estaban en condiciones de mantenerse en pie se asomaron por la borda, pero era como clavar la vista en las profundidades del pozo de una mina.

—¡Aquí!

Pichirilo Mejías, el piloto dominicano, haló el timón con fuerza para hacer girar el barco en dirección contraria, navegando con la esperanza como única guía. Continuaba girando y girando, pero era inútil. ¿Cómo divisar la cabeza de un hombre meciéndose como un coco en el agua cuando ni siquiera podían reconocer las costas irregulares de Cuba? Los hombres estaban fatigados y hambrientos, y hartos del mar que los había torturado durante los siete días anteriores mientras, desde Tuxpan, atravesaban el Golfo de México en dirección a las aguas cercanas a la costa sudeste de su patria hechicera. Ya estaban retrasados sin remedio. Habían escuchado la chirriante radio de a bordo mientras la insurrección que se suponía debían haber iniciado comenzó sin ellos en Santiago de Cuba para extinguirse rápidamente. Mientras sus camaradas eran arrestados o asesinados, durante dos días ellos quedaron a merced del mar abierto.

—¡Aquí!

La voz de Roque era ya casi inaudible, y varios de los hombres se abandonaron al terror. Todo estaba saliendo mal, y eso que todavía no habían disparado un solo tiro. Habían jurado darlo todo, inclusive la vida. Para eso habían sido entrenados en México por un anciano coronel español que los ejercitó en el manejo del rifle y los mantuvo marchando durante días enteros sin que exhalaran una sola queja. Para eso se habían preparado, cargando sus armas y municiones a bordo del yate carcomido por los gusanos que su anterior dueño, un estadounidense, había bautizado con el afectuoso nombre de *Granma*. Y por eso habían mantenido la mente concentrada, apretándose el estómago con los brazos, inclinando las cabezas dentro de los baldes, mientras los vientos del norte, soplando a una velocidad de cuarenta nudos por hora, se ensañaban con el barco, ridículamente sobretripulado, y lo lanzaban de una ola en otra, como si fuera una embarcación de juguete. Así había sucedido prácticamente desde que zarparon de México, sintiendo que las tripas se les retorcían en cada marejada. Ahora, con las rodillas flojas y hediendo a vómito y gasolina, no estaban preparados para que muriera el primero sin presentar combate.

Habían transcurrido cuarenta y cinco minutos, cada uno de los cuales aumentaba la sensación fatal de que, tal como Roque, su misión estaba destinada a morir. Luego, cuando comenzaron a temer que iban a tener que abandonarlo a su suerte, el comandante ordenó encender los reflectores, aun si ello delataba su posición. Volvieron a escuchar la voz de Roque, mucho más débil, en un tono que había trocado la insistencia por el miedo.

—Aquí.

Mejías, el piloto, fue quien lo avistó primero, y luego varios otros ayudaron a rescatar a Roque de las aguas. Lo izaron a bordo, chorreando agua helada y temores. Una vez más, parecía que el infortunio había amenazado su misión dejada de la mano de Dios, pero se las habían compuesto para evitar el desastre. Miraron a su jefe en busca de aliento. Fidel Castro se mantenía resuelto, y avanzaron hacia adelante.

Los virajes que había realizado en busca de Roque habían confundido al piloto y arrojado el barco más lejos aún de su ruta. Para cuando los vigías divisaron los destellos provenientes del faro de Cabo Cruz, los primeros albores del día ya se abrían paso a través de la oscuridad. Una niebla azulina se adhería a la superficie del mar mientras entraban en aguas menos profundas. El débil contorno de los árboles parecía observarlos desde la aurora gris. Silenciosamente, el casco de madera del *Granma* se atascó en el fondo arenoso y fue dando tumbos hasta detenerse, sin poder moverse ni desprenderse del lugar donde había encallado.

Los primeros árboles se encontraban a unas cien yardas o más. Podían verlos allá, en la distancia, mientras se arrancaban las ropas malolientes y se enfundaban en los nuevos uniformes verde oliva con el brazalete rojo y negro del Movimiento 26 de Julio. Se calzaron botas flamantes. Con una palanca, abrieron las cajas, y Castro les extendió rifles y armas cortas que todavía olían a la grasa protectora original de fábrica.

A pesar del abatimiento que embargaba a sus hombres, a pesar de los daños causados por las deficiencias logísticas, Castro no había perdido la confianza. La idea de volver a pisar suelo cubano después de casi dieciocho meses de exilio le ayudó a pasar por alto todo lo que había salido mal. Tales contratiempos eran insignificantes si se les comparaba con lo que estaban a punto de lograr. Por primera vez en su larga y turbulenta historia, Cuba iba a ser liberada de todas las cadenas coloniales. Ya no tendría que soportar el yugo español que la había convertido en la primera colonia de España en el Nuevo Mundo, y en la última a la que el decrépito imperio había renunciado, pero sólo después de perder la guerra contra los Estados Unidos en 1898. Cuba también dejaría de ser la corrupta pseudo-colonia estadounidense que había cobrado lenta existencia luego de la partida de los españoles, con Washington apuntalando un presidente deshonesto tras otro. No; esta revolución que estaban a punto de iniciar liberaría al país de una vez y para siempre y, aunque Castro no había planificado los resultados finales, ni había realizado una evaluación realista de cómo y por quién habría de regirse Cuba al finalizar el proceso, sí era consciente de que su revolución consistiría en una batalla de ideas, como la que había librado su héroe José Martí. No necesitaba un ejército mayor que el de Batista para triunfar. Para esta guerra, sólo necesitaba corazones aguerridos y voces estentóreas que los animaran. Poseía cierta noción de lo que haría después de la victoria, y de cuáles ideas se impondrían, pero carecía de un plan definido acerca de cómo y en qué dirección iba a conducir a Cuba. Eso vendría después. Ahora toda su energía estaba puesta en cumplir el juramento que había hecho en 1955, durante un viaje a Nueva York con el propósito de recaudar fondos; un juramento sincero que luego habría de repetir dondequiera que se encontrara: "Hacia fines de 1956, seremos libres, o seremos mártires". Ahora faltaba poco para que despuntara la aurora del 2 de diciembre de 1956.

No era posible mover el *Granma*. Por uno de los costados, bajaron al agua un bote atiborrado de equipos y provisiones, pero el precario equilibrio en que se encontraba primero lo inclinó, y luego el bote capotó, hundiéndose en cuestión de segundos y llevándose consigo muchas de las provisiones con las que los hombres contaban para su supervivencia. No hubo tiempo de intentar otra cosa que saltar del yate. Inclusive los de contextura más liviana se hundieron en el agua hasta las caderas, y todos tuvieron que sostener los rifles en alto para evitar que se mojaran. El desembarco había resultado muy alejado del lugar previsto. En vez de descender en la playa de arena donde sus seguidores los estarían esperando con camiones, armas, y provisiones, habían acabado en un manglar que aprisionaba sus botas, les tajaba brazos y manos, y convertía cada paso en una lucha.

Ya había clareado, y se encontraban en peligro de ser descubiertos. Batista temía una invasión de este estilo, y había alertado sus tropas en consecuencia. Una barcaza que pasaba por el lugar informó que el *Granma* había encallado en una zona donde ningún navegante en su sano juicio intentaría un desembarco a menos que se propusiera mantenerse oculto. Con Santiago de Cuba bajo control militar, el comandante del ejército local creyó que ésta era la invasión que todos habían estado esperando. Los aviones del ejército encontraron el *Granma*, pero no pudieron precisar la ubicación de las fuerzas invasoras dentro de la espesura del manglar. Sobrevolaron el área a baja altura, bombardeando indiscriminadamente las copas de los árboles. Ocultos por el bosque, los hombres de Castro casi podían ver el interior de las carlingas mientras los aviones tronaban sobre sus cabezas.

Alrededor de las 7 a.m. de aquella mañana del 2 de diciembre —una tres horas después de haber abandonado el *Granma*— los primeros rebeldes emergieron, tambaleantes, del manglar, desplomándose sobre la fina arena blanca que marcaba el límite de los pantanos. Luego se acercaron a la choza de un campesino. Ignoraban si el hombre tenía noción de quién era Fidel Castro, y se sintieron aliviados cuando les ofrecieron agua y comida. Se tomaron unos momentos para limpiar el barro que se había adherido a sus uniformes. Juan Manuel Márquez, uno de los capitanes de Castro, dijo: "No fue un desembarco, fue un naufragio", y los otros rieron. Cuando estaban a punto de paladear lo que el campesino les había traído, oyeron explosiones. No estaban seguros de si se trataba de un bombardeo aéreo o de los cañones de largo alcance de un cúter de la guardia costera, pero las explosiones se acercaban, y ellos no sabían dónde ir.

Domingo 2 de diciembre de 1956
La Habana

Era un domingo como cualquier otro en La Habana. La antigua ciudad latía al compás de una indolencia refinada que inundaba las blancas calles como el resonar de un carruaje tirado por caballos. Hacía tiempo que, en la Capital, los domingos habían perdido todo atractivo a excepción de concurrir a misa o visitar a la familia. Para quienes no estaban particularmente interesados en ninguno de los dos polos rectores de la vida en Cuba, el domingo era sólo un día más, aliviado por la posibilidad de dormir hasta más tarde.

Pasado el mediodía, en las primeras horas de la tarde, R. Hart Phillips acudió a la oficina del *New York Times*, ubicada en el segundo piso de un antiguo edificio de estilo español sobre la calle Refugio, a la vista del Palacio Presidencial, en la parte de la ciudad conocida como La Habana Vieja. Ninguno de los corresponsales estadounidenses estacionados en Cuba sabía más del país que Phillips, quien usaba la inicial de su nombre de pila —Ruby— para despistar a los críticos que quizá desconfiaran de las habilidades de una corresponsal mujer en una época en la que casi todos los corresponsales eran hombres y se esperaba que las mujeres se atuvieran a escribir para las páginas de eventos sociales. Ruby había conseguido su oportunidad porque Cuba ocupaba un lugar secundario en el panorama total de la Guerra Fría. Los ojos de los Estados Unidos estaban puestos en la Unión Soviética y en contener el avance comunista donde ésta amenazara con levantar la cabeza. La mayor parte de América Latina estaba bajo el control de dictadores de derecha. En 1953, el interés por la región se reavivó brevemente cuando Jacobo Arbenz, presidente de Guatemala, se reveló como un estadista cuya apariencia y actitudes lo hacían parecer un líder comunista, un asunto que terminó mediante el golpe de estado organizado por la CIA. Cuba, por el contrario, no ocasionaba preocupación. Batista, un ex sargento de origen mestizo, e indudablemente corrupto, gobernaba el país con puño de hierro. Había tomado el poder en 1933 y, con intervalos, se había mantenido en él desde entonces.

Aunque los primeros períodos presidenciales de Batista habían incluido a funcionarios comunistas, el dictador se había deshecho de ellos después de organizar otro golpe en 1952. En tanto cooperara con las necesidades de los Estados Unidos, Washington lo toleraba, así como esperaba que un presidente cubano supiera cuáles eran sus necesidades sin tener que explicitárselas. Estados Unidos se venía involucrando de manera directa en el control de Cuba desde que los Rough Riders* de Theodore Roosevelt asaltaran la colina de San Juan en 1898, pero había resistido la tentación de anexar el territorio, como habrían deseado algunos nacionalistas incipientes.

---

* Cuerpo de voluntarios formado por Theodore Roosevelt para combatir en Cuba [N. de la T.]

Washington encontró una alternativa casi tan satisfactoria como la anexión. La Enmienda Platt de 1903 a la nueva constitución cubana otorgaba al gobierno de los Estados Unidos el derecho de intervenir en los asuntos de Cuba, convirtiéndola virtualmente en títere del país del norte y retrasando todo cambio significativo que afectara el orden social cubano. Antes de que la Enmienda fuera formalmente revocada por el Presidente Franklin D. Roosevelt en 1934, tropas estadounidenses ya habían desembarcado con frecuencia en las costas de Cuba. Pero aun en años posteriores, el embajador estadounidense en La Habana continuaba siendo uno de los personajes más importantes del país y, en determinados aspectos, detentaba mayor poder que quienquiera ocupara el sillón presidencial. Los funcionarios y periodistas estadounidenses veían a Cuba del mismo modo en que lo hacían la mayoría de sus conciudadanos cuando viajaban al país del Caribe para divertirse y apostar en los casinos: una extensión acogedora y familiar de su propia patria.

Ruby Phillips se había construido una vida confortable en la capital. De carácter fuerte y tenaz, era un manojo de energía nerviosa envuelta en el humo de los cigarrillos que rara vez dejaban de acompañarla. Se había acostumbrado a vivir a base de leche, prácticamente sin tomar ningún otro alimento, a causa de las úlceras que, según decía, le provocaba su trabajo. Se codeaba con los presidentes y generales, y todos parecían conocerla.

Fue precisamente esta circunstancia lo que la indignó tanto cuando ese domingo por la tarde, recién llegada a la oficina y más bien llevada por su sentido de la responsabilidad que por necesidad, recogió un mensaje de un redactor del *Times* de Nueva York que quería que ampliara la información contenida en unos párrafos que le habían llegado por la mañana en un cable emitido por la United Press. El informe declaraba que un grupo de rebeldes liderado por el misterioso Fidel Castro había intentado invadir la isla, pero había sido aniquilado al desembarcar. Phillips estaba acostumbrada a que su red de informantes la enterara por anticipado de posibles desarrollos; en esta ocasión, la red le había fallado, y no tenía idea de que hubiera habido una invasión. Telefoneó a su contacto en Manzanillo, en la costa sudeste de Cuba, y éste le transmitió lo poco que sabía: corrían rumores de que Castro había arribado en un yate proveniente de México. El ejército afirmaba haberlo matado en el acto, al igual que la mayoría de los hombres que lo acompañaban.

Phillips no tardó mucho en confirmar que efectivamente, la invasión se había producido. El cuartel general del ejército le informó que el General Pedro Rodríguez Ávila, comandante de la zona, había ordenado que los aviones cañonearan y bombardearan la playa y el manglar donde habían desembarcado los insurgentes. Decían haber dado cuenta de cuarenta, incluyendo a Fidel Castro y a Raúl, su hermano menor.

Mientras hacía llamadas, Phillips maldecía a Castro. Por alguna razón, éste siempre parecía elegir los domingos (el día en el que resultaba más difícil obtener confirmación de las noticias) para lanzar sus revoluciones. Había escogido la mañana del domingo 26 de julio de 1953 para atacar, en Santiago, el cuartel de la Moncada —la segunda guarnición militar mejor armada y defendida de Cuba. Era un fin de semana de carnaval, y Castro confiaba en encontrar a los centinelas dormidos, reponiéndose de las celebraciones de la noche anterior. Pero el plan pronto fracasó, y los soldados no tuvieron dificultad en derrotar a los invasores. Fidel y Raúl fueron atrapados vivos y, luego de un juicio sonado, ambos fueron sentenciados a prisión en la isla de Pinos, por un período de quince y trece años respectivamente. Allí permanecieron hasta que Batista cedió ante la presión ejercida por grupos opositores que pedían la liberación de cientos de presos políticos, entre quienes se encontraban los hermanos Castro. Creyendo que no había mucho que temer de unos revolucionarios fracasados que habían llevado a la muerte a tantos de sus seguidores, Batista firmó una ley de amnistía. Ambos hermanos abandonaron la prisión en mayo de 1955, más fanáticamente devotos de la revolución que nunca.

Ahora, habiendo transcurrido un año y medio desde la liberación de Castro, Phillips se encontraba tras su rastro. Se puso en contacto con otro reportero que trabajaba en La Habana para la Associated Press, pero éste sólo sabía lo que United Press había informado. Sin posibilidad de verificar la muerte de Castro, Phillips dijo a sus jefes de Nueva York que la historia le despertaba dudas. Le resultaba frustrante no tener mayor peso en Nueva York y, por cierto, no podía igualar la autoridad en la materia de alguien de la talla de Herbert L. Matthews, quien seguramente no se le quitaría de encima en cuanto se enterara de la invasión. Si *él* les dijera a los jefes que no publicaran el informe de la United Press, sin duda lo escucharían, pero Ruby no poseía la influencia necesaria. Las noticias impactantes escaseaban en este domingo de diciembre, y los redactores a cargo de los ejemplares del fin de semana decidieron utilizar el informe, en parte porque ofrecía un sinfín de detalles. Francis L. McCarthy, el corresponsal de la United Press, afirmaba que el ejército había identificado los restos de Fidel y de su hermano gracias a los documentos que habían rescatado de sus cuerpos acribillados por las balas.

A pesar de sus muchos años en La Habana, de cuya corresponsalía se había hecho cargo tras la muerte de su esposo, James Doyle Phillips, reportero del *New York Times* que cubrió las noticias de Cuba hasta sufrir un fatal accidente automovilístico, Ruby Phillips no pudo convencer a sus jefes de retener la historia hasta que ella confirmara los hechos. Se publicó en la parte superior de la portada el lunes por la mañana. Las páginas interiores mostraban una de las primeras fotografías de Castro que aparecieron en el periódico, sobre un pie que anunciaba su deceso.

Pocos en La Habana estaban enterados de lo que había ocurrido en la playa de Oriente, y menos todavía se sorprendieron de que Castro hubiera conducido a los suyos a una nueva derrota. Igual que en la Moncada, decían. ¿En que estaría pensando? En ese momento, a fines de 1956, con su turismo floreciente, Cuba no parecía un país propicio para iniciar una revolución. Durante sus entrevistas con hombres de negocios prominentes, Phillips había escuchado que los indicadores económicos se mantenían tan favorables como siempre. Cuba todavía era un edén —quizás un edén corrupto— pero la vida les sonreía a muchísimos cubanos. Una revolución en tiempos de bonanza daba qué pensar.

Lunes 3 de diciembre
Nueva York

Aquel lunes por la mañana, Herbert Matthews llegó a su oficina en Times Square y leyó con incredulidad las noticias provenientes de La Habana. No se esperaba esto; por lo menos, no tan pronto. Este miembro del consejo editorial del periódico, alto, delgado, y levemente encorvado, no conocía Cuba tan bien como Ruby Phillips, pero solía tener la fina intuición del buen periodista respecto de posibles zonas de conflicto. Había visitado la isla unas pocas veces después del golpe de Batista en 1952, y se había sentido moderadamente impresionado por el estilo pragmático del dictador. En 1949, cuando Matthews se convirtió en editorialista, América Latina no era su área de cobertura. Sin embargo, rápidamente descubrió que nadie tenía interés en escribir sobre ella, en vista de que no desempeñaba papel alguno en la Guerra Fría. Matthews se convirtió en un experto en la región. Con Nancie, su esposa, recorría sistemáticamente Centroamérica y América del Sur, deteniéndose para visitar presidentes y sentir el pulso de las capitales, desde Montevideo hasta Ciudad de México. Era uno de los pequeños lujos que se daba para compensar el haber tenido que renunciar a la tarea que consideraba ser la pasión de su vida.

Como uno de los corresponsales extranjeros más osados del *New York Times* durante las décadas de los treinta y los cuarenta, Matthews había estado en el foco de prácticamente todos los grandes conflictos del mundo occidental. Presenció la invasión italiana de Etiopía y el surgimiento del fascismo, vivió la Guerra Civil Española, y luego cubrió la invasión estadounidense de Italia; escribió sobre el momento en el que comenzaba a debilitarse el dominio de Gran Bretaña sobre la India y, desde Londres, siguió atentamente la reconstrucción de Europa. En 1949, su dolencia cardíaca y el rápido avance de la edad se combinaron para devolverlo a Nueva York.

No significó un castigo. Le dieron una espaciosa oficina en el décimo piso del edificio de Times Square y libertad para viajar, pensar, y escribir. Al igual que el resto de los editorialistas, no tenía permiso de firmar la mayoría de sus notas editoriales. Aun así, su nuevo cargo se asemejaba mucho a la vida del mundo académico al que siempre había sentido que pertenecía.

Matthews era un erudito con fecha de vencimiento, un intelectual con las manos manchadas de tinta litográfica y con el corazón de un soldado valeroso frente al peligro. Aunque había trabajado para el periódico desde 1922 y consideraba a Nueva York su hogar, se sentía extranjero trabajando en las oficinas después de haber pasado tanto tiempo afuera. Para él, la regla fundamental del periodismo consistía en encontrarse en el lugar de los hechos. El estar obligado a presentarse a trabajar en la oficina un día tras otro violaba su visión de sí mismo en tanto corresponsal auténtico. Cuando regresó a Nueva York, todavía lo animaba un espíritu andariego y dispuesto a la aventura, y no pensaba abandonar la información de primera fuente para siempre. Matthews dominaba el español, poseía amplia experiencia en asuntos europeos, y escribía editoriales y artículos sobre América Latina. Esta doble función rompía con la tradición del *New York Times*, cuya política siempre había mantenido separadas las opiniones de las noticias, pero contaba con la aprobación del Director General, Arthur Hays Sulzberger. Años atrás, Matthews se había propuesto entablar amistad con Sulzberger y su esposa Iphigene, a quien eligió como madrina de su hijo Eric. La antigüedad de Matthews, su vasta experiencia en los escenarios de los acontecimientos, y su porte señorial, se traducían en que pocos se atrevían a interponerse en su camino.

Cuando leyó las noticias de la frustrada invasión a Cuba, Matthews ignoraba casi todo acerca de Castro, aunque tenía una opinión formada sobre la histórica inestabilidad de la isla. Con el artículo del lunes por la mañana sobre el fiasco fatal en mente, escribió un editorial en el que expresaba una conclusión ineludible: la peculiar naturaleza del pueblo cubano parecía invitar a la violencia y excluía cualquier posibilidad de estabilidad continuada. En este editorial, publicado el martes, Matthews interpretaba la invasión fallida como otro síntoma psicológico de un país demasiado inseguro de su independencia como para asumir un verdadero compromiso con la democracia. Respecto de Castro, el periodista no veía nada extraordinario en su descabellado plan, al que calificó de 'patético'. Ridiculizó la invasión, así como el anuncio anticipado emitido por el líder rebelde. "¿Hay algo más loco?", preguntaba en su nota.

Había presenciado más que suficientes invasiones e insurrecciones, y no encontraba gran cosa que aplaudir en este incidente. Por otra parte, tampoco estaba convencido de la veracidad de los informes iniciales que daban a Castro por muerto, especialmente después de que el vocero de Batista llamara a la invasión otra triquiñuela propagandística de los hermanos Castro. Matthews consideraba a Batista un presidente relativamente bueno, por haber devuelto una economía sólida a la volátil Cuba. Pero también lo criticaba por el golpe de 1952, y más tarde condenó su política de mano dura contra la oposición. En la parte final del editorial, descartó con ironía la posibilidad de que Castro triunfara: "¿Cómo sería posible que una revolución preanunciada triunfara sobre un régimen como el del General Batista, quien controla las Fuerzas Armadas y cuenta con su lealtad? No existe la menor esperanza de que una rebelión prospere en tales circunstancias".

Martes 4 de diciembre
La Habana

Ruby Phillips encontró poca satisfacción en las últimas informaciones proporcionadas por el Palacio Presidencial. El vocero de Batista había negado los primeros informes que anunciaban la muerte de Castro en Oriente, corroborando que sus jefes tendrían que haberla escuchado, absteniéndose de publicar en primera plana, antes de verificarlo, el artículo sobre la invasión telegrafiado por la United Press. Las dudas de Phillips habían cobrado intensidad al descubrir que la única fuente de la United Press era un entusiasta piloto cubano embriagado por su heroico desempeño. El piloto había llegado a revelar al corresponsal de la United Press la ubicación de las fosas cavadas a poca profundidad en Punta de Las Coloradas donde, supuestamente, se habían enterrado los cadáveres de Castro y demás rebeldes. La información resultó falsa en su totalidad, tal y como había sospechado Phillips. El cuerpo de Fidel no se encontraba allí. Pero entonces, ¿dónde estaba Castro? ¿Había abordado siquiera el destartalado yate? A Phillips le llegaron rumores de que ni siquiera había salido de México.

No abandonó su oficina para realizar sus investigaciones; rara vez trabajaba de ese modo. Habiendo vivido en La Habana durante tres décadas, estaba convencida de que saber lo que ocurría era más importante que verlo. Se puso en contacto con sus fuentes de Oriente y del Palacio Presidencial, y obtuvo suficiente información como para armar, en los días subsiguientes, una serie de artículos en los que detallaba la persecución de los rebeldes por el ejército mientras el grupo invasor, cuyo número original se calculaba entre 120 y 400, se dirigía al sudeste desde la costa, internándose en lo más profundo de la Sierra Maestra. A Batista le preocupaban tan poco las acciones de Castro que se había negado a cancelar una partida de canasta que tenía programada con anterioridad. El dictador pensaba que Castro era un gángster imbuido de ideas políticas descabelladas, y creía firmemente que el sólo hecho de que este chiflado fuera, además de todo comunista, le garantizaba a su gobierno el apoyo de los Estados Unidos durante todo el tiempo que se le antojara mantenerse en el poder.

Batista ya había enviado por lo menos 600 hombres a las estribaciones de la Sierra Maestra, y cientos de refuerzos iban en camino a fin de establecer un perímetro de seguridad alrededor de las imponentes montañas. Se les ordenó a los aviones del ejército que arrojaran volantes alentando la rendición de los rebeldes. Los campesinos residentes en el área informarían a las autoridades militares dónde se ocultaban. El gobierno inclusive mostró públicamente a José Díaz del Pinar, uno de los insurgentes capturados, quien declaró que Castro le había disparado cuando intentó entregarse. Hacia el fin de semana, Phillips informó que los rebeldes sobrevivientes, "bajo el fuego implacable de las tropas leales al Gobierno", estaban a punto de rendirse.

Viernes 28 de diciembre
Nueva York

A fines de 1956, la mayoría de los estadounidenses compartía la opinión de Robert Wagner respecto de Cuba. El popular alcalde de la Ciudad de Nueva York redujo su agenda de ese viernes por la tarde y ordenó al chofer de su limosina que lo condujera, junto con su familia, al aeropuerto de Idlewild para abordar un vuelo directo a La Habana. Llegarían a tiempo para cenar y, ya pasadas las Navidades, Wagner se proponía tomarse una semana de descanso y diversión en Cuba. La muerte de Fidel y la aniquilación de las fuerzas rebeldes parecían haber devuelto al país su anterior estado de seguridad y borrado la inquietud de visitarla. Rusia y China eran países peligrosos, así como Europa Oriental, especialmente Hungría, pero no Cuba.

La isla todavía conservaba su aura de fantasía, un paraíso extranjero no más grande que Ohio, que podía considerarse el patio de juegos de los estadounidenses, bendecido por un clima espléndido y playas perfectas. Los grandes hoteles estadounidenses con sus respectivos casinos atraían aún más veraneantes de los Estados Unidos. La inauguración del Hotel Riviera, construido con dinero de la mafia y el más lujoso de los palacios de juego, estaba prevista para dentro de pocos meses. La variedad estadounidense del idioma inglés era cortésmente tolerada, así como se aceptaba con regocijo la moneda. El dinero que dejaban los jugadores y los turistas eran fuente de prosperidad para el gobierno cubano, que se llevaba una considerable tajada de las ganancias.

A medida que en Nueva York la temperatura disminuía y se aquietaba la excitación de las Navidades, había muchos que, como el alcalde, planeaban salir de la ciudad. Aunque asqueado por la lamentable invasión liderada por Castro, Matthews percibió que era un buen momento para viajar a Cuba. Seguía los acontecimientos a través de los cables y de los deficientes informes enviados por Ruby Phillips, si bien creía que ella no estaba a la altura de los estándares del *New York Times*. Sospechaba que Phillips había vivido demasiado tiempo en Cuba e intimado demasiado con Batista y su entorno de asesinos como para ser digna de confianza.

Enero de 1957
La Habana

En los comienzos de un año fatídico, Ruby Phillips publicó un análisis económico sobre Cuba en el que llegaba a la conclusión de que Batista se ocupaba de los problemas más acuciantes del país, impulsando un gigantesco plan de obras públicas financiado en parte por las ventas de azúcar, el sempiterno sostén económico del país. Por todos lados se veían grúas utilizadas en construcción, y se desarrollaban grandes proyectos de obras públicas, tales como un largo túnel subacuático para que el tránsito vehicular pudiera pasar por debajo del puerto de La Habana de modo que finalmente ambas partes de la ciudad quedaran unidas. El túnel se abría directamente frente al Palacio Presidencial: así, no sería posible olvidar a quién le cabía el mérito de modernizar a Cuba. Al producirse un pico en la demanda mundial, el precio del azúcar había alcanzado sus niveles más altos desde 1951. La única "nota discordante" que Phillips notaba era el peligro de un brote inflacionario. Por lo demás, su artículo no mencionaba una sola palabra de los disturbios civiles, aunque no ignoraba que existían. Batista arremetía contra la resistencia a su política, y había ordenado una ola de represión que culminó en lo que muchos cubanos dieron en llamar el "regalo de Navidad" del Presidente. Un comandante del ejército, hombre particularmente cruel, estacionado en Oriente —lejos de los casinos de La Habana— ejecutó a veintidós miembros de la resistencia urbana. Con el fin de asegurarse de que el mensaje antiterrorista del gobierno quedara absolutamente claro, dicho comandante ordenó que se colgaran de los árboles los cuerpos de varios jóvenes durante las celebraciones navideñas.

No obstante, Batista parecía ejercer un sólido control sobre el país. La habilidad del dictador para mantener la estabilidad causaba una impresión tan favorable en Washington, que el Gobierno de los Estados Unidos firmó un acuerdo que garantizaba las inversiones estadounidenses en Cuba. Los lazos entre ambas naciones se fortalecieron, y el *New York Times* informó que la American and Foreign Power Company planeaba comenzar en Cuba la construcción de la primera central atómica de América Latina: un reactor nuclear de 10.000 kilovatios. El Ministerio de Comunicaciones de Cuba se comportaba como si la dictadura de Batista no tuviera que temer amenaza alguna. Sus esfuerzos se concentraban en prohibir las emisiones televisivas de programas en los que se bailara rock-and-roll, dado que esta danza era "inmoral, profana, y ofensiva para la moral pública y las buenas costumbres".

Matthews intuía que a Batista le preocupaban otras cuestiones, lo suficientemente graves para explicar por qué, el 15 de enero, se había lanzado contra los medios radiales, televisivos, y de prensa, prohibiéndoles difundir noticias relacionadas con disturbios civiles por un lapso de cuarenta y cinco días. Las razones oficiales de la censura apuntaban a impedir que los rumores interfirieran con la zafra. En realidad, el verdadero propósito residía en mantener a los rebeldes —dondequiera que se encontraran, sin importar cuántos habían sobrevivido al desembarco— alejados de las mentes del pueblo. La prohibición despertó las sospechas de Matthews, y lo llevó a preguntarse por qué había tanto malestar en un país al que parecía irle tan bien. Desde que los censores se habían instalado en las oficinas de todos los corresponsales extranjeros en La Habana, no había confiado en ninguna noticia proveniente de Cuba, y ni siquiera se sentía cómodo en sus comunicaciones privadas con Ruby Phillips, ya que toda pieza postal que salía de Cuba o ingresaba al país era abierta, y el gobierno monitoreaba todas las conversaciones telefónicas.

En un editorial publicado el 18 de enero, Matthews aprovechó la orden de censura dada por Batista para subrayar el hecho de que en Cuba ocurrían más cosas de las que dejaban translucir las noticias tranquilizadoras del Gobierno: "Al instalar la censura injustificada de la prensa y la radio, Cuba está agravando sus indisputables problemas con el terrorismo. Al menos por lo que se sabe de los acontecimientos en la isla, nada justifica una medida tan drástica", escribió a los pocos días de la imposición de la censura. Los censores cubanos escudriñaban las ediciones *del New York Times* y de otros periódicos extranjeros en busca de noticias acerca de los insurgentes, disidentes estudiantiles, y la resistencia civil en Santiago. Matthews argumentaba que la censura transmitía una sensación de desesperación que no parecía justificada para Cuba en ese momento. Escribió que "el General Batista continúa gozando del respaldo de las Fuerzas Armadas. La reciente invasión terrorista fue aniquilada. La situación económica es buena, con los precios del azúcar en niveles muy altos y una sólida demanda".

El caso es que, a través de su red de informantes, Matthews se había enterado de que los invasores no habían sido "liquidados" y de que la reacción aparentemente exagerada de Batista demostraba su temor de que una chispa suelta provocara un incendio imposible de extinguir. Lanzando un desafío al dictador, escribió: "Si el Presidente Batista posee información particular y secreta que demuestre que la situación en Cuba reviste mayor gravedad de la que aparenta, es su deber hacerla pública".

Poco tiempo después de la publicación de este editorial, Matthews recibió un llamado inesperado de Emanuel R. Friedman, Director de la Sección de Noticias Extranjeras del *New York Times*, quien le retransmitió un mensaje breve y críptico enviado desde La Habana por Ruby Phillips. A partir de ese momento, se desencadenó una serie de acontecimientos que arrastraría a todos los involucrados a la corriente de la Historia.

CAPÍTULO 2

Mensaje desde las montañas

"Dicen que has muerto".
—El campesino Eutimio Guerra a Fidel Castro,
a principios de 1957

Las noventa millas que separan a Cuba de los Estados Unidos nunca parecieron tan cortas como a principios de 1957. Enormes aviones a hélice realizaban el viaje en un abrir y cerrar de ojos, y un ferry, semejante a una embarcación fluvial de posguerra, cruzaba regularmente desde Miami a La Habana, trayendo a despreocupados jugadores que venían a presenciar los picantes espectáculos de Cuba y a probar suerte en sus ruidosos casinos. En los años de bonanza de la década de los cincuenta, muchos estadounidenses, cuando no estaban pensando en la bomba, buscaban diversión. Con sus nuevos hoteles ultralujosos, La Habana había comenzado a parecerse a Nueva York. Los hombres lucían solapas anchas y sombreros flexibles de fieltro, y las mujeres se envolvían en capas de chinchilla en cuanto se levantaba una suave brisa y lanzaban risitas tontas al modo de las estrellitas de cine. Los automóviles estadounidenses —Buicks y Chevys y los Pontiac del '58, codiciados por todos los habitantes de la isla— se deslizaban por los amplios bulevares y las atestadas avenidas. Por las noches, cuando las luces de los edificios, altos o bajos, se mezclaban con el ritmo de la rumba caribeña estallando contra la gran avenida ribereña llamada el Malecón, la seducción de La Habana se tornaba sensual y provocativa, con su vasta oferta de ostentosos casinos, Cuba Libres, coristas adornadas con plumas, y un ejército de hechiceras prostitutas deseosas de hacer pasar un buen rato a los turistas. En la década de los cincuenta, Cuba era una orgía tropical de fácil acceso, tan amistosa como cualquier estado del país del norte, pero lo suficientemente extranjera como para verse exótica.

¿Cómo pudo este edén ser destruido por el fervor revolucionario? Matthews se sentía fascinado por los rebeldes y por la personalidad de su líder, acerca de quien sabía muy poco. Su entendimiento de Cuba tampoco iba mucho más allá de la de los demás en aquella época: eran muy escasas las ocasiones en que el país había producido una figura que causara tanto disenso como Batista, quien tenía plena conciencia de que era más fácil aferrarse al poder que renunciar a él. Batista había irrumpido en la escena política cubana a la cabeza de un grupo de oficiales de bajo rango, derrocando al Presidente Provisional Ramón Grau San Martín, quien, a su vez, había encabezado una revuelta que puso fin a la brutal dictadura de Gerardo Machado. Aunque sólo había alcanzado el grado de sargento, Batista se las ingenió para tomarse el poder. Ejerció eficazmente el control de Cuba a través de un puñado de testaferros a quienes nombró a cargos ejecutivos hasta que, en 1940, fue elegido presidente por derecho propio, derrotando a Grau San Martín. Durante su gobierno, Batista introdujo algunas políticas progresistas que sorprendieron a muchos de sus compatriotas. Con la mirada puesta en la Historia, redactó una nueva constitución que aseguraba profundas reformas laborales y en la esfera de la seguridad social. El documento también establecía límites al tiempo de ejercicio en la función presidencial, prohibiéndole así postularse para la reelección en 1944. En esta ocasión, Grau San Martín resultó ganador, y Batista terminó su período pacíficamente, trasladándose con su familia a la Florida, donde se estableció en Daytona Beach a disfrutar del botín que había acumulado durante sus años en el poder.

Pero el poder se le había convertido en una adicción, y Batista no podía pasar mucho tiempo alejado de él. Mientras residía en los Estados Unidos, fue candidato a senador en Cuba, representando a la provincia de Las Villas. Regresó a su país en 1948 y fundó el Partido de Acción Unitaria, con la esperanza de que, pasados cuatro años, esto le permitiera reconquistar el poder. Sin embargo, muchos cubanos no confiaban en él, y cuando ya parecía que iba a perder las elecciones, interrumpió el curso normal del proceso. El 10 de marzo de 1952, sin disparar un solo tiro, se presentó en el cuartel general de las Fuerzas Armadas, rodeado de oficiales que le eran leales, y recuperó el poder, jurando limpiar el Palacio Presidencial de canallas y restaurar el orden en la nación. Aquella mañana, Carlos Prío Socarrás, el presidente desplazado, citó a Ruby Phillips y al resto de la prensa extranjera al Palacio para defender su gobierno y denunciar la maniobra de Batista. Un reportero del servicio telegráfico pasó a buscar a Ruby en la oficina del *New York Times*, pero ella lo entretuvo mientras se ponía presentable, diciéndole que "no tenía intención de ir a ningún lado, aunque se tratara de una revolución, sin ponerse lápiz labial". El atrevido golpe de Batista también echó a pique las elecciones legislativas, incluyendo la instancia en la cual el entonces joven abogado Fidel Castro se presentaba como candidato del Partido Ortodoxo, formado por los distritos de menores recursos de La Habana.

Muy pocos cubanos lamentaron el derrocamiento de un presidente corrupto, aunque muchos se mostraron recelosos ante el regreso de Batista. Algunos días después del golpe, se le preguntó a Batista si el haber pisoteado la constitución lo convertía en un dictador. Su respuesta fue enigmática: "El pueblo y yo somos los dictadores". Confiaba con el apoyo de empresarios estadounidenses y cubanos, y flotaba en el aire un pequeño remanente de simpatía en memoria de su presidencia anterior. En 1954, se hizo acreedor a un período completo mediante elecciones fraudulentas en las que su único rival (el viejo Grau San Martín) retiró su candidatura en señal de protesta.

Aunque pasaba más tiempo jugando a la baraja y ofreciendo recepciones que gobernando, Batista marcó el comienzo de un período de relativa prosperidad, por lo menos para algunos. Los sobornos y las 'mordidas' untaron los mecanismos que permitían la realización de grandes proyectos edilicios, y la mafia estadounidense volcaba dinero a manos llenas en los casinos de La Habana. Inclusive los parquímetros de la ciudad se convirtieron en una lucrativa fuente de corrupción para Batista y sus compinches, y los aparatos pasaron a ser un nuevo objeto de odio entre tanto símbolo del detestado régimen. A medida que Batista se acercaba a la mafia de La Habana y su corrupción se tornaba más desembozada, el pequeñísimo apoyo popular con el había contado terminó por desaparecer.

Con todo, su buena estrella política le permitió enfrentarse a la oposición sin fuerzas. Los hechos recientes habían anulado muchos de los avances de la década de 1940, en la que Cuba realizó sus primeras elecciones justas y honestas, en términos comparativos. Durante ese lapso, los Ortodoxos se habían convertido en un partido político formidable bajo la dirección de Eduardo Chibás, un líder popular que utilizaba su programa radial, emitido los domingos por la noche a través de la emisora oficial, para atacar al régimen de Prío y exigir rectitud e integridad en el Palacio Presidencial. Se esperaba que Chibás constituyera una fuerte alternativa de oposición a Batista para las elecciones presidenciales, y probablemente no le habría sido difícil ganar. Pero a causa de la creciente frustración que le provocaba la situación política de Cuba, una noche concluyó su programa radial con un gesto dramático: se disparó un tiro en el estómago, y falleció once días después. Si hubiese sido un mal tirador y el gesto no le hubiese costado la vida, probablemente Batista no habría implementado el golpe. Pero, libre de la presencia de Chibás, y sin que quedara otra figura política importante para tomar su lugar, Batista hizo una fuerte apuesta, y funcionó.

Esta vez, sin embargo, Batista no demostró la astucia política que, durante sus períodos presidenciales anteriores, habían logrado atemperar las críticas al régimen. Él y sus compinches robaban tanto que inclusive los empresarios cubanos de clase media, aunque habituados a un determinado nivel de corrupción, finalmente se cansaron. Cuba se hundió en un ciclo de violencia. A medida que el régimen de Batista se volvía más codicioso, la resistencia se endurecía. Los intentos del dictador por aplastar a la oposición derramaron más sangre, lo cual incitó a una violencia mayor. Batista creía que su carta de triunfo estribaba en las relaciones que sostenía con los Estados Unidos, en la medida en que hablaba del comunismo como este país esperaba que lo hiciera —con la lección bien aprendida, como tantos otros dictadores latinoamericanos— y mantenía la estabilidad de Cuba para que las empresas estadounidenses continuaran con sus negocios como de costumbre.

En su calidad de abogado y candidato a la Legislatura en las frustradas elecciones de 1952, en un principio Castro intentó oponerse al golpe mediante una acción judicial. Como era de esperarse, ésta no prosperó, y entonces recurrió a la violencia de las armas, que muchos cubanos creían había sido su propósito desde el comienzo. El ataque al cuartel de la Moncada fue sólo el primer paso. Le proporcionó a Castro el nombre para su resistencia —Movimiento 26 de Julio— y lo catapultó al centro de atención de sus compatriotas, aunque no necesariamente de manera positiva. Luego de salir de prisión y sufrir el exilio, recorrió los Estados Unidos a fin de recaudar fondos para la revolución. Prío Socarrás, el ex presidente, fue quien le proporcionó el dinero para adquirir el *Granma* en México y acondicionarlo para la histórica misión de 1956.

En Cuba, casi nadie sabía lo que había sucedido realmente durante el desembarco en la playa de Oriente. La United Press no se retractó del informe en el que afirmaba que Castro había muerto en el primer combate. Batista ordenó al ejército que transportara a los periodistas en avión y sobrevolara el área con ellos, en prueba de que la insignificante rebelión había sido sofocada y que todo andaba bien en Cuba.

Nada más lejos de la verdad. Los rumores de que Castro había sobrevivido continuaban circulando y, además del Movimiento 26 de Julio, existían otros grupos empeñados en socavar el régimen. En La Habana, estudiantes universitarios radicales mordisqueaban permanentemente los talones de Batista. En Santiago, otra ciudad donde reinaba el descontento político y donde había comenzado la larga batalla por la independencia de Cuba en el siglo XIX, la juventud y la clase media esperaba ansiosamente que se produjera la caída de Batista de una vez y para siempre. Cuando sus soldados no pudieron mostrar el cadáver de Castro, la versión oficial de la invasión perdió credibilidad. Las tropas continuaban patrullando los alrededores de la Sierra Maestra, y la gente les preguntaba a quién buscaban, si no había sobrevivientes.

Nadie podía afirmar con certeza si Castro estaba vivo o muerto. Sus enemigos deseaban creer lo segundo, mientras que sus partidarios se extrañaban de que hubieran transcurrido semanas sin noticias suyas o de los hombres que lo acompañaban.

Lo cierto es que Castro gozaba de muy buena salud en los picos más altos de la Sierra, aunque sí había sufrido pérdidas cuantiosas. Los aviones de Batista habían hecho un buen trabajo, diezmando sus desdichadas tropas, matando a algunos y desorientando a otros con tal acierto que habían perdido contacto con Castro y sido capturados después. Había habido otras emboscadas, y los que lograron escapar vivos huyeron hacia las zonas boscosas. Pero finalmente Castro volvió a tomar contacto con Raúl y Ernesto Che Guevara, el médico argentino a quien había conocido durante su entrenamiento en México. Los rebeldes ya habían atacado un remoto puesto militar de avanzada, apoderándose de un alijo de armas que mucho necesitaban. Mientras consolidaba sus fuerzas y reclutaba campesinos que habitaban en la Sierra, Castro también se ocupaba de planificar la estrategia ideológica. Envió a La Habana a Faustino Pérez, uno de los sobrevivientes del *Granma*, para que se pusiera en contacto con la facción urbana del movimiento. En la ciudad, Pérez mantuvo un perfil bajo, sabiendo que si Batista lo encontraba, sería arrestado y torturado. Era más prudente mantener al dictador y al resto de Cuba ignorantes de la suerte de Castro hasta que llegara el momento indicado.

Con un censor del gobierno acampando en su oficina, Ruby Phillips debía ser muy cautelosa respecto de los informes que enviaba en las semanas sucesivas a la "invasión". Intentó eludir la censura entregando sus artículos a amigos que viajaban a Miami y pidiéndoles que desde allí los enviaran por correo al *New York Times*.

A principios de febrero, envió una nota desesperada, explicando con toda claridad a sus jefes cuán peligrosa se había tornado la situación en La Habana. *"SI CUALQUIERA DE ESTAS COSAS SE PUBLICARA BAJO MI NOMBRE, ME DEPORTARÍAN INMEDIATAMENTE"*, escribió, subrayando las palabras y empleando mayúsculas para mayor énfasis. *"POR FAVOR TÉNGANLO EN CUENTA"*. En su memo, incluyó noticias frescas sobre Castro, informándole a la oficina de Nueva York que probablemente "había huido a las montañas". Añadió que varias fuentes estimaban "que contaba con entre quinientos y mil hombres". Aunque ella pensaba que el número era una exageración, creía que, si Castro estaba vivo, probablemente tenía consigo un número considerable de seguidores. Esta observación fue precisamente el primero de los errores de cálculo que Phillips y el *New York Times* cometieron respecto de la fuerza militar de Castro.

Phillips también estaba echando las bases del trabajo preliminar que permitiría al periódico publicar posteriores descripciones del líder y su movimiento, dando forma a las caracterizaciones que luego serían repetidas por Matthews y otros. La insurrección de Castro era "una rebelión de juventud: los jóvenes de la isla lo consideran un héroe, a la manera de los antiguos caballeros", escribió Phillips. Pero —determinó— el estado de ánimo en La Habana no era propicio para una revolución: un enorme éxito acompañaba a los negocios, y la vida era demasiado buena. Desde su posición en la calle Refugio, a pasos del Palacio Presidencial en La Vieja Habana, Phillips no alcanzaba a percibir la ira creciente de la provincia de Oriente, que se encuentra a más de 500 millas de la capital y a años luz en cuanto su fervor revolucionario.

"Como ya he dicho", escribió en el memo secreto dirigido a Nueva York, "no hay ambiente para una revolución. Sin embargo, la tensión aumenta porque las fuerzas armadas intentan aplastar la rebelión fusilando y ahorcando a culpables e inocentes sin juicio previo".

En otra nota a sus jefes, Phillips incluyó un código que usaría en adelante para intentar esquivar la censura. "Si el memo llegó manden cable diciendo FAVOR DE AVISAR SI EL TIMES LLEGA TARDE A HABANA". El 5 de febrero, la oficina del *Times* en Nueva York envió un cable con las palabras exactas.

Gran parte de la información de Phillips le era transferida a Matthews en Nueva York.

Matthews estaba cada vez más absorbido por los asuntos de Cuba. A mediados de enero, escribió otro editorial condenando "la censura injustificada ordenada por Batista contra la prensa y la radio", así como sus incesantes intentos de ocultar el movimiento rebelde cuando estaba claro que algunos de los invasores aún estaban vivos. A esta altura, Matthews todavía no tenía demasiada fe en la posibilidad de que Castro resultara victorioso. Estaba convencido de que Batista no había perdido la lealtad del ejército, y sugería que el movimiento castrista, al cual llamaba "reciente invasión terrorista", había sido "aniquilado". Se encontraba demasiado lejos del lugar de la acción para tener una idea clara de lo que ocurría; demasiado alejado del rumbo diario de los hechos. Pero más adelante algo fortuito, relacionado con un periodista de la República Dominicana y una caja de cigarros, habría de precipitarlo en la historia.

El reportero dominicano se llamaba Germán Ornes, y criticaba la política del dictador Rafael Leónidas Trujillo, quien contaba con el apoyo de los Estados Unidos. Ornes, exiliado en los Estados Unidos, había viajado a La Habana para tomar parte en el Congreso Anual de la Asociación Interamericana de Prensa a realizarse en 1956. En el momento de regresar a los Estados Unidos, se le negó la visa. Los tres meses que Ornes pasó en La Habana tratando de salir del país se convirtieron en una cruzada internacional liderada por Edward "Ted" Scott, un sociable neozelandés que había vivido muchos años en La Habana y escribía una columna para el *Havana Post*, una publicación en inglés. Scott también era representante de la NBC en Cuba y compartía la oficina de la calle Refugio con Ruby Phillips.

Scott publicó varios editoriales sobre el caso Ornes en el *Post*, y trató de presionar al gobierno de los Estados Unidos para que le otorgaran la visa al dominicano. Cuando se percató de la futilidad de sus esfuerzos, Scott se puso en contacto con Matthews, a quien conocía apenas a través de Ruby Phillips. Le dio los detalles del caso y le sugirió que quizá un editorial del *New York Times* podría solucionar el problema. El 23 de enero, Matthews redactó un enérgico editorial en el que instaba al Departamento de Estado a dar a Ornes la visa que necesitaba "o, en caso contrario, a aclarar por qué se rehúsa a hacerlo".

Ornes obtuvo su visa. Scott le agradeció a Matthews enviándole una caja de cigarros y ofreciendo alojarlo en su próxima visita a La Habana. Matthews le escribió dándole las gracias por los cigarros y diciéndole que, como se aproximaban sus vacaciones, él y Nancie pensaban visitar Cuba en el invierno, aunque todavía no habían decidido la fecha.

Pronto la decisión surgiría de otra fuente.

En la Sierra Maestra
Enero de 1957

El silencio reinaba en los claros donde unas pocas chozas se asentaban en los densos bosques de la Sierra. Los guajiros que solían vivir en ellas habían partido, dejando atrás sus pertenencias como si algo los hubiera ahuyentado de golpe. A medida que Castro y sus hombres se adentraban en la Sierra y llegaban a los asentamientos de los campesinos, se dieron cuenta de que los paramilitares asesinos que trabajaban a las órdenes de los dueños de las grandes plantaciones habían arreglado viejas cuentas pendientes. Durante años habían tratado en vano de sacar a los intrusos de esas tierras: ahora podían obligarlos a irse alegando que los campesinos ayudaban a los rebeldes. Donde el ardid no causaba el efecto deseado, los paramilitares advertían a los intrusos que los aviones del ejército venían en camino, preparados para contraatacar a los rebeldes con bombas y ametralladoras. "Apúrense", les decían. "Váyanse antes de que lleguen los aviones". Los asustados guajiros abandonaban prácticamente todo y ascendían a las zonas más elevadas de la Sierra.

Castro dependía en gran medida de aquellos campesinos que tenían el coraje de mantenerse firmes. La mayoría de sus equipos y casi todos los alimentos habían quedado en el *Granma*. Para sobrevivir, los rebeldes necesitaban que los habitantes locales compartieran con ellos lo poco que tenían. Castro se había criado en una plantación de Oriente, pero había sido educado en Santiago y La Habana, lo cual representaba una enorme desventaja, pues sólo poseía conocimientos mínimos de la indómita Sierra. Constantemente recurría a campesinos como Eutimio Guerra en busca de indicaciones e información, confiándoles su vida y la supervivencia de su revolución.

Guerra, un hombre de mediana edad que jamás se quitaba su sombrero de paja, vivía fuera de la ley. Pertenecía a un grupo de campesinos que ocupaban tierras ajenas, robaban a los hacendados, y habían aprendido a sortear los empinados barrancos y bosques cubiertos de vegetación para evadir la persecución de las autoridades. Este hombre accedió a guiar a Castro durante un tiempo. A veces corría montaña abajo y pasaba uno o dos días con su familia, para luego regresar a ayudar otra vez a los rebeldes. Mantenía informado al líder, llevando mensajes y dándole noticias del resto de Cuba. Un día Castro le preguntó si los habitantes de las tierras bajas hablaban de él.

—¿Qué dicen de mí? —preguntó.
—Bueno, en realidad, dicen que has muerto —respondió Guerra.
—¿Que he muerto?
—Así dicen.

Castro se dio cuenta de que había llegado el momento de hacer conocer su presencia en la Sierra. Mientras se dirigía al este, caminando penosamente por una cresta paralela a la costa, un guía campesino le informó acerca de un reducido cuartel militar en La Plata, un lugar remoto en lo profundo de los bosques. Castro ordenó a algunos de sus hombres que hicieran un reconocimiento del lugar y averiguaran cuántos hombres había, qué rutas recorrían, y a qué hora se acostaban. Los campesinos le dijeron que los quince hombres de la guarnición no eran muy disciplinados: se levantaban tarde, eran perezosos, y hacían caso omiso de la mayor parte del reglamento militar. Temprano por la mañana, el 17 de enero, antes de que la oscuridad de la noche se disipara, Castro atacó el puesto mientras los soldados dormían. Dos resultaron muertos, cinco heridos, y tres tomados prisioneros. También capturó trofeos más valiosos: varios rifles, municiones, uniformes, y al menos una ametralladora.

Castro esperaba que el ejército se lanzara en su busca. Avanzó en zigzag por la Sierra, tendiendo emboscadas y acabando uno a uno con los hombres de Batista. Se detuvo para reagrupar a los suyos, y ahí se le reunió Eutimio Guerra, quien había desaparecido unos cuantos días luego del combate de La Plata. Contó a los rebeldes que había ido a visitar a su familia, pero la realidad era que fue capturado e interrogado por las tropas leales. Mintió, diciéndoles a los oficiales que el ejército de Castro se componía de doscientos hombres divididos en dos batallones. Los soldados le creyeron, y bien podrían haberlo matado por ayudar a los rebeldes. Pero se dieron cuenta de que podrían sacarle mejor provecho si lo enviaban de regreso como informante. Le ofrecieron 10.000 pesos y un puesto en el ejército que redundaría en una jubilación excelente. Todo lo que tenía que hacer era conducirlos hasta Castro para que pudieran capturarlo o matarlo. Si el plan no funcionaba, esperaban que el mismo Guerra regresara a las colinas y le disparara a Castro en la cabeza. Y él asintió.

Primero guió a una escuadra de aviones de caza hacia el campamento rebelde. Los aviones volaron muy bajo, rozando las copas de los árboles y barriendo el terreno con ametralladoras, pero no cobraron víctimas, pues los hombres de Castro se habían ocultado tras árboles y rocas. Al día siguiente, cuando Guerra regresó, nadie sospechaba de él. La euforia de la victoria lograda en La Plata se había desvanecido; ahora, las tropas desarrapadas y escasas de víveres comenzaban a sentirse abatidas, aunque se esforzaban por creer que su jefe sabía lo que hacía.

Antes de fin de enero, Castro hizo su jugada. Había llegado el momento de reunir los diversos elementos de la insurrección y coordinar los planes para derrocar a Batista. Envió a La Habana a René Rodríguez, veterano del *Granma*, con instrucciones de ponerse en contacto con la resistencia urbana. También le encomendó otra misión. Castro conocía la historia de las luchas revolucionarias de Cuba, y comprendía bien el poder de la palabra. El General Máximo Gómez, uno de los héroes del país, había dicho: "Sin una imprenta no llegaremos a nada". La historia había demostrado que las fuerzas opositoras poco numerosas podían multiplicar su efecto dirigiéndose directamente al pueblo. Pero en la larga historia de las revoluciones cubanas, nadie se había encontrado en una situación tan calamitosa como la de Castro en ese momento. Contaba con menos de veinte hombres, con un puñado de armas modernas respaldadas por viejos rifles, y carecía de alimentos y de un plan de batalla, excepto la idea que tenía de atacar los puestos militares más distantes. Necesitaba desesperadamente que, en las ciudades, sus simpatizantes supieran que había mantenido su promesa de regresar a Cuba antes de que terminara el año 1956, y que había sobrevivido a todos los intentos de aniquilación que el dictador había orquestado en su contra.

Sin embargo, los censores permanecían en sus puestos, impidiendo que los periódicos cubanos publicaran información acerca de los rebeldes. Por otra parte, Castro no confiaba en los reporteros cubanos. Demasiados habían sido cooptados por el gobierno, y no podía esperar que publicaran la verdad de los hechos. No; del mismo modo en que los héroes cubanos que habían luchado por la independencia habían recurrido a un reportero estadounidense, Castro comprendía que necesitaba entrevistarse con un periodista extranjero, alguien que pudiera eludir la censura y comunicarle al mundo que él, Castro, estaba vivo. El más grande de los héroes cubanos, José Martí, había llamado a un periodista estadounidense algunas semanas antes de desembarcar en Oriente en abril de 1895. No muy lejos de las estribaciones de la Sierra Maestra donde Castro se encontraba combatiendo ahora, Martí se había reunido con George E. Bryson, reportero del *New York Herald*. Castro, en otra época y otra revolución, estaba preparado para llevar adelante una guerra basada principalmente en imágenes y propaganda. Una entrevista sería la primera andanada.

Ya en La Habana, Rodríguez se comunicó con Faustino Pérez y le transmitió la orden de traer un corresponsal para entrevistar a Castro. No se estableció la hora ni el lugar del encuentro; tampoco existía un plan para transportar al periodista hasta la Sierra. Todo eso vendría después; en este momento, lo más importante era encontrar un reportero estadounidense que se prestara a lo propuesto por Castro. La responsabilidad cayó sobre Javier Pazos, un líder estudiantil de veintiún años que cursaba su carrera en la Universidad de La Habana y que había sido educado en la política y en políticas públicas. Pazos estaba decidido a colaborar en el derrocamiento de Batista. Felipe Pazos, su padre, era un respetado economista que había presidido el Banco Nacional de Cuba antes de que el dictador tomara el poder, y ahora integraba un poderoso grupo de cubanos de clase media que deseaban el colapso de este gobierno, y colaboraba con los rebeldes desde la clandestinidad. Ninguno de ellos tenía la menor idea de quién reemplazaría a Batista, pero eso les preocupaba menos que poner fin a su régimen arrogante y corrupto.

Javier Pazos pronto se dio cuenta de que sus opciones de cumplir con lo que le pedían eran escasas. El único periódico que tenía un corresponsal residente en Cuba era el *New York Times*. Pazos padre había conocido a Ruby Phillips en sus tiempos de funcionario, y se prestó a llamarla y concertar una cita en la oficina de la calle Refugio. Una vez allí, le dijo que iba a confiarle el mayor secreto de la isla, un secreto tan explosivo que, si alguien más se enteraba, podían terminar todos en prisión. El problema era que la oficina estaba atestada de gente: amigos de Phillips, su mucama, su sirviente, e inclusive un mandadero.

Pazos le preguntó si podían conversar en privado, y Phillips lo condujo a una habitación contigua que daba al pasillo. Con cierta renuencia, él susurró su secreto.

—¿Usted está en contacto con Fidel Castro? —exclamó Phillips en voz tan alta que cualquiera podía oírla—. No puedo creerlo.

Ella quería información acerca de quién había descendido de las montañas con semejante noticia, y saber por qué Pazos estaba tan seguro de que no se trataba de una impostura. No estaba dispuesta a dar un paso hasta tener la oportunidad de reunirse con el mensajero.

Dos días más tarde, Phillips se encontró con Rodríguez en la oficina de Pazos. El rebelde vino acompañado de dos guardaespaldas, y sostuvieron una larga conversación. Phillips pidió detalles que corroboraran que Castro continuaba con vida; Rodríguez relató la historia del desembarco del *Granma* y las dificultades de vivir en la Sierra. Por supuesto, lo más importante era escamotear un reportero a través de los puestos de control y lograr que llegara al campamento de Castro. Rodríguez no ocultó su preocupación al respecto: le parecía imposible que Phillips, una mujer, pasara desapercibida a la vigilancia de los soldados.

Pero sus temores carecían de fundamento. Phillips ya había descartado la idea de acudir en persona. Presentía que hacerlo y luego escribir un artículo tan provocativo significaría su ruina. Batista se pondría furioso y, en represalia, la deportaría. Cuba era su hogar; allí había construido su vida y criado a su hija. Su prolongada estadía le daba mayor acceso a las fuentes de información que el que conseguían otros corresponsales, aunque para preservar esta prerrogativa había tenido que renunciar a la independencia total. Existían también otras diferencias entre ella y el resto de los corresponsales. Phillips se hizo cargo de la oficina de La Habana a la muerte de su esposo, a pesar de su casi nula experiencia y formación periodística. El *New York Times* aceptaba sus artículos y reportajes, que distaban de ser perfectos, y le permitía presentar facturas de gastos para pagar los salarios de la pareja cubana que desempeñaba la doble función de asistirla en la oficina y realizar las tareas domésticas. De tanto en tanto, sus jefes inclusive la ayudaban a pagar un viaje de compras a Miami. Por el solo hecho de haber vivido en La Habana durante tanto tiempo, Phillips se había convertido en la periodista extranjera más importante de Cuba, y todos los presidentes, desde Gerardo Machado hasta Batista, le abrían las puertas. En Nueva York, este 'intercambio' de independencia por acceso había suscitado dudas respecto de su capacidad para conservar un punto de vista objetivo, y sus jefes no confiaban en ella lo suficiente como para permitirle manejar las historias de gran relevancia. En 1954, cuando enviaron a Matthews para cubrir las elecciones presidenciales, Phillips montó en cólera, y escribió una carta a las oficinas centrales: "Claro, resulta la mar de sencillo que alguien se introduzca en el territorio de una corresponsal de planta reconocida, escriba una historia audaz y objetiva, y regrese a Times Square al día siguiente. La que se queda aquí a merced de la crítica, justificada o no, es [sic] yo".

Además de su miedo a la deportación, Phillips tenía otras razones para negarse a viajar a la Sierra. Dudaba de que la revolución de Castro tuviera posibilidades de triunfar. Conocía sus antecedentes y era plenamente consciente de sus múltiples fracasos. También conocía el poder del ejército de Batista y la aversión que éste sentía por Castro. Dada la situación, pensaba que correr a entrevistarlo cuando lo más probable era que fracasara, como había ocurrido en el pasado, equivalía a un riesgo injustificado; temerario, inclusive. Les dijo a los hombres que iba a conseguir otra persona. No deseaba ofrecerle la oportunidad a un colega del *New York Times*, segura de que lo más probable era que enviaran a Matthews, quien ya la había eclipsado una vez. Entonces, decidió acudir a una agencia de noticias de la competencia.

En el camino de regreso a su oficina, la casualidad hizo que se encontrara con Ted Scott. Phillips le habló de la misión secreta y le ofreció la oportunidad de ir en su lugar, pero Scott la rechazó, esencialmente por las mismas razones por las que ella se había negado. Scott había vivido en Cuba el tiempo necesario para saber que violar la censura impuesta por Batista le costaría la expulsión del país. Sólo alguien que pudiera escribir el artículo y partir inmediatamente podía hacerlo, y Scott le dijo que se le ocurría quién podía ser la persona indicada.

Ese mismo día, Scott había recibido una nota de agradecimiento de Matthews por la caja de cigarros que le había enviado luego del editorial en el que describió el problema de Ornes. Le mostró la nota a Phillips y sugirió que se pusieran en contacto con él. Esto la ponía en una situación incómoda. Si se rehusaba, daría la impresión de ser una mujer rencorosa y de espíritu estrecho, pero sin duda la mortificaba que Matthews se hiciera cargo del asunto.

Cablegrafió a Emanuel Freedman, el jefe del Sección de Noticias Extranjeras, sin mencionar específicamente entrevista alguna, puesto que los censores habrían bloqueado el mensaje. Sólo insistió en que era necesaria la presencia de Matthews en La Habana, de inmediato. Teniendo en cuenta los complicados arreglos que había tenido que hacer para que sus memos llegaran a Nueva York, sus jefes seguramente comprenderían que se trataba de algo urgente.

El escueto mensaje de Cuba reavivó los sentimientos apasionados que Matthews había experimentado al cruzar los campos de batalla de África y Europa como corresponsal de guerra. Evocaba el olor del combustible que utilizaban los aviones y el golpeteo de las teclas de su máquina de escribir portátil; las cosas que habían acelerado la sangre que corría por sus venas durante tantos años. Unas pocas semanas antes, el 10 de enero, Matthews había cumplido cincuenta y siete años, pero estaba convencido de que, a pesar de su dolencia cardíaca, no era demasiado viejo para ir en busca de otra gran historia. La atmósfera silenciosa y solitaria de su refugio, la oficina del consejo editorial ubicada en el décimo piso del edificio del *New York Times*, le resultaba por momentos sofocante y aislada, y creía merecer otra oportunidad en el trabajo de campo. Ignoraba qué le esperaba en Cuba, pero su olfato de periodista lo empujaba a seguir la pista, y aceptar la oportunidad que se le presentaba.

Encontraba poco menos que imposible escribir editoriales sensatos acerca de Cuba sin ver con sus propios ojos los problemas del país. En un editorial publicado justo antes de su viaje a La Habana a principios de febrero, Matthews denunció la censura impuesta por Batista. Había comenzado a interpretar la reacción extrema del dictador como una señal de que en Cuba estaban sucediendo cosas peores de lo que el gobierno estaba dispuesto a admitir. La censura había causado estragos en los medios, en tanto no se limitaba a las agencias cubanas de noticias sino que alcanzaba al *New York Times* y otras publicaciones. Matthews estaba al tanto de las dificultades de Phillips; sabía que sus teléfonos estaban intervenidos y que los censores, además de abrir su correo, registraban minuciosamente las ediciones del *New York Times* que llegaban a Cuba y recortaban todo lo que les parecía objetable, incluyendo los editoriales que él escribía. Bien disfrazado dentro de un cable dirigido a la Sección de Noticias Extranjeras y que, en apariencia, hablaba de béisbol, Phillips se las había ingeniado para deslizar el siguiente mensaje: "FAVOR DE AVISARLE AL SR. MATTHEWS TIMES LLEGO MI OFICINA CON AGUJERO EN COLUMNA EDITORIAL".

En aquella columna faltante, Matthews había declarado el fracaso de la rebelión de Castro, pero formulaba preguntas inquietantes sobre el futuro de Cuba. Refiriéndose al desembarco del *Granma* el 2 de diciembre y a la breve avalancha de disturbios civiles que lo había precedido, escribió: "Los primeros días de diciembre trajeron consigo una campaña terrorista como secuela de la fracasada rebelión en la provincia de Oriente, al este de La Habana". Matthews se esforzaba por explicar el por qué de la perpetua violencia en Cuba. Corría el año 1957, la Guerra Fría continuaba con pleno vigor, y toda vez que se producían alborotos, las sospechas caían sobre el papel que jugaban los comunistas. Cuba no constituía la excepción, aunque no había evidencia clara de que los comunistas tuvieran alguna injerencia en los disturbios. En ese mismo editorial del 31 de enero, Matthews decía también: "Los amigos de la dictadura suponen que los agitadores comunistas están llevando su actividad a extremos peligrosos. Si es así, ¿por qué no lo hace público el Presidente Batista?". A Matthews le intrigaba la rapidez con la que Batista parecía haber perdido el beneplácito del pueblo cubano, así como la virulencia con la que algunos ciudadanos lo querían lejos del poder. Un año antes, Cuba era la utopía viviente del Caribe. Ahora, La Habana era pasto de las bombas, y había cadáveres esparcidos por los caminos en las afueras de Santiago. Matthews escribió que "ningún hecho explica un cambio de tal magnitud. El gobierno es el mismo de entonces, y reina la prosperidad general".

Rechazaba la idea de que la rudimentaria revolución de Castro fuera la causa de los disturbios, y comprendía que el único modo de dilucidar el cariz que habían tomado los acontecimientos era ir a Cuba y ver lo que ocurría por sí mismo. Terminó los preparativos para el viaje, y en esta ocasión hizo algo inusual: le pidió al periódico que pagara el pasaje de su esposa. No era la primera vez que Matthews, siempre viviendo por encima de sus medios económicos, pedía fondos para fines poco ortodoxos. Poco antes de partir hacia La Habana, le envió una nota a Turner Cartledge, gerente editorial: "Le ruego que bajo ningún concepto tome este pedido como una forma de presión, y comprenderé si se niega . No puedo dejar a Nancie sola aquí diez días. Me la llevo a Cuba y, por supuesto, me haré cargo de todos sus gastos, que serán muchos, dado que es plena temporada alta. ¿Pagaría el *Times* su pasaje aéreo de ida y regreso?"

Al día siguiente, Manny Freedman informó por memo al departamento de Contaduría: "Herbert Matthews, quien sale mañana en misión a La Habana, cuenta con la autorización del Sr. Cartledge para cargar a la cuenta del periódico un pasaje aéreo Nueva York-La Habana-Nueva York para la Sra. Matthews". Como se dieron las cosas, resultó afortunado que Matthews viajara con su esposa.

Llegaron en las últimas horas del sábado 9 de febrero. El domingo, Matthews se reunió con Ruby Phillips, quien le explicó lo que sucedía e hizo arreglos para que hablara con Felipe y Javier Pazos en su oficina. En esta ocasión, se aseguró de que no hubiera gente en los pasillos, de modo tal que nadie pudiera oír la conversación. Matthews le preguntó a Pazos padre si en verdad creía que Castro estaba vivo. Pazos admitió no conocer al líder rebelde, y dijo que, hasta el momento en que su hijo y René Rodríguez habían empezado a buscar un corresponsal dispuesto a entrevistarlo en la Sierra, él también creía que Castro había muerto durante el desembarco. Matthews formuló algunas preguntas más, y luego vino el turno de Pazos de abordar una cuestión delicada.

—¿Enviará usted por alguien de Nueva York? —preguntó.

—No —respondió Matthews con tal tono de autoridad que impidió a Pazos expresar sus otras inquietudes. La manera en que Matthews abordaba las noticias —y la vida— siempre se había fundado en la creencia estoica de que cada hombre forja su propio destino—. Iré yo mismo —declaró.

Una mirada de preocupación nubló los ojos de Pazos. Sabía que se trataba de una travesía difícil, a través de terrenos escabrosos, llegando a la zona más agreste de Cuba. Pazos no lograba disimular su sorpresa de que este editorialista semicalvo y de aspecto endeble, con su traje de ciudad, siquiera soñara con emprender un viaje tan arduo.

—Pues lo haré —replicó secamente Matthews. No iba a permitir que nadie se interpusiera entre él y esta historia. Había pasado gran parte de su carrera persiguiendo el fuego de las guerras. Poseía un espíritu aventurero al sublime estilo antiguo, aun cuando creía que en su pecho latía el corazón tranquilo de un erudito. En una vida que ya había experimentado tantas vueltas y revueltas inesperadas, aquí se abría una nueva oportunidad imposible de predecir. Se aferró a ella, como lo había hecho tantas otras veces en el transcurso de su larga y sorprendente carrera.

CAPÍTULO 3

Verdaderos soldados de fortuna

Era sólo un muchachito listo y flacucho del Upper West Side de Manhattan cuando se enroló en el ejército en 1918 en busca de gloria y aventuras, como lo hicieron otros cientos de miles de jóvenes que también marcharon a la guerra. Poco después, Matthews cruzó el tormentoso Atlántico rumbo a Le Havre, en la costa francesa, y desde allí hizo un rápido viaje por tierra hasta el cuartel general de la División Blindada en Bourges, a mitad de camino entre París y Vichy. Era principios de noviembre, y allí estaba él, con sus dieciocho años, muy cerca del centro de la acción y preparado para vivir la clase de drama que lo había inducido a renunciar a un auspicioso comienzo en el mundo académico para tener su oportunidad en las sangrientas trincheras de Europa. ¡Si sólo la guerra durara lo suficiente! Los libros —sus amados libros— podían esperar. Él necesitaba experimentar en carne propia lo que había leído en su infancia, esos relatos de vikingos y cruzados, esas historias tan llenas de aventura que habrían de moldear su concepción de tantas cosas —héroes, canallas, y periodistas— por el resto de su vida. El libro más importante que recibió fue un regalo de su madre cuando él era un niño de nueve años. Lo cuidó siempre, y lo conservó en su biblioteca hasta su muerte.

El libro que tanto influyó en la formación de sus conceptos sobre la vida y el valor se llamaba *Real Soldiers of Fortune*, un volumen popular de historias de la vida real escrito por Richard Harding Davis, el famoso corresponsal del *New York Journal* y luego del *New York Herald*. Considerado el primer corresponsal de guerra moderno, Davis era también un prolífico autor de libros, tanto de ficción como de no ficción, que hablaban de las personas extraordinarias que conocía en sus viajes. Antes de entregarle el libro —regalo de cumpleaños— la madre de Matthews le había puesto una dedicatoria: "Para Herbert Matthews, de Madre". El tono indiferente sugiere que no sospechaba siquiera que la escritura y el periodismo llegarían a convertirse en el trabajo de toda su vida. Sin embargo, sus padres le inculcaron curiosidad e inquietudes suficientes como para que le alcanzaran hasta el fin de sus días, y Harding Davis se convirtió en uno de los héroes de Matthews.

Con apasionada energía, Harding Davis escribía sobre dos temas principales: el poder de transformación de las guerras, y el heroísmo personal de los hombres que las transitaban. Escribía a partir de la tradición heroica todavía intocada por los horrores de la Primera Guerra Mundial. Pasaba sin solución de continuidad de la ficción a la realidad, y a veces era difícil saber si hablaba de algo verdadero o imaginario. Este volumen fue precedido por otro libro sobre el mismo tema que también había cosechado gran éxito: *Soldiers of Fortune,* un relato novelado acerca de un héroe del siglo XIX, militar y diplomático. El estilo escogido por el autor para ambos libros era tan similar que se podían insertar párrafos enteros del primero en el segundo sin que se notara a cuál pertenecían. Harding Davis manejaba la realidad y la ficción con enorme flexibilidad, dado que su principal objetivo consistía en narrar historias conmovedoras.

Además de autor famoso, Davis fue uno de los corresponsales más reputados de fin de siglo, especialmente después de sus informes sobre la guerra entre España y los Estados Unidos, redactados desde Cuba. Teddy Roosevelt lo había distinguido con su amistad y le había proporcionado extraordinario acceso a la información durante el tiempo que duró la guerra. Roosevelt fue recompensado con emocionantes versiones de sus propias hazañas a través de los ojos de un testigo ocular, entre las que se incluía el ataque a la colina de San Juan, descrito por Davis como un asalto heroico conducido por un líder intrépido. Años después, en ocasión de lanzar su controvertida campaña para obtener la Medalla de Honor del Congreso a la que se creía acreedor por su desempeño en Cuba, Roosevelt presentó los partes de guerra de Harding Davis como prueba de su heroísmo.

Aunque la primera edición de los vívidos relatos debidos a la pluma de Harding Davis tuvieron numerosos lectores y gran credibilidad, con el correr de los años surgieron datos que contradecían la veracidad de lo que afirmaba. Se le acusó de haber distorsionado la verdad, especialmente acerca de Teddy Roosevelt y sus hazañas en Cuba. Estaba claro que Davis se había sentido seducido por la personalidad de Roosevelt y que no había sido objetivo respecto de su persona ni de sus acciones, presentando al público una visión idealizada sobre la que podían construirse todo tipo de leyendas. En "The Cuban and Porto [sic] Rican Campaigns", el himno que compuso en1898 para la guerra orquestada por William Randolph Hearst con el doble propósito de vender sus periódicos y promover la idea de un imperio estadounidense, Davis escribió: "Roosevelt, montado en su alto corcel, galopando solo al ataque de los hoyos donde se encontraban los fusileros, hacía que uno deseara aplaudirlo. Rodeaba su sombrero un pañuelo azul a lunares que... flotaba detrás de su cabeza como un estandarte. A partir de entonces, los hombres de su regimiento que seguían esta bandera adoptaron el pañuelo a lunares como emblema de los Rough Riders".

Harding Davis manipulaba las narraciones para colocar a Roosevelt en el centro de la acción, y deformaba la óptica histórica de la guerra describiendo la carga de Roosevelt como si se tratara de un momento crítico, cuando en realidad no lo fue. Hubo tantas exageraciones acerca de la colina de San Juan que Harding Davis se ganó el título de "publicista personal de Roosevelt", recibiendo el tratamiento de un embaucador que había cedido su objetividad periodística a cambio del acceso al futuro presidente y que, en este proceso, inventó la leyenda de Roosevelt.

Matthews ignoraba todo esto cuando leyó las proezas del joven Winston Churchill y otros héroes en *Real Soldiers of Fortune*. A pesar de sus defectos, cada uno de los hombres retratados en el libro tuvo el coraje de desempeñar su papel en la Historia. Matthews estaba decidido a vivir bajo estos preceptos hasta el final —por supuesto, siempre que el destino lo ayudara, cosa que no ocurrió en Francia en 1918.

En años posteriores, Matthews describió su experiencias en las Fuerzas Expedicionarias Estadounidenses durante la Primera Guerra Mundial: "No fui un héroe, sino un muchacho que extrañaba a su familia y que llegó a la División Blindada estacionada en Bourges, cerca de Langres, al este de Francia, demasiado tarde para entrar en acción". En efecto, su compañía nunca fue enviada al frente. Matthews pasaba gran parte de su tiempo en la base, esperando ser enviado de regreso a casa. Pasados cinco meses, lo embarcaron en un transporte de tropas con destino a Nueva York. Llegó a odiar la estricta reglamentación por la que se regía la vida militar, el fútil adiestramiento, y los interminables ejercicios que sólo servían para llenar las horas de espera. Sin embargo, otros aspectos de la rutina del ejército —los elegantes uniformes y las relucientes medallas, así como el genuino sentido de camaradería compartido por los hombres que se enfrentaban a un peligro común— se convirtieron en los amores eternos de un hombre que se consideraba tímido y retraído.

Se encontraba en el centro de grandes acontecimientos, pero todavía era demasiado joven, y concentraba su atención en el encanto romántico de los campos de batalla. No se conmovió cuando las naciones victoriosas elaboraron trabajosamente una paz histórica e imperfecta. Se interesaba por la estrategia bélica y el poder de fuego de los combatientes, no por la diplomacia o el cambio histórico. Ni siquiera se molestó en leer los periódicos franceses, a pesar de haber estudiado el idioma en la escuela secundaria. La paz no le llamaba la atención, y sintió un enorme alivio al enterarse de que su unidad no sería asignada a las fuerzas de ocupación que se dirigían a Coblenza, en Alemania. Hacia fines de abril de 1919 fue enviado de regreso a los Estados Unidos, a tiempo para inscribirse en la Universidad de Columbia, cerca del apartamento que sus padres habitaban sobre Riverside Drive, en Manhattan. Así, comenzó su postergada carrera universitaria junto con la clase de 1922.

Aunque su paso por el ejército le resultó decepcionante, de todos modos operó una transformación en su carácter, y le permitió adquirir una madurez que excedía la de otros jóvenes de su edad. Era diferente de otros estudiantes de Columbia que no habían estado en la guerra. Matthews participaba de pocas actividades fuera de sus estudios, y mantenía como objetivo primordial el deseo de hacer carrera como experto en lenguas romances.

La universidad era asunto serio, el comienzo de una nueva vida con propósitos bien definidos. Al igual que Samuel, su padre, quien había forjado una vida exitosa para los suyos en Nueva York a pesar de los obstáculos que había tenido que enfrentar, Matthews trabajaba duro. Desde que la familia había arribado a Nueva York desde un territorio europeo disputado a la vez por Rusia y Polonia a mediados del siglo XIX, la familia se había integrado al nuevo país por completo, abandonando su apellido original (perdido para la historia), y desprendiéndose casi por completo de sus raíces judías. Samuel Matthews se sumó a la industria de la indumentaria, logrando una buena posición económica, lo que le permitió habitar en Riverside Drive, un vecindario respetable, pasar las vacaciones de verano en los Montes Catskill, ubicados en la región septentrional del estado de Nueva York, y llenar su hogar de libros. El joven Herbert y su hermana Rosalie cabalgaban en Central Park; en una ocasión, un caballo coceó a Herbert, ocasionándole una herida en un tobillo de la que nunca se repuso del todo. En su infancia, contrajo tuberculosis, y ello debilitó considerablemente su salud. Pero consiguió recuperarse, y se propuso fortalecer su físico jugando al tenis y practicando otros deportes. En 1918, la epidemia de influenza se llevó a Frances, su madre. Quedó devastado por esta pérdida traumática, a la que el joven soldado-erudito jamás logró sobreponerse. La música constituyó una parte importante de su niñez y primera juventud; era parte constituyente de la vida familiar, y Matthews había tomado lecciones de piano. Se decía que contaba con talento suficiente para hacer de ello su profesión, pero la música constituía un poderoso vínculo emocional que lo ligaba a su madre, y le resultaba imposible tocar sin evocarla. La profunda congoja que hizo presa de él ante su temprana pérdida lo alejó del piano para siempre.

Aunque la música quedó en un plano oculto, Matthews descubrió que poseía talento para los idiomas y una gran sed de conocimientos de historia y literatura clásica. El Departamento de Lenguas Romances de Columbia deseaba que continuara allí sus estudios de posgrado, y sus profesores lo tentaron con la oferta de una cátedra. Poco faltó para que lo convencieran. A pesar de su espíritu aventurero, era estudioso por naturaleza, y se sentía atraído por el mundo académico. Pero también sabía que era en esencia un ser solitario, y que embarcarse en la carrera docente significaba abrirse a los estudiantes. Le costaba imaginarse en esa situación, a punto tal que creyó que debía optar por un rumbo diferente.

Pero ¿cuál? La preparación que había adquirido no lo capacitaba para otra cosa que la enseñanza, y sus conocimientos de francés, español, e italiano, sumados a su erudición en historia y literatura medievales, no le ofrecían claras posibilidades laborales fuera del ámbito académico. Se dedicó a recorrer los avisos de los periódicos en los que se solicitaba personal y, en julio de 1922, respondió uno donde se requería un "editor", suponiendo que tenía relación con algún editor de libros en Nueva York. Matthews sentía que esto era algo que podía hacer. Había una vacante para un secretario con dominio de estenografía, y sólo cuando acudió a la entrevista cayó en la cuenta de que el editor no se ocupaba de libros sino que se trataba de *The New York Times*, y que el puesto que se ofrecía era el de secretario del subgerente comercial, con un sueldo de veinticinco dólares semanales. Matthews sabía escribir a máquina, y también había aprendido estenografía. Así, obtuvo el empleo.

Y lo detestaba. Aunque era bueno para cumplir con sus obligaciones, no tenía cabeza para los aspectos comerciales y publicitarios del negocio periodístico. Pronto pidió traslado al turno nocturno, prosiguiendo sus estudios de posgrado en Columbia durante el día. En 1925, la universidad le ofreció una beca en Europa, principalmente en Italia, donde pasó gran parte de su tiempo estudiando a Dante e historia medieval.

El *New York Times* le había hecho una vaga promesa de empleo para cuando se hubiera cumplido el tiempo de la beca. Antes de partir, ya había conocido al entonces vicepresidente y futuro editor Arthur Hays Sulzberger, nueve años mayor que él. Sulzberger le deseó suerte en Europa, y le sugirió que le escribiera alrededor de un mes antes de su regreso para tener un panorama de las posibles vacantes. Matthews sabía que no deseaba retornar a la sección comercial, que tan mal iba con su temperamento. A pesar del tiempo pasado en el ejército y de sus experiencias en Europa tanto durante como después de la guerra, todavía lo embargaba la timidez, y se sentía introvertido, muy lejos de los "verdaderos soldados de fortuna" cuya lectura había hecho sus delicias.

En una carta enviada al editor desde París en 1926, a los veintiséis años, inseguro de hasta dónde llegaba su coraje y renuente a volver a una posición de visibilidad, Matthews escribió: "Ignoro qué oportunidades habrá ahora. Me he pasado la vida formándome en literatura; si fuera posible hacer crítica literaria, para lo cual creo estar preparado, me sentiría feliz. De lo contrario, tal vez haya algo en la Sección Dominical, o en la Sección Editorial, o inclusive en las Noticias, aunque dudo de mis aptitudes como reportero".

Las operaciones elementales del trabajo periodístico no le atraían. "Sólo como último recurso accedería a trabajar en reportajes" —escribió a un editor con quien había trabajado en la Sección Publicaciones. La sola idea de plazos de entrega, rápidas entrevistas, y conferencias de prensa era impensable para una persona tan reservada como el Matthews de aquellos años. Perseguía la vida del intelecto, y estaba empeñado en abrirse camino a fuerza de inteligencia y de lo que percibía como una habilidad en ciernes en el manejo del lenguaje. Y además, deseaba mantener un pie en la torre de marfil. En su carta al editor, le comunicó que "si bien espero continuar con mi doctorado en Columbia, no es mi intención que ello interfiera en absoluto con mi trabajo".

Lo cierto es que no había nada que pudiera interesarle a Matthews en ninguna de las Secciones del *Times*; los puestos disponibles se relacionaban con funciones secretariales; concretamente, como asistente nocturno de Frederick T. Birchall, gerente editorial interino. Este puesto colocaba a Matthews en la sala de redacción; vale la pena aclarar, en un rincón del departamento que se ocupaba de recabar noticias. Aunque ponía a prueba su paciencia, debido a su falta de interés por el confuso universo de la política global, también proporcionaba un camino más seguro en dirección ascendente, y un mejor salario que el que ganaba antes. Si lo deseaba, también tendría la oportunidad de escribir para el periódico.

A pesar de sus reservas, Matthews quedó sorprendido al ver que podía amoldarse a trabajar en la redacción. A medida que se habituaba al lugar y ganaba en confianza, se benefició con la dinámica esencial de cualquier sala de redacción, grande o pequeña. En tanto la creación de un periódico se lleva a cabo día a día, no hay límites a la necesidad de personal que edite el material hasta darle su formato final. En el fondo, las salas de redacción se parecen mucho a los equipos deportivos: en cualquier momento, cualquier miembro de la redacción puede terminar realizando casi cualquier tarea, dependiendo de lo que esté ocurriendo y con quién se encuentre disponible. Matthews rápidamente fue promovido de una a otra categoría, turnándose en las tareas de corrector de pruebas, reportero, corrector de textos y, finalmente, porque había vivido en Europa en dos ocasiones, redactor de la sección donde se manejaban las noticias relacionadas con el exterior.

En la primavera de 1929, Adolph S. Ochs, el editor que había transformado el *New York Times* de un intranscendente periódico local en una institución poderosa, envió a Matthews al Lejano Oriente, en una gira de cinco meses organizada por la Fundación Carnegie para la Paz Internacional. El gobierno de Japón trataba de suavizar las relaciones con los Estados Unidos, un país cada vez más alterado por las sospechas que le despertaba la región. Junto con otros dieciocho periodistas de diferentes periódicos estadounidenses, Matthews emprendió, con todos los gastos pagos, una excursión que lo llevó a Japón, Corea, Manchuria, y el norte de China, que estaba cayendo bajo la dominación nipona. Vivió el viaje más como una extensa gira que como su mayoría de edad en lo que a política se refiere, pero de todos modos se vio expuesto al panorama geopolítico del siglo XX. Encantado con la hospitalidad de los japoneses, aprendió algo sobre sí mismo: sentía empatía por sus anfitriones, y comprendía su necesidad de dominar económica y políticamente a las vecinas Corea y Manchuria para afirmar su posición dentro de la inestabilidad que caracterizaba a Oriente. Creía en la posibilidad de una guerra entre Japón y los Estados Unidos, pero no podía relacionarla con los funcionarios que iba conociendo. A los veintinueve años, todavía era lo bastante ingenuo como para interpretar la cordialidad como un cumplido antes que como una forma de persuasión. Años más tarde, admitió que sus cálidos sentimientos hacia los japoneses habían sido ni más ni menos que el fruto que ellos se habían propuesto lograr. De lo que nunca se percató fue de que sus inclinaciones moldeaban lo que observaba, haciéndolo parecer verdad, y que esto lo hacía vulnerable a equivocarse en la interpretación de los hechos.

Terminado su viaje por el Oriente, Matthews regresó a la sección de cables, poseedor de información de primera mano sobre la región, y dándose cuenta de que para poder llevar a cabo su trabajo era imprescindible aprender lo más posible acerca del resto del mundo. Llevado por los buenos recuerdos del año que había pasado en Europa, no hacía más que pensar en regresar. También pesaba en ello una joven y erudita dama inglesa, Edith Crosse, quien prefería que la llamaran Nancie. Matthews la había conocido a bordo de un trasatlántico de regreso a los Estados Unidos en 1926, y se había casado con ella en Nueva York en 1931. Más adelante, en el mismo año, surgió la oportunidad de unirse a la oficina del *New York Times* en París, para cubrir noticias económicas y comerciales. No era en absoluto el cargo más importante, y no esperaba que le deparara gran reputación. Todavía no le interesaba demasiado la política, y casi no había reparado en los oscuros nubarrones de guerra que se cernían sobre Italia y Alemania. Ir a París le daría un respiro de la oficina de Nueva York y lo devolvería a Europa, de modo que aceptó el ofrecimiento.

En noviembre, el matrimonio Matthews repitió la travesía que él había realizado en 1918 con el ejército, levando anclas en el puerto de Nueva York con destino a París, esta vez a bordo del trasatlántico alemán *Albert Ballin*. Ocupó el puesto de segundo corresponsal en París, antes desempeñado por Walter Duranty, quien, el mismo año en que Matthews arribó a París, había ganado el Premio Pulitzer —y también, pasado el tiempo, el desprecio eterno a causa de la parcialidad con que trató la información— por su cobertura de la situación en la Unión Soviética bajo el régimen de Stalin. Al igual que Duranty, empujado a Moscú a causa de las limitaciones impuestas por su status de segundón en París, Matthews pronto se encontró buscando la oportunidad de poner su propio sello a la cobertura europea del *Times*.

Llegó a París con impecable puntualidad y un toque de distinción propio de Nueva York. Siendo hijo de sastre, le obsesionaba la vestimenta; en el París de los años treinta lucía trajes confeccionados a medida y sombreros a la moda. El joven John B. Oakes —el miembro de la familia Sulzberger que se convertiría en empeñoso redactor de la página editorial y en defensor de Matthews, recordaba haberlo visto entrando a la oficina de París, después del almuerzo, vistiendo un sombrero flexible de fieltro gris, guantes beige con polainas compañeras, y llevando airosamente un brillante bastón de malaca. Matthews escribía enérgicos artículos acerca de la economía y los problemas sociales producto de la Gran Depresión, y de tanto en tanto sugería que, en Francia y Alemania, la situación política también se había deteriorado, abriendo el camino hacia un grave conflicto.

En octubre de 1935, mientras Matthews se encontraba en un tren de París a Roma, Benito Mussolini anunció que la paciencia de Italia estaba agotada respecto de la cuestión africana, y que había decidido lanzar una campaña militar contra el emperador Haile Selassie de Etiopía. Mussolini deseaba vengar las derrotas sufridas por Italia en África a fines del siglo XIX, y no pensaba cejar hasta doblegar a Etiopía y reducirla a la condición de colonia de la nueva Italia. A pesar de la política en juego, ésta era la ocasión que Matthews había estado esperando, y convenció a sus superiores de que le permitieran cubrir la guerra en África. Estaba decidido a sacar el mayor provecho posible del tiempo que pasara allí, sin terminar de percatarse que el conflicto de Abisinia, donde se enfrentarían fuerzas desiguales, habría de marcar para él el comienzo de un sendero del que ya jamás iba a tener oportunidad de apartarse.

Matthews se embarcó en un transporte de tropas italiano, metiéndose de lleno en la guerra que se avecinaba. Por fin iba a sacar provecho de los conocimientos que había adquirido en Columbia: había estudiado el idioma e investigado la cultura italiana, enamorándose de su literatura, y muy especialmente de la poesía épica del Dante. Había trabado amistad con los grandes conocedores de la obra del poeta en Columbia, y entablado relación con el poeta italiano Benedetto Croce durante la parte de su beca que desarrolló en Italia. Le gustaban el país y sus habitantes, y ahora que Mussolini conducía los destinos de la nación hacia una guerra cuyos principios morales cuestionables eran condenados por la mayor parte del mundo, Matthews dejó ver sus sentimientos para con los italianos. En su calidad de corresponsal, sentía que necesitaba sentir empatía con aquellos sobre quienes informaba, para así poder comprender sus motivos y describir qué los animaba. Pero la empatía pronto se transformó en solidaridad. No se sentía avergonzado por la parcialidad que demostraba a favor de los italianos, ni tampoco le incomodaba que esta actitud llegara a minar su labor periodística. Años más tarde, escribió: "Partiendo de la premisa de que un montón de pillos ha comenzado una pelea, no es antinatural desear que ganen los pillos que a uno le gustan más; mientras duró la pelea, a mí me gustaban los italianos más que los británicos o los abisinios". También admiraba muchas cosas del fascismo. Durante cierto tiempo, creyó que la dominación italiana podía llevar la civilización y el progreso a las atrasados pueblos africanos.

Si bien Matthews no se dirigió a Abisinia con un espíritu amplio, puso toda su alma en el proceso agotador de cumplir las funciones de un corresponsal de guerra, estableciendo rápidamente un patrón que habría de continuar durante las cuatro décadas siguientes. Creía firmemente en el poder de los relatos de primer agua, e insistía en estar en el frente, junto a las tropas. Prometió escribir sólo lo que veía con sus propios ojos, y lo que su corazón le señalaba como la verdad. Miraba con escepticismo a los corresponsales que acampaban en los hoteles de Addis Abeba, enviando a las oficinas centrales de los periódicos que representaban detallados relatos de batallas que no habían presenciado, rellenas de incidentes que habían recogido de boca de soldados y luego redondeado mediante el recurso a su fértil imaginación. Matthews no temía las incomodidades que implicaban acompañar al ejército italiano a través del inhóspito territorio africano; por el contrario, le apasionaba la sensación familiar de la camaradería militar en la zona de combate. A menudo, sus relatos lo incluían como personaje con proezas propias. Su detallada versión de las acciones bélicas constituyeron los artículos más largos publicados por el *Times*; uno de ellos de más de 11.000 palabras de largo, cimentó su reputación como corresponsal. Es claro que su estilo reproducía la tradición romántica de la guerra en tanto aventura popularizada por Harding Davis y John Reed antes de las atrocidades cometidas durante la Primera Guerra Mundial. Matthews cablegrafió su primer parte de guerra desde Asmara, Eritrea, el 1º de marzo de 1936.

Se creía que la campaña italiana había llegado a su fin luego de alcanzar su punto culminante. Faltaban todavía otros desarrollos que habían de sobresaltar al mundo. Las tropas italianas todavía estaban a grandes distancias de la capital de Etiopía, pero podía afirmarse con confianza que, a los propósitos prácticos, el conflicto con África había quedado resuelto.

Los italianos suponían que el siguiente paso era la ocupación de un territorio ya conquistado.

Matthews se encargó de proporcionar una plataforma solidaria para los designios de Italia sobre África, escribiendo sobre las maniobras militares de manera tan asertiva que terminó por resultar embarazosa. Sin embargo, en los Estados Unidos, la opinión pública favorecía decididamente a los abisinios, y Matthews habría de aprender una lección importante al tratar de cubrir una causa impopular con la mayor precisión. A tantas personas les disgustaba el estilo intimidatorio de Mussolini; tantos se inclinaban por los desvalidos africanos, que los relatos de Matthews, aunque sumamente exactos, se prestaban a suspicacias. Al público no le interesaba leer cómo el ejército italiano comandado por el Mariscal Pietro Badoglio, un héroe fascista, derrotó con toda facilidad a las tropas abisinias, desorganizadas y mal pertrechadas. En cambio, preferían creer las engañosas versiones, procedentes de Abisinia, acerca de las derrotas italianas y hechos heroicos protagonizados por los locales: en otras palabras, cosas que jamás ocurrieron. "Esa fue la primera lección que aprendí respecto de las dificultades de convencer a la gente de las verdades que se niegan a aceptar", escribió Matthews. Menos de un año después, la lección habría de repetirse en España.

En mayo de 1936, completada la conquista italiana de Abisinia, Matthews había pasado siete meses en el África, y el haber probado el sabor de una corresponsalía de guerra estimuló su apetito por experiencias similares. A pesar de las diez semanas de aburrimiento previas al comienzo de la campaña, y al despiadado ataque de las moscas que lo torturaban noche y día, Matthews sentía que había adquirido valiosos recursos que el *New York Times* tenía que hacer valer en la próxima guerra.

También comenzó una nueva actividad, dedicándose a transformar sus informes periodísticos en libros. En diciembre de 1935, le escribió a su padre que una empresa editorial estaba interesada en publicar un libro suyo sobre sus experiencias en las profundidades del continente africano. Al principio, Matthews se mostraba indeciso. Escribió: "No veo que pueda hacer otra cosa que un refrito. He pensado vagamente en un libro, ya que, al parecer, todos esperan que lo escriba; pero como no es en absoluto mi campo de trabajo, siempre lo descarto de mi mente". Por otra parte, jamás había aprendido a economizar o a manejar su dinero responsablemente. Esto lo acosó toda su vida, en particular luego de que Nancie y él desarrollaran predilección por las bellas artes, los mejores vinos, y los hoteles de lujo. Ahora que alguien se mostraba dispuesto a pagarle para que escribiera un libro, accedió a hacerlo. *Eyewitness to Abyssinia* fue el primero de una docena de libros que Matthews logró completar. Este volumen reflejaba su propia visión contemporánea sobre Mussolini y el fascismo. Pasados los años, llegó a repudiar el régimen fascista. "Me llevó tiempo percibir el peligro", admitió, "pero no tanto como a otros, y lo he combatido con tanta fuerza como cualquiera".

En África, Matthews había encontrado el tipo de heroísmo bélico —peligro y acción— que había esperado vivir en Francia durante la Primera Guerra Mundial. Pero su trabajo como corresponsal no fue sin costo. Pasó meses separado de su esposa y de sus dos hijos, un patrón que se repetiría en toda la década siguiente. Nunca pudo compartir mucho tiempo con su hijo Eric, ni con la recién nacida Priscilla, y los niños crecieron sin conocerlo bien, salvo por sus escritos y lo que les contaba su madre.

Poco después del comienzo de la Guerra Civil Española, en julio de 1936, Matthews rogó que lo enviaran a España, no porque apoyara la causa subyacente a la lucha, sino porque presentía que su presencia allí representaba una excelente oportunidad para avanzar en su carrera. Le recordó a Edwin L. James, gerente editorial del *New York Times*, que dominaba el idioma y que había viajado extensamente por Europa. Cuando William P. Carney, corresponsal permanente del periódico en España, tuvo dificultades con la censura, James le cablegrafió a Matthews para comunicarle que el puesto era suyo. Matthews dio comienzo a su nuevo cometido en Valencia en noviembre de 1936. Al poco tiempo, sus jefes lo designaron para cubrir el lado oficialista (republicano) del conflicto, mientras que otro corresponsal —finalmente, resultó ser el mismo Carney— informaba sobre las acciones del Generalísimo Francisco Franco y su movimiento insurgente. Los nacionalistas —rebeldes liderados por Franco— se oponían al gobierno izquierdista que había subido al poder mediante una elección intachable, pues temían que las nuevas autoridades hubieran intimado demasiado con el comunismo internacional. Franco estaba empeñado en devolver a España toda su grandeza, junto con los valores conservadores que formaban parte de su tradición. Reunió un ejército en la colonia española de Marruecos, y no tardó en obtener el apoyo de la Alemania nazi y la Italia fascista, ambas ansiosas de poner a prueba su nueva maquinaria bélica.

La guerra de España preludió un conflicto mucho más amplio y brutal que se venía preparando, pero Matthews no fue lo bastante perceptivo para intuirlo a su llegada. Luego, mientras se instalaba en el país, comprendió que se encontraba ante otro enfrentamiento sobre el cual había que escribir desde el teatro de los hechos, informando directamente desde el frente de batalla, donde era posible ver, oler, y oír la terrible coreografía de la lucha, aprendiendo cuán difícil era convencer a los lectores de una verdad que se rehusaban a creer. En estas circunstancias, unas simples notas de prensa no bastaban.

Pero esta iluminación lo asaltó después, junto con una transformación fundamental de su vida y de su visión del mundo. Si se le hubiera asignado la misión de cubrir las tropas de Franco tan poco tiempo después de documentar la victoria de Mussolini en África, quizá su mirada sobre la guerra habría sido diferente. En Franco habría encontrado el tipo de militar fuerte que lo había impresionado desde la infancia. Pero los primeros días que pasó del lado republicano le provocaron una profunda impresión. Escribió: "En mi primer parte desde Valencia sólo registré indicios del heroísmo y la gloria que iba a encontrar en España". A sus ojos, la lucha que se desarrollaba entre la democracia y el totalitarismo significaba menos que la medida del coraje demostrado por los hombres de ambos bandos. Había llegado el momento en el que España atraía a idealistas del mundo entero, sin excepción de quienes sólo acudían armados con lápices y máquinas de escribir con los que informarían sobre las batallas en las que otros iban a perder la vida. Los primeros partes de Matthews, con sus vívidos relatos, fueron leídos por otros escritores, encendiendo su imaginación.

En marzo de 1937, fecha del arribo de Ernest Hemingway a Madrid, el escritor había leído casi todas las crónicas de Matthews. Fue el inicio de una amistad que habría de durar para siempre. Hemingway pronto se convirtió en el alma de un grupo de reporteros y escritores entre los que se encontraban Matthews, Martha Gellhorn (quien luego se casó con Hemingway), Sefton Delmer, del *Daily Express* de Londres, el fotógrafo Robert Capa, y otros. Todos ellos consideraban que el gobierno republicano de Juan Negrín defendía una causa legítima y honorable. Con el correr del tiempo, los ecos de la importancia de la guerra se harían oír con mayor fuerza, merced al apoyo que Alemania e Italia prestaron al franquismo, convirtiendo el rudo y hermoso paisaje de España en una batalla sin cuartel librada por dos ideologías diametralmente opuestas.

Fue también una época en la cual las simpatías de los estadounidenses se mostraban cambiantes: no tenían claro qué bando representaba el mayor peligro, si Negrín y sus republicanos (o "leales") con sus aliados comunistas, o Franco y su fascismo de derecha. El dilema colocó a Matthews y a los demás escritores en un frente ideológico y militar que variaba continuamente. La presencia de Hemingway del lado de los leales creó una oleada de simpatía por ellos, reforzada por la llegada de la Brigada Abraham Lincoln, compuesta por voluntarios estadounidenses idealistas, algunos de los cuales eran comunistas. A medida que se encendían las pasiones en ambos bandos, Matthews se encontró en el medio de una lucha con sus detractores que adquiría proporciones cada vez más descomunales, en tanto él se enredaba en sus esfuerzos por comunicar una verdad creíble.

A pesar de las penurias que implicaba vivir y trabajar en una zona de guerra, España también era fuente de intensa excitación y candentes emociones. Matthews, al igual que Hemingway, Gellhorn, y otros escritores, se alojaba en el Hotel Florida. Algunos creían que Matthews se había enamorado de Gellhorn. Ella, en realidad, se había encaprichado con Hemingway, pero percibía una faceta heroica de Matthews en aquellos arduos días de lucha y escritura en Madrid. Matthews alquiló un apartamento junto al Parque Retiro durante un corto lapso. Ambos solían subir a la azotea para calcular la dirección de los bombardeos de artillería. Por lo general, él se alimentaba bien, y nunca faltaba vino barato de buena calidad. En plena guerra, se tomó el tiempo de encargar, a un sastre sin trabajo, trajes a medida y un sobretodo negro con cuello de excelente terciopelo. Pero cuando estaba en el frente, solía vestir pantalones de campo y alpargatas. Durante su estancia en Madrid, también adquirió una serie de aguafuertes de Goya, pintados sobre papel imperial japonés, por la suma de doscientos veinticinco dólares, convencido de que valían por lo menos mil. "Como ves", escribió a su esposa en 1938, "aunque espero que ni tú ni nuestros descendientes se vean en la necesidad de venderlos, hemos hecho una inversión al lado de la cual jugar en la Bolsa es un poroto".

Ese mismo año, en otra carta a Nancie, describía algunos de sus esfuerzos por aliviar la tensión y el hastío de la guerra: "Por favor, querida, escríbeme a menudo, y no pienses cosas terribles que no son ciertas. Ojalá puedas convencerte de que las cosas ciertas son realmente las buenas". No queda claro si estas líneas se referían a la guerra o a los rumores de su *affaire* con Gellhorn, con quien sostenía una relación cercana. Por las noches, cuando la migraña de Matthews se tornaba insoportable, Gellhorn iba a su habitación a hacerle un masaje. Hemingway no sospechaba nada. Admiraba la perspicacia y el coraje de Matthews, y Gellhorn creía que Hemingway se había inspirado en él para crear a Robert Jordan, el héroe de *For Whom the Bell Tolls (Por quién doblan las campanas)*. En cierta ocasión, Hemingway le dijo a Matthews que, con su cabello ralo y su nariz larga se parecía a Girolamo Savonarola, el monje italiano del siglo XV cuya apasionada denuncia del vicio y la corrupción de su época llevó a "la hoguera de las vanidades" y, finalmente, a su propia condena y muerte. Mucho después de finalizada la guerra, Hemingway se ofreció a escribir la introducción de *Two Wars and More to Come*, el libro que Matthews escribió sobre la Guerra Civil Española y el conflicto de Abisinia. Pero Matthews rehusó la propuesta, pues sentía que el libro debía ser juzgado por su valor intrínseco y no apoyarse sobre la inmensa popularidad que rodeaba al nombre de Hemingway. Este comprendió su punto de vista, y se limitó a escribir un clásico texto de los que se insertan en las contraportadas: "Herbert Mathews [sic] es el corresponsal más honesto, capaz, y valiente de nuestros días stop". (Así comenzaba el cable que telegrafió a los agentes de Matthews en 1938). "Vio la verdad desde donde era peligroso verla, y en este libro ofrece un producto muy difícil de encontrar stop En un mundo donde la falsificación tiene mucho más éxito que la verdad él se yergue como un enjuto faro de sinceridad stop Y cuando todos los impostores hayan muerto, Matthews será leído en las escuelas para averiguar qué fue lo que realmente sucedió stop Espero que su oficina conserve copias sin cortes de sus informes en caso que muera".

El comentario de Hemingway se publicó tal cual el lo escribió, a excepción de la última frase que, a criterio del editor, era demasiado imprudente.

Los primeros conflictos serios entre Matthews y sus jefes del *New York Times* también surgieron a raíz de España. Las presiones de la sala de redacción, que no cesaron hasta el fin de la guerra, minaron su espíritu y le generaron una paranoia profesional que no lo abandonaría jamás. A partir de ese momento, le preocupaba que a la gente no le gustara lo que escribía porque era su persona lo que les disgustaba. Al igual que el conflicto de Abisinia, España despertaba poderosas pasiones en los lectores, quienes no basaban sus opiniones en las noticias provenientes del campo de batalla sino en sus inclinaciones personales y en sus deseos de que ocurriera esto o aquello. La brutalidad de los republicanos, especialmente cuando victimizaban a los sacerdotes católicos, perseguidos y asesinados, movía a la opinión pública católica a apoyar a Franco, aún cuando sus rebeldes también asesinaban a sacerdotes vascos sospechosos de espionaje. La decisión de la Internacional Comunista de apoyar a los leales también despertó malestar en los Estados Unidos.

Al principio, Matthews sencillamente informaba de lo que veía, comenzando por la situación en Madrid. Aunque las tropas de Franco amenazaban con tomar la ciudad, Matthews no creía que la heroica capital pudiera caer en poder de los rebeldes. En abierta oposición a los deseos de sus jefes, insistió en quedarse, mientras que otros corresponsales huían. Madrid no cayó hasta el final de la guerra, pero para entonces Matthews ya había vislumbrado hacia qué bando se inclinaban sus jefes. Creían que Franco representaba el lado más fuerte, lo cual aumentaba sus posibilidades de vencer. Al percibir esta clara parcialidad en la actitud del periódico, Matthews se indignó por el modo en que manipulaban sus partes si informaba sobre cuestiones que no coincidían con lo que ellos pensaban ni con los informes que recibían de otros corresponsales.

Esta lección habría de repetirse una y otra vez a lo largo de los tres años que Matthews pasó en España. Ante la consternación de Matthews, sus jefes, acosados por las críticas constantes de los estadounidenses católicos y anticomunistas, no cesaban de cuestionar los informes de Matthews, a menudo introduciendo modificaciones a fin de suavizar el tono o desplazar las inferencias. A menudo se encontraba en desacuerdo con Carney, quien continuaba obteniendo información de fuentes franquistas. Desde Nueva York, los directores de sección se enfrentaban con Matthews, especialmente cuando se trataba del papel desempeñado por Alemania e Italia en la guerra. En marzo de 1937, las fuerzas de Franco se abatieron sobre la ciudad de Guadalajara, al norte de Madrid. Cuando los leales consiguieron detenerlos antes de que ocuparan los accesos a la ciudad, Matthews ascendió a su automóvil, indiferente al peligro, y condujo hasta llegar al frente, donde obtuvo su primera visión de primera mano de las tropas italianas, familiares para él, que había seguido hasta Abisinia.

El campo de batalla estaba sembrado de tanques italianos, rifles italianos, y muertos italianos. Los leales habían capturado a las tropas del Duce, y Matthews se dirigió a los prisioneros en su propio idioma, verificando su identidad y obteniendo la prueba fehaciente de que, contra todas sus protestas a favor de la no intervención, Mussolini había hecho mucho más que proporcionar asesoría técnica a los rebeldes. Matthews envió un parte a Nueva York, haciendo hincapié en que las tropas y los equipos que había visto eran "italianos y bien italianos". Los jefes se negaron a publicar la historia tal y como había sido redactada. En cambio, sus dudas acerca de la imparcialidad de

Matthews los impulsaron a reemplazar la palabra "italianos" contenida en el original por "insurgentes". Así, la frase final del artículo, que resumía todo su contenido, se transformó en "Eran insurgentes y nada más que insurgentes".

La manipulación de la historia desató una andanada de acusaciones entre él y sus jefes, quienes dejaban entrever que él, y sólo él, había aceptado la verdad de la propaganda lealista. Furioso, Matthews respondió con cartas feroces en las que acusaba a sus jefes de "una deliberada falta de confianza" y de negarse a creer en lo que su corresponsal decía haber visto por haber permitido que sus propias opiniones tiñeran el modo en que la historia de España debía presentarse a los lectores. Para Matthews, se trataba de una cuestión fundamental de credibilidad periodística, y este conflicto presagiaba que nuevos disensos, más acalorados, habrían de seguirlo. Estaba dispuesto a apostar su carrera para confirmar que se encontraba del lado correcto. En una carta dirigida al gerente editorial del *New York Times* lo desafiaba a "confiar en su corresponsal más de lo que confiaba en sus competidores o jefes de sección, a 3.000 millas del escenario de los hechos, o a pedirle la renuncia a dicho corresponsal". Aunque la sustitución de la palabra "italianos" por "insurgentes" no afectaba la esencia del informe, más tarde se comprobó que el relato de Matthews acerca de la intervención fascista era veraz, aunque sus jefes jamás lo reconocieron ni se disculparon por haber realizado el cambio de vocablos.

Se tornaba cada vez más evidente que el simple relato de la verdad y la descripción honesta de lo que veía no bastaban para convencer a sus lectores de las verdades que se negaban a creer. Matthews creía que, para transmitir con precisión la realidad de una situación tan compleja como una guerra o una revolución, tenía que apoyar los hechos desnudos con antecedentes históricos, uniendo todo en un contexto que, de ser presentado con la dosis necesaria de pasión, representaría la recreación emocional de un hecho: una versión narrada por un testigo ocular proveniente directamente del corazón.

Los otros escritores que conoció en España compartían esta actitud, aunque ninguno de ellos era corresponsal de un periódico. Como Gellhorn, escribían para revistas u otras publicaciones cuyos sesgos ideológicos no se limitaban a narrar los hechos, sino que pretendían dotarlos de emoción. Gellhorn despreciaba el concepto de la cobertura objetiva, se burlaba de lo que daba en llamar "la objetividad de mierda". Concedía poca importancia a los esfuerzos de ir tras lo que, evidentemente, era inalcanzable e inclusive deshonesto. Y Matthews sentía que su responsabilidad como corresponsal era igual a la de ella.

Para él, España había resultado una gran aventura, similar a la de la Primera Guerra Mundial, excepto que esta vez había visto mucha acción. Había rogado tomar parte en la gran lucha, y se proponía llegar hasta el final, hasta que el bando que favorecía lograra la victoria. Como si fuera un soldado, escribía a su familia cada semana, contando sus proezas a su esposa y a su padre. Vivía como si en verdad fuera un miembro de las fuerzas leales y de la Brigada Internacional de Voluntarios Estadounidenses acerca de quienes escribía. En 1938, a medida que la guerra se acercaba a un final decepcionante, fue a despedir a los brigadistas. Le escribió a Nancie: "Buenos muchachos, y ojalá tengan suerte. Por mi parte, me toca seguir la guerra en soledad". Matthews no había perdido las esperanzas de que, de algún modo, "su" bando iba a lograr la victoria. Después de la expulsión de las fuerzas republicanas de España, escribió a su casa una carta en la que finalmente arrojaba la toalla, revelando definitivamente cuánto había invertido en el triunfo de los leales.

> Y así pasó. Nos dieron una buena paliza. Creo que, hacia el final, yo luchaba con más energía que los soldados... por lo menos en el papel. Mientras hubo esperanzas, presenté batalla todo el tiempo. Las posibilidades realmente existían, pero dependían de lo que se pudiera obtener de los franceses o por su intermedio, y por supuesto ellos se deshicieron de los materiales que necesitábamos. Ya no me quedan esperanzas, pero tal vez logren resistir aquí más o menos un mes, y otro mes en el centro. Después, su única esperanza es que en el interín se desate la guerra en Europa.

La derrota de los leales le produjo a Matthews heridas que nunca cerrarían por completo. Escribió varios libros sobre España, y sobre el conflicto aún más horrendo que la Guerra Civil presagiaba. Al comienzo de la Segunda Guerra Mundial fue enviado a Italia, e informó desde allí con poco entusiasmo hasta que Italia declaró la guerra a los Estados Unidos y los fascistas lo encarcelaron por unos días. Luego fue transferido a Siena, donde después de cinco meses bajo custodia poco severa puesto que inclusive se le permitía pasear y recorrer la ciudad en bicicleta, fue devuelto a los Estados Unidos en un intercambio de prisioneros, y declarado persona no grata en

Italia. El *New York Times* lo envió a cubrir la India por un año, y pudo regresar a Italia con la invasión de los aliados. Terminada la guerra, fue nombrado director de la oficina del periódico en Londres, adonde se trasladó con Nancie y sus dos hijos. Allí vivieron la austeridad de la posguerra durante varios años. Para entonces, Matthews ya había cruzado con holgura el umbral de la mediana edad y le preocupaba su futuro. Había continuado intimando con Arthur Hays Sulzberger, quien dirigía el *New York Times* desde 1935, y cuando necesitaba algún favor especial, no titubeaba en pedírselo directamente, como lo había hecho en la época de su estancia en España. Mientras estuvo a cargo de Londres, la mayor dificultad a la que se enfrentó no fue lograr que sus jefes confiaran en la información que aportaba, sino los problemas económicos que lo acuciaban, consecuencia de su lujoso estilo de vida, insostenible con su salario. Sulzberger le autorizó un préstamo de 16.000 dólares para que comprara una casa en Londres, pasando por encima de las objeciones interpuestas por los contadores del periódico, quienes consideraban que era demasiado riesgo.

El *New York Times* extendió y refinanció la deuda hipotecaria de Matthews varias veces, pero sus constantes requerimientos de ayuda financiera terminaron por crear tirantez con las oficinas de Nueva York. En 1959, Orvil E. Dryfoos, presidente de la publicación, dirigió un memo al director —su suegro— acerca de que Matthews había obtenido, en un mismo día, la aprobación de ambos para realizar dos viajes a América Latina: "Sin poner en discusión la calidad de su trabajo, sus jueguitos financieros no dejan de provocarme cierto recelo".

En 1949, un Matthews sumamente desdichado, frustrado por la falta de dinero, teniendo que afrontar el primer año de universidad de su hijo Eric, y sintiéndose menoscabado por Nueva York, tuvo éxito en cerrar una prolongada negociación con el *Times* para que lo retransfirieran a las oficinas centrales. Andaba en busca de un puesto en el consejo editorial, donde creía que su vasta experiencia le aseguraría jerarquía y autoridad. Pero no se conformaba con integrar el consejo simple y llanamente, ni deseaba renunciar por completo a las costumbres andariegas propias de un corresponsal. Desde antes del fin de la guerra, venía conversando con Sulzberger acerca de la creación de un nuevo cargo, un híbrido en el que Matthews no sólo escribiría editoriales, sino que continuaría viajando e informando sobre los países y personas que se mencionarían en sus editoriales. Matthews era testarudo respecto de sus convicciones del perfil de un corresponsal, que diferiría ampliamente del trabajo rutinario de un reportero.

"Nos encontramos frente a una situación nueva que requiere tanto un nuevo tipo de periodista como una técnica de cobertura diferente", escribió a Sulzberger en un memo de 1944. Criticaba la cobertura europea llevada a cabo por el periódico, y proponía un cambio radical. Sugería que las agencias de noticias se ocuparan de las últimas noticias, y volver a la antigua diferenciación entre "reportero" y "corresponsal".

"La función del enviado especial debe consistir en interpretar, explicar, analizar, y adquirir conocimientos especializados sobre su tema y, sobre todo, redactar artículos y relatos especiales que no sean lo que buscan las agencias". Matthews pedía enérgicamente que se elevaran los estándares de fidelidad a la información, que se acortaran los artículos exclusivamente dedicados a las noticias, y que se ofrecieran mejores oportunidades de formación a los reporteros. Abordó un tema más: "Finalmente, creo que hay que implementar la idea —que entiendo fue originariamente planteada por ti— de hacer volver a los corresponsales extranjeros durante un período aproximado de tres meses, para que escriban editoriales. Esto beneficiaría tanto la página editorial como el corresponsal, que así tendría la oportunidad de volver a casa, enterarse de los intereses de los lectores, ponerse en contacto directo con sus fuentes de Washington, etc."

En 1948, Matthews volvió a mencionar la cuestión del doble nombramiento, cuando el director lo alentó a considerar su regreso a Nueva York, pero él temía que ocupar un lugar en el décimo piso, donde funcionaba el Consejo Editorial, equivaldría a ser tratado como un viejo caballo de guerra instalado en un campo de pastoreo. Exigió que el nuevo cargo incluyera no sólo la posibilidad de realizar reportajes, sino también un título: el de subdirector. Una jugada de este tipo era muy poco convencional y, aunque habría resultado un bálsamo para su ego herido, también habría encendido un reguero de envidias de un extremo al otro del Consejo Editorial, algo que los jefes de alta categoría deseaban evitar. Cyrus L. Sulzberger, jefe de los corresponsales extranjeros y sobrino del director, fue enviado a Londres a reunirse con Matthews y discutir con él los puntos más delicados. No tardó mucho en percibir la inseguridad de Matthews, pero aconsejó al director que no accediera a darle el título que pedía. Recomendó que Edwin James, director de Noticias Extranjeras, le explicara a Matthews que "este lugar no es el ejército mexicano, donde todo el mundo goza de títulos oficiales, y que lo que importa es que haga los preparativos para mudarse a Nueva York en el verano y esté preparado para escribir editoriales sin mayores pretensiones allí donde se le necesite. Una breve charla informal con Herb le hará ver el asunto desde la perspectiva adecuada y lo ayudará a tomar la decisión".

A principios de 1949, Matthews se encontraba bastante decidido a aceptar ser transferido a Nueva York. La decisión se consolidó en abril del mismo año cuando, a los cuarenta y nueve años, sufrió un ataque cardíaco a consecuencia de un penoso viaje en el que debía realizar una evaluación de la Alemania de posguerra para una serie de informes especiales. Sulzberger, quien había sufrido una afección similar alrededor de la misma edad, se mostró totalmente comprensivo. En un cable dirigido a Matthews, que todavía estaba hospitalizado en Londres, escribió: "Siento muchísimo lo que te ocurrió, pero si fue oclusión, bienvenido al club. Obedece instrucciones médicas, hasta pronto, Sulzberger".

Matthews pasó seis semanas internado, y luego tuvo dos meses de convalecencia en su hogar. Allí se preparó para volver a Nueva York, por primera vez desde que había partido hacia París a principios de la década de los treinta El mundo había experimentado cambios drásticos desde entonces, y también Matthews. La experiencia de informar sobre tres guerras catastróficas y sobrevivir habían transformado al ingenuo idealista que en el pasado había apoyado al fascismo en un realista endurecido —aunque no amargado— que lamentaba haber perdido tantas energías y oportunidades por ocuparse del mundo. Todavía creía apasionadamente en las causas por las que había luchado en la Guerra Civil Española: la democracia, la libre expresión, y el ardiente deseo del pueblo de sacudirse el yugo de la tiranía. Había atravesado los veinte años más sangrientos del siglo XX sin mayores daños. Era un famoso corresponsal de guerra que había pasado más tiempo trabajando fuera de la oficina que encerrado en ella. Su dolencia cardíaca lo obligaba a contemplar su puesto en el consejo editorial como una jubilación a medias, pero la oclusión arterial que había sufrido no había extinguido su pasión por las causas que lo atraían ni su solidaridad por las personas que las llevaban adelante.

Poco después de hacerse cargo de su puesto en el consejo editorial, Matthews inquirió sobre quién era el responsable de escribir sobre el creciente fermento que venía desarrollándose en América Latina. Cuando se le respondió que no se había asignado la cobertura de la región a nadie en particular, Matthews asumió la responsabilidad de convertirse en experto en el tema. Utilizó la amistad que lo unía a Sulzberger, y con su apoyo se cristalizó el plan poco ortodoxo de que un escritor del periódico fuera a la vez editorialista y reportero, a un ritmo acelerado al que dedicó los siguientes quince años de su vida. Por un tiempo jugueteó con la idea de convertirse en columnista de Noticias Extranjeras para el *Times*; tenía posibilidades de suceder a Anne McCormick, cuyo deceso se produjo en 1954. Pero finalmente fue Cyrus Sulzberger quien la reemplazó y, con el andar del tiempo, Matthews se dio cuenta de que había sido una suerte no conseguir la columna, pues probablemente habría suscitado enormes controversias. En cambio, informaba y escribía editoriales sobre los disturbios que se producían en Argentina, y luego criticaba encarnizadamente el gobierno de Juan Perón en editoriales que causaron un profundo impacto en dicho gobierno, que necesitaba mejorar sus relaciones con Washington.

En 1955, Matthews se había enterado de que Perón había ordenado el arresto de cien o más disidentes estudiantiles y los había hecho encarcelar en la prisión de Villa Devoto, prohibiendo a los periódicos argentinos que publicaran una sola palabra acerca del hecho. Utilizando un nombre argentino falso y ocultando su condición de periodista, Matthews se las ingenió para visitar la prisión y entrevistar a algunos estudiantes. Al día siguiente tomó un vuelo a Chile y escribió un detallado artículo sobre la detención ilegal. El artículo, sumado a un editorial que había hecho redactar en Nueva York, provocó un escándalo en Argentina. Pocos meses después, Perón fue removido del gobierno, y una serie televisiva estadounidense, titulada *The Big Story*, incluyó la aventura de Matthews en uno de sus episodios y lo convirtió, fugazmente, en un héroe.

Matthews podría haberse hecho acreedor de otra aparición en *The Big Story* al intensificarse el conflicto de Cuba. Ya había realizado su primer viaje para recabar información en Cuba luego de la toma del poder por Batista en 1952, y en el momento en que Castro encalló el *Granma*, a fines de 1956, todos los elementos necesarios para componer grandes trastornos comenzaban a cobrar sentido. Pero las señales eran sutiles, y la mayoría de los estadounidenses era incapaz de percibirlas. Habiendo sido testigo directo de las acciones de los dictadores europeos y de los caudillos sudamericanos, Matthews se encontraba mejor preparado que muchos para escuchar los todavía débiles sonidos de los disturbios que se avecinaban. Registró la relativa prosperidad de la isla en comparación con el resto de América

Latina, pero era también consciente de la violenta historia de Cuba y del intenso resentimiento que muchos cubanos albergaban hacia los Estados Unidos por las continuas intervenciones de este país en sus asuntos. Con todo ello, estaba seguro de que valía la pena mantenerse atento a la situación.

CAPÍTULO 4

El amanecer en la Sierra

Durante el día, los turistas norteamericanos que se encontraban de vacaciones en La Habana en febrero de 1957 jugaban en las arenas blancas como el azúcar, y por la noche hacían fila para ver *Love Me Tender*, la nueva película de Elvis Presley que se exhibía en una sala cinematográfica local. Dado que muchos de ellos se alojaban en los clásicos hoteles de la Vieja Habana o en los ostentosos y flamantes hoteles estadounidenses, con sus enormes casinos, ubicados cerca de la costa en El Vedado, nunca oyeron las detonaciones de las pequeñas bombas que explotaban casi todas las noches en las afueras de la ciudad o en los vecindarios pobres, y por cierto no eran conscientes de la revolución que se preparaba en Cuba. Por lo general, las bombas se colocaban donde no pudieran herir a turistas o civiles; los lugares elegidos solían ser fuentes de energía eléctrica o centrales telefónicas. Su propósito no era mutilar ni matar, sino perturbar el funcionamiento normal de la ciudad y minar la confianza de los cubanos en el gobierno que los regía y que, por otra parte, era incapaz de poner fin a la violencia.

El creciente caos en el que se sumía Cuba preocupaba al gobierno de los Estados Unidos, aunque no demasiado. Algunos viajeros estadounidenses habían sentido temor al enterarse de estos incidentes, pero en el esquema general de las cosas, había consenso en que Cuba —y el resto de América Latina— era un lugar aceptablemente seguro desde que la CIA se había encargado de resolver el desagradable problema suscitado en Guatemala por el Presidente Arbenz varios años atrás. Nada de lo que ocurriera en el hemisferio mortificaba tanto al gobierno de Eisenhower como tener que cruzarse de brazos y observar, en 1956, la invasión de Hungría por tanques rusos sin poder mover un dedo para detenerla. Ninguna crisis que se presentara en América Latina tenía los visos espeluznantes del punto muerto en el que había quedado la situación de Corea, donde fue necesario dejar reclutas estadounidenses para mantener a raya a los comunistas. Y aunque de vez en cuando se dejaban oír expresiones de descontento por la presencia de comunistas en América Latina, se podía confiar en que los caudillos como Batista los mantendrían en su lugar.

Cuando Herbert Matthews llegó al aeropuerto de La Habana en las últimas horas del sábado 9 de febrero, declaró ante las autoridades de inmigración cubanas que él y su esposa venían de vacaciones, escapando del frío invernal de Nueva York. Su apariencia era la de una pareja de turistas de mediana edad, cuyos medios económicos les permitía subir a un avión y dejar atrás el invierno. Por supuesto, no venían en plan de vacaciones. Pasaría una semana antes de que Matthews se dirigiera a la Sierra, y en esos días trabajó duro para evaluar la situación de Cuba, prestando atención a cada explosión, a cada silueta furtiva que se deslizaba por las calles, a cada desplazamiento ruidoso de fuerzas policiales o militares que marchaban a través de la ciudad vieja en un despliegue intimidatorio de fuerza. El encuentro con Javier y Felipe Pazos había avivado su interés. En la mañana del lunes, todavía no habían revelado detalle alguno del viaje a la Sierra. Pero mientras esperaba, Matthews estaba resuelto a descubrir lo más posible acerca del deterioro del país, a pesar de que la aparente calma y las hordas de turistas parecían indicar lo contrario.

Una vez más, Nancie y él habían tomado habitaciones en el Sevilla Biltmore, uno de los hoteles más elegantes de la ciudad antigua, y el favorito de Matthews cuando viajaba a La Habana. Estaba ubicado a corta distancia del Palacio Presidencial y de la oficina del *New York Times*, y su elegante vestíbulo y lujosos cuartos le daban un aire europeo que lo hacía sentirse como en casa. Una de las primeras señales que llamó su atención hacia las nuevas nubes que envolvían a Cuba apareció cuando fue en busca de la edición dominical de *The New York Times*. Por viajes anteriores, sabía que el periódico solía llegar vía Miami el mismo día en que se imprimía, poco más o menos. Sin embargo, a causa de la censura impuesta por Batista a comienzos del año, a menudo se demoraba días, y llegaba a manos de los lectores con agujeros donde, antes de que las tijeras de los censores hicieran su trabajo, se habían imprimido artículos sobre disturbios populares. La edición original del 8 de febrero incluía un artículo, escrito en Nueva York, en el que se decía que el número de rebeldes refugiado en la provincia de Oriente ascendía a quinientos, todos ellos oponiendo una feroz resistencia a las tropas regulares y matando a muchas de las fuerzas escogidas de Batista. En Cuba, nadie había llegado a ver el artículo además de los encargados de suprimirlo, y de Matthews, quien tuvo la oportunidad de leerlo antes de partir. Aunque el periodista Peter Kihss cometió un error respecto del número, no cabe duda de que su artículo influyó sobre Matthews cuando, días más tarde, éste trató de hacer una evaluación objetiva del poder de Castro. Hasta las copias del periódico destinadas a la Embajada de los Estados Unidos habían sufrido recortes, hasta que el Embajador Arthur Gardner interpuso una protesta formal ante las autoridades locales.

Matthews comenzó las entrevistas de la semana el lunes por la mañana, visitando a Gardner, a John Topping, encargado de asuntos políticos, y a Richard Cushing, encargado de información. No mencionó sus planes de buscar a Castro en Oriente; no confiaba en Gardner, porque el Embajador había intimado mucho con Batista, lo cual le restaba el respeto del pueblo cubano. Aunque se trataba de una visita de cortesía antes que de un intento de obtener información, con el correr del tiempo este encuentro iba a resultar un motivo de irritación entre Gardner y Matthews. Gardner habló de generalidades, pero Topping hizo algunas revelaciones interesantes. Tenía sus propias fuentes de información en el movimiento clandestino cubano, y se las había compuesto para reunir datos exhaustivos acerca del desembarco de Castro en diciembre y de los frustrados esfuerzos de Batista para capturar a los sobrevivientes. Si bien no podía afirmar con certeza que Castro estaba vivo, Topping le proporcionó a Matthews algunas estimaciones preliminares de las fuerzas rebeldes. El ejército los había alcanzado en Alegría de Pío y había emboscado y matado a unos treinta hombres. Después de este episodio, según Topping, el ejército cambió de estrategia. En vez de abrirse paso a machetazos por la espesura de la Sierra, los comandantes ofrecieron un juicio justo a quienes se rindieran. Entre veinte y veinticinco seguidores de Castro habían sido apresados de este modo; así, el foco subversivo que permanecía en las montañas, con o sin Castro, no superaba los treinta hombres. Durante las semanas siguientes, se les habían unido unos cien más, algunos de ellos armados, pero en su mayor parte se trataba de campesinos dispuestos a ofrecerles refugio, víveres, e información. La embajada calculaba que Oriente ocultaba a otros cuatrocientos insurgentes y simpatizantes, listos a acudir si eran llamados. Atento a todo lo que escuchó, esta fue la información que Matthews llevó consigo a la Sierra. Hasta el momento, había recibido por lo menos tres estimaciones diferentes de las fuerzas de Castro: la de la nota que Ruby Phillips había enviado a Nueva York, el artículo de Peter Kihss del 8 de febrero, y ahora, la versión de la Embajada. Las tres fuentes coincidían en que el número de rebeldes era fluctuante, pero que seguramente estaba compuesto por varios cientos, con más esperando 'entre bastidores'.

Al salir de la Embajada, Matthews habló con hombres de negocios estadounidenses residentes en La Habana, entre quienes se encontraba Walter W. Schuyler, de la United Fruit Company. Schuyler le contó de la historia personal de Castro. Conocía a su padre, Ángel, que había venido de España a combatir en la guerra contra los Estados Unidos y se había quedado en Cuba. Consiguió empleo como obrero en la United Fruit, pero luego emprendió negocios por cuenta propia, y fue acumulando contratos y tierras. Finalmente, adquirió una plantación de azúcar en Oriente, y en sus últimos años agregó un almacén de ramos generales. Schuyler dijo haber conocido a Fidel en el almacén: lo describió como a un niño fuerte, criado en el campo junto con los pollos y los cerdos. Su padre poseía los medios para enviarlo a una escuela privada, primero en Santiago, y luego en La Habana. Cuando Fidel se inscribió en la Universidad de La Habana, ya poseía una compleja visión del mundo. A pesar de todos los privilegios de los que gozó en sus años mozos, muchos de ellos gracias a las relaciones comerciales entre su padre y la United Fruit, Castro desarrolló una veta anti-imperialista y anti-capitalista que ganó en intensidad a medida que iba creciendo. Adoptó la violencia como un instrumento legítimo para generar el cambio. En 1947, siendo todavía un estudiante, tomó parte en un fallido intento organizado por exiliados dominicanos y radicales cubanos para invadir la República Dominicana y derrocar al dictador Rafael Leónidas Trujillo. La mayoría de este grupo fue arrestada antes de que lograran acercarse a las costas dominicanas, pero Castro escapó arrojándose al mar. Al año siguiente, viajó a Colombia para tomar parte en una protesta contra los Estados Unidos, organizada para que coincidiera con una reunión de la nueva Organización de Estados Americanos. Luego de que un manifestante resultara muerto, los revoltosos tomaron por asalto las calles de Bogotá. El caos duró varios días y faltó poco para que causara la caída del gobierno colombiano. Castro, con sólo veintidós años, encabezó algunos de esos disturbios, y la experiencia se tradujo en un despertar político.

Schuyler le contó a Matthews que la comunidad de negocios temía que si se producía una revolución que acabara con el gobierno de Batista, Cuba se hundiría en un caos irremediable. En la opinión de los hombres de negocios, Castro, el exaltado pistolero, no tenía poder para tomar las riendas, y el derrocamiento de Batista llevaría a Cuba a repetir su historia una vez más. Corrupto como era el presidente (y todos ellos estaban de acuerdo en que su codicia no tenía límites), cualquier junta militar que lo sucediera sería peor aún. En palabras de Schuyler: "Todos rezamos a diario para que nada le ocurra a Batista".

Matthews fue a hablar con el ex presidente Ramón Grau San Martín, quien pensaba que la censura impuesta por el dictador iba a terminar volviéndose contra él. Al ocultar información crucial sobre la rebelión, los censores habían creado una atmósfera envenenada que supuraba rumores, de modo que ni los cubanos mejor informados estaban seguros de lo que realmente estaba sucediendo. El gobierno afirmaba que Castro había muerto en Oriente, pero si era así, ¿por qué había todavía miles de soldados en la zona, y a qué se debía la censura?

Matthews se esforzó por encontrarle sentido a la situación militar de Cuba. El ejército estaba bajo enorme presión y se manejaba caóticamente. El mismo día en el que Matthews había visitado la Embajada de los Estados Unidos, Gardner le había entregado a Batista varios tanques estadounidenses que todavía ostentaban la leyenda "U.S. Army". Era obvio que el gobierno se proponía utilizarlos para dominar a los rebeldes, puesto que Cuba no los necesitaba para defender la nación. Mientras Batista derrochaba en uniformes, alojamiento, y otras prebendas que continuaran asegurándole la lealtad del ejército, las tropas enviadas a la Sierra se sentían cada vez más frustradas. Carecían de entrenamiento para pelear contra las guerrillas, y el servicio en la Sierra se tornaba peligroso. Batista había ordenado que todos aquellos sospechados de simpatizar con los rebeldes fueran sometidos a represalias que sirvieran de ejemplo. Pelayo Cuervo, ex senador por el Partido Ortodoxo, y voz cantante de la oposición, le dijo a Matthews que las acciones de este tipo inflamaban la aversión al gobierno, especialmente entre los más jóvenes, que en números cada vez mayores, apoyaban al bando fidelista y consideraban al ejército como una fuerza enemiga.

Hacia fines de aquella semana, Matthews se había puesto en contacto con la mayoría de las figuras más importantes de la política, los negocios, y la economía. No se reunió con nadie del gobierno por temor a que ello despertara sospechas acerca de los verdaderos motivos de su presencia en Cuba. Los preparativos para su excursión a las montañas incluían la compra de prendas especiales que lo harían ver como un estadounidense adinerado alistándose para una salida a pescar. Se le advirtió que el frío nocturno de la Sierra podía ser extremadamente penetrante, de modo que incluyó en su equipaje una chaqueta abrigada y un sombrero. Finalmente, los rebeldes de La Habana le hicieron llegar un mensaje avisándole que se alistara a partir el viernes 15 de febrero. A esta altura, el plan todavía no había sido cuidadosamente elaborado. Alguien pasaría por Matthews y lo conduciría en automóvil unas quinientas millas a través de Cuba, en dirección a Oriente. Todavía faltaba decidir dónde se llevaría a cabo la entrevista, y cómo se suponía que Matthews se encontraría con Fidel. Pero Matthews había decidido que la mejor manera de atravesar los cordones militares que rodeaban la sierra era llevar consigo a Nancie y hacerse pasar por una pareja de turistas estadounidenses de mediana edad que recorrían el lugar con sus jóvenes amigos cubanos.

A las 5:30 p.m. del viernes, cuando Matthews se encontraba terminando de empacar, recibió un llamado telefónico en su habitación del hotel. Los hombres de Fidel le comunicaron que "lo pasarían a buscar dentro de una hora, y que se asegurara de estar listo". La entrevista se acordó para la noche siguiente, en las montañas. Castro había accedido a descender de las altas cumbres hasta las laderas más bajas para que Matthews no tuviera que trepar demasiado. Aún así, habría que sortear terrenos peligrosos, porque esa parte de la Sierra era tierra salvaje, sin senderos transitables, ni siquiera marcados por los cascos de caballos. Tendrían que avanzar a pie, y estar preparados para sufrir algunas penurias. Matthews apuró a su esposa, pero ella acababa de preparar una costosa tintura italiana para el cabello, e insistió en que de ninguna manera podría partir en una hora. Cuando él le recordó que no iban a dar un paseo por el campo, Nancie, a regañadientes, volcó la tintura en el sumidero y se aprontó para el viaje. A las 6:30 p.m. habían concluido sus preparativos, pero no había señales de sus guías. Esperaron una hora, y otra más. Finalmente, Matthews optó por llevar a Nancie al restaurante Floriditita, a beber unos daiquiris helados, acompañados de una fuente de cangrejo moro. Matthews le confió que muchos jóvenes cubanos estaban arriesgando la vida para introducirlo en las montañas, de modo que era importante comportarse con discreción durante la larga travesía.

Los cubanos estacionaron su automóvil frente al Sevilla Biltmore alrededor de las 10 p.m. y cargaron el equipaje de Matthews. Cuando se preparaban a partir, Ted Scott, el columnista del *Havana Post* que había invitado a Matthews a la ciudad, los reconoció, y les gritó "¡Buen viaje!", lo que sobresaltó a Matthews, pues no suponía que Ruby Phillips lo hubiera puesto al tanto del plan. Manejaron toda la noche por la autopista central, deteniéndose con frecuencia a beber tacitas de café fuerte y dulce. El matrimonio estadounidense viajaba en compañía de Javier Pazos y de una pareja que se presentó bajo los nombres de Marta y Luis. Más tarde, Matthews llegó a saber que se trataba de Miriam Mesa, dama de la alta sociedad cubana y simpatizante de Castro, y de Faustino Pérez, jefe interino del movimiento en La Habana. Las fuerzas opositoras al régimen preparaban una nueva ofensiva en la capital, pero en ese momento la prioridad de Pérez era conducir a Matthews hasta Fidel.

Apretujados dentro del automóvil, pasaron las horas que demandó el accidentado camino entonando canciones cubanas o hablando del movimiento revolucionario por el cual arriesgaban la vida. Matthews estaba extasiado ante este viaje secreto a través de Cuba, pero Nancie tenía frío, estaba cansada, hambrienta, y nada feliz de estar todavía en camino al amanecer. Decidieron hacer un alto para desayunar, pero les faltó discreción. Mesa, a cargo del volante, se sentía tan perdida que se detuvo tres veces a preguntar a la policía dónde podían encontrar un buen hotel para comer algo. Sin embargo, el camuflaje funcionó, y nadie sospechó cuál era su verdadero destino. Después de beber café con leche y panecillos dulces, regresaron al camino, ya cerca de los controles militares que rodeaban la Sierra Maestra.

De pronto, un soldado se plantó frente al vehículo. Aquí se enfrentaron a la primera prueba. El soldado inspeccionó el interior del automóvil, observando detenidamente a los jóvenes cubanos que ocupaban el asiento delantero y a la pareja estadounidense sentada atrás. Durante un segundo, todos contuvieron el aliento, con el corazón que se les salía del pecho. Nancie, que no había podido arreglarse el cabello en el hotel, había echado mano de un casquete blanco, de última moda en los cincuenta, para mostrar una apariencia más prolija. El sombrero sin duda impresionó al soldado, quien miró rápidamente el exterior del auto, les sonrió, y les hizo señas de que continuaran.

Antes de arribar al punto de encuentro, situado en las afueras de Manzanillo, una ciudad de Oriente que lindaba con la Sierra, tuvieron que atravesar otros controles. Pero cuando finalmente terminó el trayecto en automóvil, dos maestras de escuela del lugar, fervientes admiradoras de Castro, ofrecieron alojar a Nancie esa noche mientras Matthews se dirigía a las montañas. Este aprovechó la oportunidad de tomar un descanso en una casa segura, pero también se sentía ansioso por acabar la jornada, y bien consciente del papel que los periodistas extranjeros habían desempeñado en la historia de Latinoamérica. Era difícil no pensar en ello precisamente en Cuba, dado que William Randolph Hearst y corresponsales como Richard Harding Davis quienes habían encendido la mecha de la guerra entre Cuba y los Estados Unidos, al publicar relatos e imágenes distorsionadas al punto de resultar irreconocibles. Y Cuba no había sido el único caso.

Algunos años antes de que terminara esta guerra, la entrevista concedida en 1908 por el dictador mexicano Porfirio Díaz al periodista estadounidense James Creelman y publicada en *Pearson's Magazine* había iniciado la chispa que terminó por desatar la revolución mexicana. Díaz le dijo a Creelman que, después de veintisiete años en el poder, le había llegado la hora de retirarse y dejar que México fuera conducido por otras manos. Acogía con agrado la formación de un partido opositor y prometió apoyar el traspaso del poder. Francisco I. Madero, un rico terrateniente del norte, utilizó estas declaraciones para formar un partido político y sustentar su campaña con miras a las elecciones presidenciales de 1910, poniendo fin así al largo reinado de Díaz. Llegado el momento, Díaz no cumplió su palabra y, en lugar de retirarse a los ochenta años de edad, el antiguo héroe de guerra y defensor de los negocios anunció que estaba dispuesto a sacrificarse por la nación una vez más, presentándose a elecciones por octava vez consecutiva. Nadie dudaba de que el proceso iba a ser fraudulento. Cuando Díaz fue declarado ganador, Madero lideró un levantamiento popular y, el 20 de noviembre de 1910, comenzó la primera gran revolución social del siglo XX.

Matthews sabía que las entrevistas periodísticas rara vez poseían el poder de moldear la historia. Sin embargo, se hallaba convencido de tener una gran noticia entre manos, si sólo lograba penetrar en la Sierra y hablar con el misterioso líder rebelde. Pero a medida que surgían complicaciones, la oportunidad se iba alejando. Castro había decidido coordinar sus fuerzas con mayor eficacia y dejar sentada su intención de convocar un levantamiento a escala nacional. Había hecho venir a los líderes regionales de todo el país para sostener un encuentro que debía comenzar inmediatamente después de finalizada su reunión con el periodista estadounidense. Luego de reagruparse en la casa segura de Manzanillo, muchos de esos dirigentes partieron a entrevistarse a solas con Castro, dejando a Matthews en el poblado. Cuando finalmente llegó el mensajero que se suponía debía guiarlo hasta las estribaciones de la montaña, como estaba convenido, hizo un aparte con Javier Pazos y le dijo que debían esperar un día más, porque en ese momento la zona era un hervidero de soldados leales a Batista. Un jeep descapotado, tripulado por cuatro soldados, se había instalado en medio del camino principal que debían atravesar. El mensajero comentó que intentar burlarlos era equivalente al suicidio. Pazos se negó a esperar, consciente de que Castro no aceptaría excusa alguna por no presentarse con el corresponsal tal cual habían acordado. De mala gana, el mensajero accedió a buscar otra ruta.

Emprendieron el viaje alrededor de las diecinueve horas. Tal como lo habían planeado, Nancie permaneció en la casa. Matthews había cambiado sus ropas por otras más oscuras y abrigadas, y se había creado una nueva identidad. Si los detenían las patrullas, diría que era un adinerado plantador estadounidense que apenas hablaba el español, y que se estaba haciendo conducir a una granja que estaba interesado en comprar. Javier Pazos, que hablaba inglés, debía decir a los soldados que lo acompañaba en calidad de traductor.

Un aguacero vespertino había inundado los inhóspitos caminos que desembocaban en la Sierra, cortando el paso a los automóviles. El conductor, Felipe Guerra Matos, era nativo de la región y, como muchos de los campesinos que habitaban en las cercanías, conocía de memoria todos los senderos escondidos y desconocidos. No resultaría fácil ni rápido, pero se le ocurrió que podrían eludir a los hombres de Batista manejando a través de los cañaverales y tomando los peores caminos hasta encontrarse lo bastante cerca del punto de reunión para caminar. Sabían que era peligroso, pero confiaban que la presencia de Matthews los protegería. Antes de partir, le dieron un fajo de billetes —unos 300 dólares— que le llevaban a Castro. Si los registraban, la explicación más sencilla era que el dinero pertenecía al plantador. En realidad, Castro lo usaría para pagar a los campesinos por los víveres o pertrechos que tomaran los rebeldes.

A pesar de todas las precauciones, el grupo se topó con una patrulla militar, y tuvo que detener la marcha. Uno de los soldados escudriñó el jeep de Guerra, preguntando quiénes eran y adónde se dirigían. Su mirada demostraba que sospechaba de los tres, aunque finalmente les permitió pasar. El automóvil atravesó arrozales y cañaverales, abriéndose paso en la oscuridad por caminos y arroyos que cruzaban las granjas. Los hombres se mantenían alertas, atentos a la aparición de los soldados que Guerra había visto temprano en la mañana, y consiguieron eludirlos a todos.

A la medianoche llegaron al lugar donde se suponía que se encontrarían con los hombres de Castro. Matthews y sus acompañantes echaron a andar por las partes más bajas de la Sierra, siguiendo las sinuosidades del terreno, resbalando en el espeso fango, aprisionados por una vegetación tan densa que daba la sensación de hallarse en las selvas amazónicas antes que en el este de Cuba. Llegaron a un río, oscuro y borrascoso después de las lluvias del día, y tuvieron que vadearlo, hundidos hasta las rodillas en la fría y rápida corriente. Una vez en la orilla opuesta, treparon una ladera escarpada, todavía helados y calados hasta los huesos, hasta que por fin llegaron al sitio donde se suponía que los esperaban los hombres misteriosos que los conducirían ante Castro.

Nadie los esperaba allí.

No sabían si habían equivocado el lugar, o si quizá debían avanzar un poco más, o si los hombres de Castro se habían cansado de esperarlos y habían decidido proseguir sin ellos. Los cubanos dejaron a Matthews y exploraron el área, comunicándose entre ellos con el apagado silbido con el que se reconocían. Esperaban hacer contacto con quienes debían encontrarse sin atraer la atención de los soldados de Batista o de algún otro grupo rebelde que no hubiera sido avisado de su presencia.

Los únicos sonidos que se escuchaban eran las voces nocturnas del bosque: los chillidos de los animales y el opresivo cloqueo de las gotas de lluvia al desprenderse de los árboles. Toda esperanza de encontrar a Castro esa noche se esfumó, y los hombres eligieron un montículo de lodo para detenerse a pensar qué hacer. El brillo incandescente de la luna se abrió paso a través de la maleza, proyectando extrañas sombras detrás de los altos árboles y los arbustos erizados de espinas. Matthews y otros dos hombres esperaron mientras Guerra y otro cubano escalaban más arriba, con la esperanza de encontrar a los hombres de Castro.

Durante las dos horas siguientes, Matthews permaneció sentado en el lodo, esperando y pensando. Aunque no quería perderse de ningún sonido ni movimiento, el sueño lo venció. A pesar del frío y del suelo mojado, dejó caer la cabeza entre las rodillas y dormitó brevemente, despertándose con los ataques de enjambres de mosquitos.

Finalmente, una voz inconfundible traspasó la oscuridad: las dos notas del código secreto que indicaban el retorno de los hombres. A uno y otro lado del vacío, los silbidos continuaron hasta que todos se reunieron en la oscuridad de la noche. Los exploradores habían encontrado una avanzada rebelde en el bosque, y uno había regresado con ellos para llevarlos al puesto donde se encontraba Castro.

Quien había venido por ellos era un habitante local que conocía las colinas tan bien como a su propia madre. Matthews se esforzó por mantener el ritmo. Aunque no había marcas en los árboles, ni signos visibles de una senda, ni siquiera huellas de pisadas anteriores, el guía se movía como si fuera pleno día, prestando poca atención al desgarbado extranjero de edad mediana que apenas si podía sostenerse sobre las piernas para no caer en el fango. Matthews apretó el paso y, a su debido tiempo, llegaron a un área de tierra plana donde el guía se detuvo y silbó. Pasados unos minutos de silencio, oyeron el sonido acogedor de otro silbido que respondía al suyo.

Se adentraron en el bosque, ahora bañado en la brillante luz de la luna. El guía susurró que el campamento estaba cerca; Castro llegaría pasado el amanecer. Con unas horas por delante, los cubanos ofrecieron a Matthews unas galletas y extendieron una gruesa manta sobre la tierra húmeda para que descansara. Con veces que apenas se distinguían de un susurro, hablaron de rebeldes y de la revolución.

—Prefiero estar aquí, combatiendo por Fidel, que en ningún otro lugar del mundo— dijo un cubano que había visto a los soldados de Batista arrastrar a su hermano fuera de su tienda y fusilarlo.

Los otros hablaban de la injusticia del régimen, y soñaban con el día en el que un gobierno nuevo y más justo proporcionara seguridad y justicia para todos los cubanos. Un moreno, de baja estatura, flaco pero fuerte, manifestó ser el responsable del grupo, y no puso reparos a que Matthews anotara su nombre.

—Soy Juan Almeida —dijo— uno de los ochenta y dos.

Los otros también relataron sus historias. Algunos habían vivido en los Estados Unidos; uno dijo que había jugado béisbol en las ligas menores. Todos manifestaron que no había suficiente comida en las montañas, donde no crecía prácticamente nada comestible, de modo que dependían de las provisiones que les traían los granjeros, y siempre pagaban por lo que tomaban. Llegó otro de los ochenta y dos: un hombre de rostro delgado y cargado de espaldas con cabello semilargo. Dijo llamarse Raúl Castro. A Matthews le pareció delicado y agradable, un increíble error de juicio acerca de su carácter, pero esta interpretación refleja fielmente el estado de ánimo de Matthews en ese momento. Después de la largas horas transcurridas desde que había abandonado La Habana, escuchando la letanía de los objetivos idealistas del Movimiento 26 de Julio, pasado el peligroso viaje por la Sierra, la dificultosa llegada al lugar de encuentro, y la falta de alimento y de sueño, Matthews había perdido mucho del escepticismo que le provocaban los rebeldes allá en la lejana Nueva York. Dada su confesada pasión por los desposeídos y por las causas sobre las que escribía, Matthews se dejaba convencer fácilmente por las historias que cubría, sin importar sus implicancias políticas. Así es como había podido apoyar a la Italia fascista en Abisinia y, algunos años más tarde, a los leales en España.

Y aquí se encontraba nuevamente presenciando el comienzo de otro movimiento revolucionario, otra causa apasionante, una guerra civil en ciernes, donde las palabra y las imágenes eran mucho más importantes que las armas o la estrategia de combate. Matthews recién empezaba a entender a los jugadores y la compleja dinámica de una Cuba donde las condiciones que normalmente habrían dictado la madurez de cualquier país latinoamericano para iniciar una revolución social no existían, y sin embargo, la revolución se olía en el aire. No podía saber en ese momento exactamente cómo resultaría la historia, pero sí estaba decidido a seguirla hasta el final.

CAPÍTULO 5

Las impenetrables espesuras serranas

Castro se abrió paso a través de los altos y gráciles árboles de guaguasí y de la espesa maleza empapada por el rocío de la mañana para saludar al sorprendido corresponsal estadounidense a quien había hecho esperar toda la noche. Acababa de amanecer, y Matthews se encontraba cubierto de lodo, tenía hambre y frío, y necesitaba una ducha caliente y una afeitada. Pro ésta era la razón por la que había hecho el largo viaje desde Nueva York; éste era el porqué de una decisión —tomada muchos años atrás— de renunciar a una confortable carrera académica; esta era la clase de encuentro con la Historia que durante tanto tiempo lo había hecho palpitar. Con paso vivo, Castro penetró en el claro cuando el sol atravesaba las nubes y la aurora se hacía día. Vestía un limpio uniforme de fajina y una gorra verde oliva, y portaba un rifle largo con mira telescópica.

—Con estas armas podemos acabar con ellos— se jactó ante Matthews luego de saludarlo, blandiendo el rifle como si fuera un trofeo. Ninguna de sus palabras podía haber causado mayor sensación. Era la clásica escena del encuentro, del histórico encuentro de dos fuerzas ineludiblemente unidas por el destino. Matthews poseía una cantidad sustancial de información acerca de la vida de Castro, de su movimiento, y de sus antecedentes, pero necesitaba averiguar mucho más. Castro lo ignoraba todo sobre Matthews excepto su nacionalidad y que el hecho de que escribía para el *New York Times*. Habiendo pasado varios meses en Nueva York tratando de recaudar fondos, conocía la reputación del periódico, y del valor potencial que un artículo publicado en los Estados Unidos, fuera del alcance de la censura cubana, tendría para su vacilante movimiento. Castro controló el escenario, el ritmo, y, en gran parte, el contenido de la entrevista. Ambos estaban empeñados en utilizar al otro en beneficio de sus propios fines. Castro veía en Matthews un conducto para sus ideas, un modo de dirigirse al público mediante una pluma que transmitiría su importante mensaje al mundo. Matthews veía en Castro el modo de probar que todavía podía lanzarse a una situación plagada de dificultades físicas y aún así adelantarse a la competencia. Castro se había propuesto impresionar a Matthews, intimidarlo, y quizás hasta atemorizarlo con su charla de acabar con los soldados, pero Matthews estaba demasiado concentrado en registrar lo que veía para reaccionar con temor.

En el primero de los tres artículos basados en la entrevista, Matthews escribió: "Juzgando por su físico y personalidad, a primera vista, Castro es un hombre imponente, vigoroso, de seis pies de altura, de piel aceitunada, y rostro redondeado, enmarcado por una barba descuidada". A medida que el sol se elevaba, volvió a hacer una rápida evaluación del campamento provisorio preparado para la entrevista. Se percató de que Castro era el único a quien doblaba la edad, y que los milicianos estaban animados por la pasión sin mácula de la juventud revolucionaria. " ¡Qué jóvenes son!", apuntó en sus notas. Aunque los muchachos no alcanzaban los veinticinco años, llevaban viejos rifles descartados por el ejército de los Estados Unidos, y tenían una ametralladora muy poco confiable que decían haber confiscado durante el ataque a una base del ejército realizado algunas semanas atrás. Ahora Matthews pudo ver que algunos de los hombres usaban toscos uniformes cuyas partes no combinaban entre sí, mientras que otros estaban cubiertos con andrajosas ropas civiles. Uno tenía puesta una camisa blanca que, aunque extremadamente sucia, se destacaba como una nota discordante contra el verde follaje... un peligroso atavío para un guerrillero.

"Soy el primero", anotó Matthews, saboreando la exclusiva que iba a llevar al periódico como el primer reportero —estadounidense o cubano— que visitó el campamento rebelde trayendo las pruebas de la increíble noticia de que Castro estaba vivo. No había traído anotador ni máquina de escribir; usaba hojas de papel rayado dobladas en tres para poder apoyarlas sobre la palma izquierda mientras escribía con la mano derecha. Matthews se había acostumbrado a dominar a sus entrevistados desde sus seis pies y una pulgada de estatura. Ahora sus mirada penetraba directamente los ojos castaños de Castro, y quedó cautivado por su destello de inteligencia y valor. Notó "su maravillosa elocuencia" y su "personalidad arrolladora". Inclusive lo impresionó la barba raleada del rebelde, aunque estaba lejos de imaginar la importancia que su barba habría de adquirir dentro de la iconografía subversiva. No obstante, cuando en su artículo puso el acento sobre la juventud de Castro, mencionando su barba, los largos cabellos de los milicianos, y su audaz intento de cambiar el orden existente, Matthews no hacía más que señalar los factores esenciales del carácter indómito de Fidel ante el público estadounidense, que pronto vería a sus propios jóvenes adoptar esas mismas características en el inicio de la década siguiente, signada por el radicalismo y la rebeldía.

Matthews fue presa del don de Castro para la teatralidad. A medida que se desarrollaba la entrevista, el líder se puso en cuclillas junto a él y le habló en susurros, advirtiéndole que las filas del ejército regular rodeaban el área del encuentro, una pequeña cresta perteneciente a la paupérrima alquería de Epifanio Díaz, un habitante de la localidad. La zona estaba cubierta de vegetación, cortada por un frío arroyo que se deslizaba desde la cumbre. Castro sabía que el ejército buscaba aniquilar al resto de los rebeldes antes del fin del período de censura, programado para el 1º de marzo. Se inclinó hacia Matthews, quien vestía un sobretodo oscuro y un gorro, y acercó los labios a su oído, diciéndole todo esto con un murmullo ronco cuya intensidad volvía creíble su palabra.

Matthews no se había dado cuenta que en realidad no había penetrado en la Sierra. El lugar donde se encontraban distaba sólo unas veinticinco millas de la ciudad de Manzanillo: no era precisamente el corazón del bosque. De todos modos, lo escabroso del terreno habría dificultado el avance de las patrullas del ejército. La línea principal del cerco ordenado por Batista se hallaba a dieciséis millas de distancia, pero ninguna ruta pavimentada atravesaba el suelo montañoso que los separaba; sólo podía cruzarse a través de unas pocas sendas abiertas por las huellas de las carretas tiradas por bueyes. Era terreno peligroso para los soldados, pero excelente para los guerrilleros. Los densos bosques también contribuían a ocultarlos de los vuelos rasantes de los aviones militares.

Los rebeldes habían extendido una manta para Castro y Matthews, y le ofrecieron al periodista compartir el alimento que los mantenía vivos en la montaña: jugo de tomate, café, galletas, y jamón. Castro declaró que recompensaba generosamente a los campesinos que proveían los víveres, amén de elogiarlos por su apoyo a la revolución. En eso se gastarían los trescientos dólares que había traído Matthews, y vendría mucho más dinero de la misma procedencia. Se jactaba de que la revolución contaba con simpatizantes en todo el país, algunos de los cuales eran tan ricos y poderosos que muchos se sorprenderían si se revelaran los nombres.

Castro hablaba inglés, pero dejó en claro que prefería que la entrevista se hiciera en español. Matthews no se opuso, aunque tomó la mayor parte de sus notas en inglés, traduciendo al correr de la conversación, que Castro salpicaba con comentarios de su objetivo final, una Cuba libre e independiente, gobernada por las reglas del estado de derecho y respetando los derechos de todos los ciudadanos. No era difícil ver que su coraje y capacidad de liderazgo inspiraban a aquellos que lo seguían; Matthews escuchó atentamente el plan de batalla.

Se trataba de una típica campaña guerrillera, en la cual la protección ofrecida por la espesura de la Sierra obstruía y confundía al ejército que los perseguía. Su táctica principal se basaba en la sorpresa y el sigilo; es decir, en atacar a los soldados en el momento y lugar menos esperado, para luego desaparecer en los pliegues de la Sierra, donde el reducido número de milicianos constituía una ventaja táctica, y cada árbol y arbusto era un aliado confiable.

Castro dijo también que los soldados de Batista no estaban preparados para lanzarse a la ofensiva en la montaña, y que combatían mal, pero que sus hombres se habían adaptado a los combates guerrilleros durante el exhaustivo entrenamiento que habían realizado en México. A pesar de la indiscutible superioridad numérica y de la calidad del armamento con que contaba el gobierno, no había mucho que los soldados pudieran hacer salvo toparse accidentalmente con una patrulla rebelde y capturar o matar a sus integrantes antes de que huyeran. Cuando los soldados regresaban a las barracas, corrían el riesgo de ser atacados mientras dormían, o de morir alcanzados por las balas de un rifle de largo alcance, sin siquiera enterarse de que habían sido elegidos como blanco. La moral de los hombres de Batista flaqueaba, mientras que los rebeldes se sentían más fuertes y confiados con cada día que pasaba. Castro agregó que el ejército había ejecutado a algunos de sus seguidores para dar prueba fehaciente del destino que les esperaba a los rebeldes que desafiaban al gobierno. Él, en cambio, daba un trato humanitario a los prisioneros que tomaba, llegando inclusive a liberarlos, en un gesto destinado a ganar un mayor número de adherentes a la causa.

Castro era consciente de que la censura había impedido a los cubanos escuchar la verdad acerca del movimiento.

—Usted será el primero en decirla —afirmó.

Matthews sabía que las noticias que estaba recogiendo eran de carácter sensacional, de las que se dan una sola vez en la vida. Para un firme partidario de la prensa libre como él, esta historia servía una infinidad de propósitos, pero el principal era romper el silencio forzado por Batista. Matthews encontraba aborrecible la sola idea de la censura oficial. Un artículo sobre Castro en la portada del *New York Times* quitaría credibilidad a la censura y, hablando de manera figurada, resucitaría a Castro.

En su calidad de abogado y de estudioso de los procesos revolucionarios, a Castro no se le escapaba la importancia de obtener la solidaridad de la prensa. Sabía que, para poner a Matthew de su parte, tendría que convencerlo de que los rebeldes dominaban la Sierra y de que su fuerza crecía día a día. Pero en ese encuentro, nada había quedado librado al azar. Celia Sánchez, quien se unió al rebelde en las montañas y habría de convertirse en su confidente más cercana durante toda la revolución, se había encargado de organizar el campamento provisorio de modo tal que Matthews creyera que las desarrapadas tropas eran, en verdad, un ejército. Se encontraban en un estado físico lastimoso después de vivir dos meses y medios como fugitivos. Sus ropas estaban hechas jirones, su calzado cubierto de barro y maltrecho, a tal punto que muchos mantenían unidas una parte con otra por medio del tipo de cable que se usa en los artefactos eléctricos. Celia les ordenó que se higienizaran lo mejor posible. Rasparon el lodo pegado a los rifles y marcharon a la vista de Matthews, respetando la formación militar. Uno llevaba una camisa tan destrozada que lo único que impedía que la parte posterior se desprendiera eran unas pocas hebras de tela; por eso, marchaba de costado para que Matthews no se diera cuenta de que más que un soldado parecía un vagabundo. Igualmente, cuesta pensar que Matthews no se haya dado cuenta en seguida de la treta.

Otras versiones sobre lo que ocurrió ese día no mencionan que los rebeldes desfilaran repetidas veces alrededor de Matthews para hacerle pensar que había muchos de ellos; por otra parte, la topografía del lugar torna improbable que ello ocurriera. El claro donde se produjo el encuentro se encontraba en una cresta que sobresalía por encima del arroyito que los campesinos llamaban Río Tío Lucas. Dado que el arroyo recorría tres lados del llano, los soldados de Batista no tenían la posibilidad de acercarse a hurtadillas sin ser detectados. Pero por la misma razón, tampoco había espacio para que los hombres de Castro marcharan en círculos alrededor de Matthews sin que éste los reconociera.

Sin embargo, no faltó la dirección escénica durante el tiempo la reunión. Mientras Castro y Matthews conversaban, Luis Crespo, uno de los rebeldes, regresó al campamento luego de una gira exploratoria y se reportó a Raúl Castro, quien lo llevó a un costado. Crespo iba a actuar su papel en la dramatización que se estaba llevando a cabo. Habiendo recibido instrucciones de Raúl, corrió hacia Fidel, todavía enfrascado en el diálogo con Matthews, y los interrumpió.

—Mi comandante —exclamó—. Logramos alcanzar a la segunda columna.

Castro se lució en la parte que le correspondía desempeñar en la obra:

—Espera a que termine aquí —le gritó.

Luego se volvió hacia Matthews y le explicó que los hombres y el equipo presentes formaban parte del cuartel general de la primera columna, y que la Sierra estaba llena de columnas de soldados rebeldes. El lugar donde se encontraban estaba bien custodiado, y nada se movía sin que ellos lo supieran. Los rebeldes habían sopesado las fuerzas enemigas y conocían el número de soldados, su poder de fuego, y su estrategia.

En sus notas, Matthews escribió que, en opinión de Castro, Batista tenía 3.000 hombres rodeando a los rebeldes. En cambio, sus propios hombres se dividían en células de entre siete y diez hombres, y "unas pocas de treinta o cuarenta". Citó esta frase de boca de Castro: "Por razones obvias, no voy a decirle cuántos somos. Él [Batista] opera con columnas de doscientos; nosotros, con grupos de entre diez y cuarenta, y estamos ganando. Es una lucha contra el tiempo, y el tiempo está de nuestro lado".

Matthews tenía que comparar la información con las estimaciones independientes que había recibido sobre las fuerzas rebeldes y que había traído consigo a la montaña. Durante la semana que había pasado entrevistando fuentes de información en La Habana, había escuchado que el grupo original de ochenta y dos hombres que había llegado en el *Granma* se había reducido a no más de quince, pero que luego se había reconstituido, atrayendo suficientes nuevos reclutas para formar una fuerza de combate de varios cientos, añadidos a los otros cientos de partidarios de Castro que estaban desparramados por la Sierra. Matthews tuvo la presencia de ánimo de contar a todos los individuos que vio durante su permanencia en el campamento, aunque el escenario boscoso confundía las cosas y su atención estaba puesta en las palabras de Castro. Calculó haber visto veinticinco hombres y mujeres. Podía sumarles los dirigentes del Movimiento 26 de Julio reunidos en la casa segura de Manzanillo, más los exploradores y guías que lo habían ayudado a llegar al campamento. En total, Matthews suponía que había visto u oído a unos cuarenta individuos, lo cual reflejaba los "grupos de entre diez y cuarenta" mencionados por Castro, y sugería que formaban parte de una fuerza más numerosa. Este cálculo cuadraba con lo que le habían informado las distintas fuentes, y nada de lo que vio sugería que fuera inexacto. Si hubiera escrito que Castro se hallaba refugiado en las montañas con una docena de hombres como máximo, el parte habría provocado mucho alzar de cejas en Nueva York, dado que contradecía lo que ya se había publicado en el *Times* y lo que Ruby Phillips había escrito en sus memos. Una estimación tan baja, aunque más cercana a la verdad, también habría sido discutida por la Embajada de los Estados Unidos y por casi todos los cubanos con los que Matthews había hablado antes de dirigirse a la Sierra.

La entrevista duró aproximadamente tres horas. Matthews sólo formuló algunas preguntas de orden general y Castro ofreció un impresionante despliegue de oratoria. Matthews estaba impresionado por "el destello de los ojos castaños de Castro; su rostro enérgico se aproxima al del oyente, y su voz susurrante, como si recitara un papel sobre el escenario, aporta un vívido colorido dramático".

Uno de los milicianos les trajo una caja de cigarros. Castro tomó uno y le ofreció la caja a Matthews, quien también era fumador de cigarros. Los encendieron, y envueltos en el humo aromático que llenaba el aire, hablaron de política en general y de los objetivos políticos de Fidel, todavía imprecisos. Matthews le preguntó cuánta verdad había en lo que había escuchado: que Castro iba a utilizar sus fuerzas para establecer su propio gobierno revolucionario, asumiendo el control de la provincia de Oriente e instalando la capital en Santiago.

—No todavía —respondió, como si se tratara de una simple cuestión de decidir el momento propicio para hacerlo—. Me daré a conocer en el instante oportuno. La demora lo hará mucho más efectivo, ya que ahora todos hablan de nosotros. Nos tenemos mucha fe.

Entre bocanada y bocanada a su cigarro, Matthews trató de evaluar al hombre que tenía enfrente. Claramente, Fidel rebosaba seguridad en sí mismo, y esa misma seguridad, sumada a la fe en su causa, era el combustible que encendía la pasión de los hombres que lo rodeaban. Pero Matthews también creyó detectar algunos puntos débiles. Castro no parecía poseer sólidos conocimientos de las complejas cuestiones económicas de la nación. Tampoco evidenciaba las dotes de un gran líder militar. Por lo que se veía, su fuerte eran la revolución y la política.

Castro dejó sentadas sus ambiciones políticas, aunque no pudo explicar cómo se proponía llevarlas a cabo. Manifestó que el núcleo de su revolución tendía al nacionalismo, lo cual se traducía en su oposición a los intereses colonialistas e imperialistas que, según creía, oprimían a Cuba. Estaba enojado con los Estados Unidos por continuar apoyando a Batista, proporcionándole armas que éste utilizaba para combatir a los rebeldes de la Sierra y a otros cubanos de un extremo al otro de la isla. Pero eso no implicaba que fuera anti-estadounidense.

—Puede usted tener la seguridad de que no abrigamos animosidad alguna contra los Estados Unidos y su pueblo —afirmó.

Matthews no lo contradijo, aunque las entrevistas que había realizado en La Habana le habían dado una idea de los sentimientos ambivalentes de Castro respecto de los Estados Unidos. Pensó que los objetivos revolucionarios de Castro dejaban entrever fuertes rasgos democráticos. Adhería a la libertad, la democracia, y la justicia social, y su meta primordial consistía en restaurar la constitución violada por Batista mediante el golpe de estado de 1952. Castro, el ex candidato al Congreso, sostenía que el objetivo principal iba dirigido a llamar a nuevas elecciones y a devolverles a los cubanos el principio democrático de elegir a sus propios dirigentes.

Matthews también atribuía otros objetivos a los insurgentes, aunque sólo los esbozó en términos generales. Repitiendo las observaciones hechas por Ruby Phillips en primer lugar, clasificó el movimiento como uno que involucraba principalmente a la juventud, y llamó a Fidel "el símbolo llameante de la oposición" al régimen de Batista, aunque sabía de la existencia de otros grupos opositores liderados por personalidades fuertes. Declaró que el Movimiento 26 de Julio era revolucionario, y lo calificó de socialista y nacionalista, pero definitivamente no comunista. Matthews se guiaba por la definición formal de comunismo, que incluía sólo a los miembros del partido comunista y que obedecían órdenes del Comité Central, un punto de vista más estrecho del que sostenían muchos otros observadores. Sabía que Castro se proponía a obligar a Batista a retirarse, pero respecto de lo que ocurriría una vez que el poder quedara vacante, sólo podía hacer vagas predicciones. Al describir la visión de la nueva Cuba a través de las palabras del rebelde —"un país radical, democrático, y por ende, anti-comunista", Matthews escribió: "Equivale a un nuevo programa para el país".

—Por encima de cualquier otra cosa —le dijo Castro aquella mañana— luchamos por una Cuba democrática y por el fin de la dictadura. No estamos en contra del ejército; por eso liberamos a los soldados que tomamos prisioneros. No existe odio hacia el ejército como institución, pues sabemos que tanto los hombres como muchos oficiales son buenas personas.

Sin embargo, no vacilaba en alardear de sus proezas cuando acababa con esos mismísimos soldados mediante su rifle con mira telescópica y otros cincuenta de igual factura que, decía, manejaban sus hombres. Aquí queda claro que Matthews no fue lo suficientemente crítico. Si hubiera exigido ver el resto de los rifles, habría pescado a Castro en una mentira flagrante. En aquel momento no los tenía, y aún después de que los rebeldes consiguieron unos cuántos más, jamás llegaron a cincuenta. Además, Fidel dijo que cuando la revolución triunfara, los soldados recibirían una paga de cien dólares mensuales, una suma considerablemente mayor que los setenta y dos que recibían entonces. Tenía dinero suficiente para afrontar este gasto y solventar el resto de sus planes y, para probarlo, indicó a uno de los hombres que depositara sobre la manta un bulto envuelto en tela marrón. Contenía una enorme cantidad billetes de un peso, y Matthews calculó que el total ascendía a unos cuatro mil dólares.

A esta altura, el frío de la noche se había desdibujado de la memoria. Era alrededor de las nueve de la mañana, bajo el sol abrasador del Caribe. De pronto, los motores de un bombardero rugieron sobre el campamento, y el desdichado que vestía la camisa blanca tuvo que ser arrastrado hacia los arbustos para evitar que detectaran el lugar. El avión del ejército prosiguió su vuelo hacia las estribaciones más altas de la Sierra, donde dejó caer explosivos, lejos del campamento rebelde.

—Bombardean todos los días —comentó Castro, indicando que la entrevista había terminado. Era hora de que Matthews regresara a la ciudad.

—Ha arriesgado usted mucho al venir aquí —le dijo Castro y, por primera vez, reconoció que también Matthews cumplía una misión. Si hubiera que precisar el momento exacto en el que comenzó la relación personal entre estos hombres, fue éste. Compartir el peligro como habían compartido los alimentos y cigarros más temprano en la mañana los unió en un pacto sin palabras. Matthews ya había dado señales de sus deseos de creer en Castro. Las preguntas que le hizo fueron directas, hasta amistosas, desprovistas de toda intención de contrariar al líder o de atraparlo en contradicciones. No discutió las declaraciones de Castro, ni siquiera las que a todas luces deben haberle sonado poco probables; por ejemplo, la afirmación de que sus desastradas tropas habían vencido en muchas batallas al bien equipado ejército de Batista. Ahora, al término de la entrevista, Castro expresaba su preocupación por el bienestar de su visitante. Con entera sinceridad le aseguró a Matthews que sería llevado de regreso sin problemas.

—Tenemos el área cubierta —dijo —y lo transportaremos a salvo.

Antes de partir, a Matthews le quedaba un último pedido por hacer, el cual significó un nuevo lazo entre dos hombres que compartían el mismo lado en un objetivo común. Le extendió a Castro las hojas de papel doblado en las que había tomado sus notas y le pidió que las firmara. Le dijo que no faltarían los incrédulos, y que la firma de Castro prestaría autenticidad a la entrevista que había sostenido con un rebelde a quien se suponía muerto. También pidió a uno de los hombres que, con una pequeña cámara, les sacara una fotografía fumando juntos y discurriendo sobre las raíces de la revolución.

Terminada la reunión, Javier Pazos condujo a Matthews montaña abajo hasta una granja, donde esperaron la llegada del jeep en el que harían el trayecto inverso. Llevaron a Matthews hasta la casa de Manzanillo donde Nancie había pernoctado. Allí se lavó, se afeitó, y se cambió las ropas, fatigado pero henchido de esperanzas. Tomó un bocado antes de volver a Santiago; allí entrevistó a tres profesores de la Universidad de Oriente que pertenecían al Movimiento 26 de Julio. Matthews consideró este apoyo como una señal de la popularidad de que gozaba el movimiento en los círculos de la clase media.

Más tarde, ese mismo día, Matthews y Nancie abordaron un avión rumbo a La Habana. Aunque le urgía volar a los Estados Unidos de inmediato, y Ruby Phillips lo instó a abandonar el país antes de se descubriera a qué había venido, Matthews insistió en quedarse para entrevistar a dirigentes estudiantiles, entre quienes se contaba José Antonio Echeverría, potencial rival de Castro que no siempre estaba de acuerdo con él. Condujeron a Matthews al escondite de los estudiantes en el distrito de El Vedado, en La Habana, para encontrarse secretamente con Echeverría y otros jovencitos fanáticos dedicados al derrocamiento de Batista

—Estamos habituados a la lucha clandestina —dijo el estudiante de arquitectura de veinticuatro años cuyos amigos lo apodaban "El Gordo"—. Los estudiantes cubanos no tienen miedo de morir —alardeó. Pronto tendría la oportunidad de probarlo.

Matthews sabía que la entrevista era sólo una parte de la agenda de Castro para ese día. Por primera vez desde su regreso a Cuba, había llamado a una reunión de líderes del Movimiento 26 de Julio de todo el país. Se proponía combinar esfuerzos y suavizar las fricciones entre facciones rivales. Uno de los grupos quería dispersar a los combatientes a lo largo de distintos frentes en las montañas y las ciudades. Castro insistió en concentrar todos los recursos y poder de fuego en la Sierra. También le preocupaban los grupos opositores, como los estudiantes radicales de La Habana, dado que eran más numerosos y poderosos que el suyo, y le disputaría el control del movimiento anti-Batista. Deseaba dejar bien claro que el mando correspondía a una sola persona, y que esa persona era él.

Cuando Matthews dejó el claro, Castro necesitaba ocuparse de otro asunto importante antes de dar inicio al encuentro nacional de líderes de la resistencia. Se hallaba convencido de que el campesino Eutimio Guerra era un traidor y un espía del ejército. En las semanas previas, Guerra se había congraciado con los rebeldes, e inclusive, una noche había compartido la manta de Castro. Echado en el suelo junto a Fidel, empuñando una pistola calibre .45, sólo tenía que apretar del gatillo. Su blanco yacía a pocas pulgadas, desprotegido y vulnerable. Pero no pudo hacerlo.

Mientras Matthews rehacía sus pasos a través de los bosques, Castro envió a varios hombres a buscar a Guerra y traerlo a otro claro cerca de donde se había desarrollado la entrevista. Al registrar sus ropas, encontraron una pistola, tres granadas de mano, y una carta del comandante local del ejército otorgándole un salvoconducto en toda la región. Hasta llevaba puesto un flamante par de botas militares, con el que había sido recompensado por la información que reveló sobre los rebeldes, y que constituía un símbolo inequívoco de su traición.

Guerra cayó de rodillas y rogó que se le fusilara en el acto. Pero Ciro Frías, uno de los hombres de Castro, insistió en que se tomaran el tiempo suficiente para humillarlo, recordándole cuánto se había beneficiado de su asociación con los rebeldes, y la forma despiadada en la que les había pagado. Con la cabeza gacha, Guerra sólo pidió que la revolución cuidara de sus hijos. El día se había vuelto tormentoso. Junto con el chisporrotear del trueno, alguien le disparó a la cabeza.

Tres días después de la entrevista con Matthews, Castro redactó su primer mensaje público. Planeaba que su manifiesto coincidiera con la publicación del artículo de Matthews. Brevemente, explicaba que, a pesar de los rumores esparcidos por Batista, los rebeldes no sólo habían sobrevivido, sino que se habían reagrupado en una eficaz unidad de combate que aterrorizaba al ejército. Describía las batallas ganadas y, exagerando las victorias y pintando al ejército con los colores más sombríos, llegaba a sugerir que los soldados huían dejando abandonados a sus camaradas muertos para que alimentaran a los buitres.

"¿Puede Batista continuar ocultando al país y al mundo entero lo que aquí sucede?", escribió. "La entrevista que sostuve en el corazón de la Sierra con el corresponsal del *New York Times* va a publicarse, con fotografías, en cualquier momento".

Los censores de Batista escamotearon el manifiesto del alcance de los periódicos y las radios, y pocos cubanos se enteraron de su existencia. En pocos días más, tendrían mayor información.

Luego de reunirse con Echeverría y los demás dirigentes estudiantiles, Matthews había completado todos los puntos de su lista a excepción de uno. Esa noche, él y Nancie visitaron a Ernest y Mary Hemingway en Finca Vigia, la residencia que la pareja poseía en las afueras de La Habana. Gracias a la Revolución Cubana, estos amigos, que se habían conocido durante la Guerra Civil Española, habrían de mantenerse en contacto durante largos años. Luego de la velada, Matthews volvió al Sevilla Biltmore y se dispuso a dejar el país, ansioso por comenzar a trabajar en los artículos. Le preocupaba que las notas y fotografías que llevaba consigo fueran encontradas por los guardias aduaneros del aeropuerto. Si ello sucedía, habría problemas, particularmente porque llevaban la firma de Castro.

—Son peligrosos —le dijo Nancie—. Deja que los lleve yo.

Tomó las siete hojas plegadas y se las metió en la faja, segura de que los inspectores no se atreverían a buscar allí. Tomaron el primer vuelo disponible, el martes 19 de febrero, dos días después del encuentro con Fidel en el claro de la Sierra. Mientras el bimotor cruzaba el cielo de La Habana, abandonando la zona del Caribe en dirección a Key West y al sur de la Florida, Nancie se disculpó y entró a los aseos del avión, regresando con un manojo de notas arrugadas. Matthews ya se encontraba escribiendo la historia que, según creía, iba a insuflar aire fresco a su carrera.

En las primeras líneas de lo que luego se convertiría en una serie de tres artículos basados en las entrevistas de Cuba, Matthews desplegó su historia extraordinaria, colocándose él mismo en su centro para siempre.

> Fidel Castro, el líder rebelde de la juventud cubana, se encuentra vivo y luchando duro y con éxito en las escabrosas, casi impenetrables espesuras de la Sierra Maestra, en el extremo sur de la isla.
>
> El Presidente Fulgencio Batista ha enviado lo más selecto de su ejército a batir el área, pero sus hombres están perdiendo

gradualmente la batalla cuyo propósito es destruir al enemigo más poderoso que se enfrenta al General Batista en su larga carrera de líder y dictador de Cuba.

Estas son las primeras noticias ciertas de que Fidel Castro vive y de que aún se encuentra en Cuba. Nadie relacionado con el mundo exterior, y mucho menos con la prensa, ha visto al Sr. Castro, con la sola excepción de este reportero. Nadie en La Habana, ni siquiera la Embajada de los Estados Unidos, con todos sus recursos de inteligencia, sabrá, hasta que se publique este artículo, que Fidel Castro realmente se encuentra en la Sierra Maestra.

CAPÍTULO 6

Un capítulo en una novela fantástica

En 1957, la Vieja Habana se apoyaba en tres puntales de poder: la Embajada de los Estados Unidos, el vistoso y bien custodiado Palacio de Gobierno habitado por Batista y, a unas pocas cuadras de allí, las maravillosas oficinas de estilo Art Deco pertenecientes a la empresa de ron Bacardi, una de las más poderosas y mejor conectadas de la isla. Dentro del edificio de siete pisos, pintado de rosa y siena, con su bella ornamentación de ladrillos tridimensionales y la letra B tallada en las rejas de hierro forjado que cubrían las ventanas de la planta baja, José 'Pepín' Bosch, el presidente de Bacardi, supervisaba una enorme compañía que transformaba a la mayor cosecha de Cuba —la caña de azúcar— en un valioso producto de exportación que el mundo entero identificaba con la isla. Este hecho, añadido a la impresionante riqueza de los propietarios, otorgaba a la empresa una posición en la política interna equivalente a una Secretaría de Gobierno, con suficiente poder para incluir en su nómina a personajes de la talla de Felipe Pazos, ex presidente del Banco Nacional de Cuba. Como Bosch mismo, Pazos se estaba involucrando cada vez más en el movimiento revolucionario anti-Batista.

Dada su edad, tanto Pazos como Bosch habían transcurrido la mayor parte de su vida adulta bajo el régimen, observando con desasosiego cómo Batista crecía en arrogancia y corrupción. El dictador utilizaba la constitución como un juguete: ora se presentaba a elecciones, ora prescindía de la ley y tomaba el poder, según le acomodara. En términos legales, estaba previsto que su mandato cesara en 1958, pero la élite de La Habana sospechaba que Batista intentaría reformar la constitución para presentarse a una nueva reelección de naturaleza fraudulenta. Al principio, la moderada oposición política, que no perdía las esperanzas de una transición pacífica que devolviera al país a la égida de la constitución, había intentado, con cierto éxito, negociar con Batista. Durante la campaña electoral de 1954, la oposición exigió la libertad de todos los presos políticos y que se amnistiara a los exiliados políticos. Con desgano, Batista accedió, para hacer ver que no se oponía a contemporizar. Entre los prisioneros liberados se encontraban los hermanos Castro, y Prío Socarrás obtuvo autorización para regresar de su exilio en Miami.

Sin embargo, con el correr del tiempo, se hizo evidente que muchas de las decisiones de Batista estaban destinadas a dilatar cualquier movimiento serio en dirección a la constitucionalidad. A principios de 1957, precisamente un año antes de la fecha de las siguientes elecciones, estaba claro que sólo la fuerza podría poner fin al gobierno ilegal de este presidente. Cuando ello sucediera, finalmente libres del dictador, los cubanos podrían instaurar un nuevo régimen, moderado, sensible a las necesidades de la población, y más acorde con el gusto de hombres como Bosch y Pazos. Creían que esto podría llevarse a cabo con un mínimo de trastornos, y que rápidamente Cuba volvería a ocuparse de sus negocios como de costumbre.

Además del grupo castrista, varios otros causaban problemas al gobierno. Por lo general operaban de manera independiente, con metodologías diferentes, líderes que competían entre sí, y distritos electorales que no se superponían. El partido político al cual Castro había pertenecido —los Ortodoxos— se mantenía férreamente opositor a Batista, pero se limitaba a organizar sus cuadros políticos, absteniéndose de actos violentos. En abril de 1956, unos cuarenta oficiales del ejército contrarios a Batista planearon un levantamiento, bajo la dirección del respetado Coronel Ramón Barquín. Antes de poder concretar el golpe, fueron traicionados y terminaron todos en prisión. En otro intento de derrocar al régimen, un grupo de partidarios de Prío Socarrás atacaron barracas militares ubicadas en Matanzas. La revuelta fue sofocada, y el ex presidente, arrestado y nuevamente forzado a exiliarse en Miami. El movimiento estudiantil de La Habana, comandado por Antonio Echeverría, sembraba bombas por toda la ciudad, con la esperanza de provocar un caos que debilitara al dictador. La disposición radical de los estudiantes, junto con su inexperiencia, los privó del apoyo de los hombres de negocios de clase media y de los poderosos como Bosch y Pazos.

Para los moderados que deseaban la remoción de Batista, no parecía haber otra alternativa que apoyar al movimiento castrista, sin preocuparse de si Castro mismo había sobrevivido. Por lo menos, había cumplido su promesa de regresar a Cuba a fines de 1956, y su leyenda crecía, inclusive ante la noticia de su muerte. Durante meses, nadie había oído de él, pero a falta de información certera, el aire se llenaba de rumores. A medida que las represalias de Batista se volvían más sangrientas, y se encontraban los cuerpos sin vida de estudiantes y disidentes en las esquinas de la ciudad y a lo largo de los caminos que partían de La Habana y Santiago, mientras que otros sencillamente desaparecían luego de haber asistido a una reunión o de haber alzado su voz contra el dictador, fue creciendo lentamente el apoyo a los rebeldes. Si conseguían, por la vía que fuese, arrancar a Batista del poder, nadie esperaba que se hicieran cargo del gobierno. En la era post-Batista, tendrían que compartir el poder con los otros grupos opositores, con la élite que los apoyaba, y con los militares. Pensaban formar un gobierno constitucional y moderado que equilibrara los diversos intereses en juego. Pero eso vendría después. Primero, había que quitar a Batista del medio.

Inicialmente, había sido Javier, el hijo de Felipe Pazos, quien había acercado a su padre al Movimiento 26 de Julio. Ahora Pazos padre se había convertido en un aliado firme y era miembro del ala urbana del movimiento, cuyas ideas políticas eran moderadas, no así su oposición a Batista. Mientras Matthews estaba en la Sierra, Pazos pidió una entrevista con Mario Llerena, un intelectual prominente que había retornado a Cuba después de pasar muchos años enseñando español en la Universidad de Duke, en Carolina del Norte. Ahora Llerena encabezaba el Comité por la Libertad de la Cultura, que luchaba contra los intentos de Batista para controlar a los medios de comunicación. Había conocido a Castro en México, mientras se preparaba la invasión. Llerena había accedido a proporcionar soporte intelectual y planeamiento. Su formación académica y su visión política moderada podían darle encarnadura al esqueleto ideológico de la insurrección (que hasta ese momento había sido flojo y desarticulado), con la promesa de restablecer la vigencia de la constitución y el final de la injusticia, sin entrar en detalles. Llerena había redactado muchos escritos políticos, y no era amigo del régimen de Batista. Pero tampoco deseaba que un gobierno corrupto fuera reemplazado por otro de iguales características, como había ocurrido con tanta frecuencia en el pasado. Como muchos moderados, creía que un movimiento juvenil rebelde, si se comprometía con la legitimidad y la legalidad, podía ofrecer algo nuevo a Cuba.

Cierto día, poco tiempo después de la reunión entre Matthews y Castro, Llerena caminó las tres cuadras que separaban su oficina de la de Pazos, en la Habana Vieja. Pronto la conversación entre ambos comenzó a girar en torno al Movimiento 26 de Julio. Pazos manifestó que, con el tiempo, los rebeldes lograrían derrocar a Batista y dar lugar a un nuevo gobierno constitucional que pudiera reanudar las modestas reformas comenzadas por Grau y Prío. Pazos entregó a Llerena un análisis de la economía cubana y un plan de reestructuración para reducir o eliminar muchos de los problemas que acosaban al país. Se trataba del mismo informe que Castro le había mostrado en México; Pazos le había ayudado a confeccionarlo.

En un momento dado, Pazos dijo a Llerena que no lo había hecho venir para hablar de economía.

Llerena, un hombre delgado que rezumaba dignidad, se sorprendió mucho cuando Pazos le informó que tenía la certeza de que Castro estaba vivo, combatiendo en Sierra Maestra, donde había sido entrevistado por un corresponsal estadounidense.

Habiendo sido periodista él mismo, Llerena comprendió cuánto daño había causado la censura de Batista. El silencio amenazaba con ahogar al movimiento antes de que éste lograra afirmarse. Un artículo publicado en un periódico importante de los Estados Unidos, fuera del alcance de los censores de Batista, podía romper el silencio y comenzar la revolución.

Sin embargo, inclusive un periódico estadounidense sería pasto de la censura. Pazos dijo estar buscando a alguien que volara a Nueva York en el momento en que se publicara el artículo, hiciera copias, y las enviara por correo aéreo a los ciudadanos prominentes de Cuba. Seguidamente le entregó un sobre que contenía un pasaje de ida y vuelta a Nueva York, y dinero en efectivo para cubrir los gastos de estadía. Luego le dio una guía telefónica y el *Registro de la Sociedad de La Habana*.

—Esto —dijo —para buscar los nombres y las direcciones.

***

Poco después de aterrizar en Nueva York, Matthews se puso a trabajar, abrevando en la secreta satisfacción de saber que poseía la mayor primicia de su vida. Tenía plena conciencia de que el haber sido elegido para entrevistar a Castro había sido una cuestión de azar, pero ello no le restaba valor al hecho de que sortear la vigilancia de los centinelas había requerido una esmerada planificación y no poca presencia de ánimo y coraje. Nunca dudó de que el riesgo valía la pena, ni de que se le presentaba una nueva oportunidad de dejar su marca en la Historia.

Ya habían pasado casi veinte años desde las controversias que había despertado su labor en España, y muchos de los redactores con quienes Matthews había sostenido disputas se habían retirado del periódico, y no tendrían oportunidad de cuestionar su objetividad. Mucha gente sospechaba que el *New York Times* tenía un sesgo liberal, aunque había hecho frente a acusaciones mordaces durante las audiencias McCarthy. Sin embargo, no pudo librarse de su reputación de tolerancia para con el comunismo. Matthews había soportado idéntica acusación durante la Guerra Civil Española, aún cuando negaba que fuera verdad. Ahora integraba el consejo editorial, lo cual lo ponía en una situación inusual: la de redactar noticias sobre una revolución en ciernes que, al mismo tiempo, analizaba en la página editorial. Pero Matthews contaba con la aprobación del Director General para desempeñar este doble rol, y los artículos que había escrito durante su permanencia en la Argentina habían demostrado que la combinación entre noticias y opinión lo convertían en uno de los escritores de mayor impacto en la región.

Si alguno de los directores todavía abrigaba reservas acerca de la objetividad de Matthews, se guardaron bien de plantearlas. En cambio, se mostraron dispuestos a dar todo de sí para explotar debidamente la exclusiva. Decidieron que escribiera, no uno, sino tres artículos sobre Cuba, uniendo el análisis político y económico con el extraordinario material producto de la entrevista. El primer artículo anunciaba el hecho sensacional de que Castro estaba vivo, y relataba la excursión de Matthews al campamento de los rebeldes. El segundo se centraba en Batista y el ambiente revolucionario que reinaba en Cuba, mientras que el tercero ubicaba los problemas del momento en el contexto histórico, describiendo asimismo otros grupos que competían con Castro por el poder y el apoyo popular. Contando con la seguridad de que ninguna otra publicación tenía acceso a la historia, los directores del *New York Times* retuvieron la serie toda una semana, para lanzar la primera parte el domingo, día en que la circulación trepa prácticamente al doble. Esto le daba a Matthews poco más de tres días para redactar su material, algo imposible para un escritor menos organizado. Mientras trabajaba en los artículos, el Departamento de Promoción del periódico pregonaba la publicación de la futura serie en anuncios incluidos en la sección de noticias, destacando la posibilidad de que Cuba estuviera al borde de la revolución, pero cuidándose de no revelar la gran noticia que iba a develarse en los artículos de Matthews.

Por aquellos días, no existían los telediarios ni los teléfonos satelitales. El simple hecho de introducirse en una región donde se producían disturbios era noticia, y las 'exclusivas' bien podían referirse a un hecho único y sensacional. En este caso, el periódico contaba con una historia que nadie más conocía: una exclusiva que, de por sí, constituía un trofeo. Los anuncios informaban al público que Matthews acababa de regresar "de una visita a una república en ebullición, y que había traído consigo una historia que va a sobresaltar al mundo". Prometiendo evadir la censura impuesta por Batista, el aviso aseguraba que la serie de artículos demostraría lo que sentían los cubanos acerca de Batista. Al declarar que en ellos se encontraría la explicación de los violentos sentimientos anti-estadounidenses del pueblo cubano, los anuncios iban mucho más lejos de lo que Matthews se proponía informar. Sin mencionar a Castro ni a su movimiento, el periódico predecía que "el orden establecido se aproxima a su fin".

A Matthews no le costó mucho esfuerzo acomodar los artículos a su gusto. Llegado el momento de las correcciones, hubo algunos puntos conflictivos, el más serio de los cuales se manifestó en las preguntas que le formularon acerca de los trescientos dólares que había entregado a los rebeldes. Inicialmente, este episodio se relató en el primer artículo, pero Theodore Bernstein, por entonces jefe de redacción nocturno, lo objetó, por encontrar que dejaba la puerta abierta a interpretaciones erróneas. O bien habría que explicar, sin dejar resquicios para la duda, que el dinero pertenecía a los rebeldes y que Matthews había acordado llevárselo sólo como precaución en caso de que el automóvil en el que viajaba fuera inspeccionado, o bien era necesario omitir el hecho por completo, puesto que los lectores podrían interpretarlo como un indicio de que Matthews estaba involucrado en la revolución. Finalmente, Bernstein optó por la segunda alternativa, y Matthews accedió.

En 1957, el comunismo era noticia en todas partes. Se sospechaba que Juan Perón complotaba para regresar a la Argentina y retomar el poder, después de lo cual, según decían analistas políticos estadounidenses, instauraría un régimen comunista y se convertiría en el Stalin de América Latina. El Presidente Eisenhower marcó el decimoquinto aniversario de la Voz de América emitiendo una nueva advertencia acerca de las posibles consecuencias de la "Amenaza Roja". Elvis Presley fue incorporado a un ejército preparado para enfrentarse con los comunistas dondequiera que se encontraran. Artículos de este tenor ocupaban las páginas de los periódicos estadounidenses y, mientras ello ocurría, la serie de Matthews recibía los toques finales. El primer artículo se publicó el domingo 24 de febrero. Como de costumbre, la primera edición, de tirada limitada, salió de las rotativas el sábado por la noche y tuvo una circulación limitada a la Ciudad de Nueva York. También fue embalada en camiones que la trasladaron al aeropuerto para ser trasladada a mercados distantes, que incluían la ciudad de Miami y, posteriormente, La Habana. El artículo de Matthews sobresalía en la portada, acompañado por una impactante fotografía de Castro, de pie bajo un toldo en la jungla, y empuñando el rifle con mira telescópica del que se había jactado ante Matthews. En la fotografía, la expresión de su rostro era bondadosa, casi humilde, como si Matthews lo hubiera sorprendido por casualidad durante una caminata por los senderos de la Sierra. Los titulares —VISITA AL ESCONDITE DE UN REBELDE CUBANO— enfatizaban el papel de Matthews, mientras que el subtítulo —CASTRO NO HA MUERTO Y CONTINÚA LUCHANDO EN LAS MONTAÑAS— anticipaba una historia más jugosa.

Luego de ver una copia de la primera edición, Matthews se quejó de que la fotografía por sí sola no constituía una prueba convincente de que realmente se había entrevistado con Fidel. Su experiencia con los lectores y sus propios jefes en ocasión de la Guerra Civil Española lo habían sensibilizado a este tipo de reacciones, y preveía que el caso iba a repetirse. Arrancó la parte inferior de la última hoja de las notas que había tomado en la Sierra, y un encargado de la composición gráfica la insertó en la portada, debajo de la fotografía de Castro. De puño y letra, en la florida escritura de Castro, se leía su firma, junto al silente testimonio de la frase "Sierra Maestra, 17 de febrero de 1957". El mérito de la foto fue atribuido al *New York Times*.

Llerena ya se encontraba en Nueva York cuando se publicó el artículo. En cuanto hubo aterrizado, se puso en contacto con un pequeño grupo de cubanos residentes allí y en Nueva Jersey, todos deseosos de colaborar. Dado que en el primer artículo se mencionaba la aparición de otros dos, Llerena aguardó hasta el fin de la serie antes de hacer los envíos a Cuba. El segundo artículo apareció en la portada el lunes 25 de febrero; el tercero, dos días más tarde, dentro de la primera sección del periódico.

Llerena se puso a trabajar. Abrochó los artículos y los extendió sobre hojas de cartulina, que luego llevó a una imprenta donde encargó miles de copias. Él y sus colaboradores escudriñaron la guía telefónica de La Habana y el *Registro de la Sociedad*, en busca de nombres y direcciones. En total, enviaron a Cuba entre 3.000 y 4.000 copias de la serie completa, seguros de que, en pocos días, cada una de ellas sería leída, pasada a otras personas, y discutida en cada oficina, café, y restaurante de la capital cubana. A pesar de la censura de Batista, todo el mundo se enteraría de que Fidel estaba vivo, y de que el movimiento había sobrevivido.

Llerena visitó a Matthews, quien le brindó una cálida bienvenida.

Al intelectual cubano no le cabían dudas de que Matthews era un amigo de la revolución. Más tarde escribió que el escritor se había mostrado ampliamente solidario. Matthews le contó acerca de su viaje a Cuba y elogió a Castro, diciendo que se había sentido muy impresionado por la persona.

Enfervorizado por sus propios esfuerzos en su afán de evadir la censura, Matthews ofreció sus consejos a Llerena. Éste recordaba que, entre otros pasos, le había sugerido que tratara de conseguir una aparición en la televisión estadounidense, quizás agregándole un toque de dramatismo, escondiendo su identidad y haciéndose pasar por un agente secreto del movimiento clandestino rebelde de La Habana. Así podría presentar los objetivos de la revolución al público estadounidense, curioso por enterarse de lo que ocurría, y al mismo tiempo exponer detalles de los abusos cometidos por el régimen. Matthews se comunicó con *CBS News* de Nueva York, y Llerena fue invitado a concurrir a los estudios en la mañana siguiente.

Después de la aparición de los artículos, todas las grandes agencias de noticias querían contactarse con los rebeldes cubanos. Los periodistas de CBS conversaron con Llerena sobre el formato del programa sugerido por Matthews. El director de noticias esperaba que Matthews acompañara a Llerena en la transmisión, pero cuando lo llamó para invitarlo a participar, recibió un no por respuesta. Matthews sentía que una aparición pública junto al cubano lo haría ver como parte integrante del movimiento revolucionario, y despertaría dudas sobre su posición editorial frente a Cuba.

Al no poder contar con la presencia de Matthews —el hombre que había encontrado a Castro— para darle credibilidad a la historia, al director de noticias le inquietaba difundir por televisión una entrevista con Llerena, y el proyecto se canceló. No obstante, a CBS le interesaba mucho la situación de Cuba, y deseaba que un equipo propio hablara con Castro. El director invitó a Llerena a almorzar con varios otros periodistas, entre los cuales se encontraba Robert Taber, un documentalista que se interesaba particularmente por la Revolución Cubana. Le pidieron a Llerena que lo ayudara a encontrarse con Castro, y él prometió hacer lo posible por complacerlos.

Llerena regresó a La Habana para comenzar los preparativos que permitieran el acceso del equipo televisivo, pero descubrió que en los pocos días que había pasado afuera, el país había sido vuelto de cabeza.

Todas las copias de la edición dominical del *New York Times* que traía el primer artículo de Matthews habían sido repartidas entre los lectores cubanos con una parte de la portada arrancada, y un agujero en el interior. Bajo las leyes de Batista, a cada uno de los periódicos que circulaban en Cuba se le había asignado un censor, y el responsable del *Times* había dado órdenes inmediatas de que se suprimieran tanto el artículo como la fotografía de Castro de cada ejemplar antes de proceder a la distribución.

Aún así, y especialmente en un país como Cuba, tan cercano a los Estados Unidos y tan tensionado por el fantasma de la revolución, no existía censura capaz de suprimir por completo noticias tan sensacionales como las contenidas en los artículos de Matthews. Ese domingo, los viajeros que se trasladaron a La Habana desde Nueva York y Miami trajeron ejemplares no censurados y, a las pocas horas, la historia se había extendido de boca en boca por toda la capital.

En el Palacio Presidencial, Batista estaba tan confundido como indignado. Había creído en la palabra de sus oficiales cuando le comunicaron que Castro había muerto. Por otra parte, también les había creído cuando le dijeron que todavía se encontraba en México. Cuando le informaron que la Sierra estaba rodeada por un "anillo de acero" que ningún rebelde ni reportero podría atravesar, había aceptado sus palabras sin dudar. Recurrió a Edmund Chester, un ex periodista estadounidense que se desempeñaba como su asistente de confianza, para que lo ayudara a componer una respuesta apropiada. Chester también estaba convencido de la muerte de Castro, y redactó una declaración en inglés que sería divulgada por Santiago Verdeja, Ministro de Defensa de Cuba. Chester armó una declaración devastadora en respuesta a un cable del *New York Herald Tribune*, principal competidor del *Times*, que había presionado al gobierno para que diera una respuesta oficial a los artículos.

"En primer lugar, permítaseme asegurar que la opinión del Gobierno y, no me cabe duda, también la del pueblo cubano, es que la entrevista y las aventuras descritas por el corresponsal Matthews pueden considerarse un capítulo de una novela fantástica", dictaba la declaración de Verdeja. Luego oprimió el botón que sabía bien habría de avivar las reacciones más violentas en los Estados Unidos, asociando a Castro con el comunismo: "El Sr. Matthews no ha entrevistado al insurgente comunista Fidel Castro, y la información que asevera lo contrario provino de fuentes opositoras al gobierno".

En la década de los cincuenta, Cuba, al igual que la mayoría de los países latinoamericanos —y los mismos Estados Unidos— tenía un bien arraigado aunque débil partido comunista. Los comunistas cubanos hacían campaña por la remoción de Batista, pero no cooperaban con el castrismo, por considerarlo demasiado violento e impredecible. En el segundo artículo de la serie, Matthews escribió: "El comunismo tiene poco que ver con la oposición al régimen".

Sin embargo, Raúl Castro y el Che Guevara, ambos claramente conectados con el comunismo, comenzaban a adquirir mayor influencia dentro del Movimiento 26 de Julio. Matthews escribió que Batista todavía dominaba la situación y que, si lograba acallar a sus opositores, completaría su mandato, cuyo final estaba previsto para fines de febrero de 1959.

En cierto sentido, el tercer artículo fue el más acertado, pero atrajo menor atención que los otros. En él se detallaba de qué manera la naciente insurrección cubana difería de las que la habían precedido. Por primera vez desde la creación de la república, un nuevo pensamiento desafiaba al viejo régimen. Matthews señalaba que la confluencia de fuerzas (los desilusionados hombres de negocios de clase media, los iracundos estudiantes universitarios, y los recalcitrantes rebeldes de la Sierra) estaba unida en su propósito de trabar la puerta giratoria de un poder que daba salida a un caudillo corrupto para permitir el ingreso de otro, y que se proponía establecer un estado de derecho. Decía asimismo que la lucha que se estaba llevando a cabo "constituía mucho más que una puja de los excluidos del poder para quedarse con él y disfrutar de los ingentes beneficios de la función pública que han sido siempre la recompensa de las victorias políticas". Matthews advirtió que éste no era un juego más de sillas musicales; por el contrario, Castro planeaba una profunda revolución social que probablemente iría acompañada de sentimientos anti-estadounidenses. Los cubanos no aceptaban la abierta intervención de los Estados Unidos en los asuntos de su país a partir del final de la guerra entre Cuba y España, y el hecho de que Washington no cesara de vender armamento a Batista no contribuía a mitigar su cólera. En el último artículo de la serie, Matthews se concentró especialmente en el carácter radical del movimiento estudiantil liderado por Echeverría antes que en los guerrilleros de Castro, pero como no había tenido necesidad de realizar proezas para entrevistar a Echeverría, este tramo de la historia no hizo impresión alguna en los lectores.

Verdeja —el Ministro de Defensa— repetía incesantemente que el gobierno ignoraba si Castro estaba vivo o muerto. Pero, dijo que si por alguna casualidad estuviera vivo, no se encontraba al frente de fuerzas cuyo poder y número fueran remotamente parecidos a lo que trasuntaba el informe de Matthews. Rechazó de plano la declaración de éste respecto de la corrupción que entorpecía la economía cubana. Finalmente, negó que la entrevista se hubiera realizado, y llegó a lanzar un desafío contra Matthews y el *New York Times*.

"Matthews afirma que la fotografía que publicó es de Castro. Suena extraño que, habiendo realizado la entrevista de la que se precia, no se haya hecho fotografiar con el insurgente procomunista a fin de probar lo que dice".

La respuesta del periodista no se hizo esperar. Junto con la foto que se publicó en la portada, había traído consigo varias otras, de mala calidad, baja resolución, y tan desenfocadas que resultaban demasiado poco profesionales a los fines de su publicación. Sin embargo, ante el guante arrojado por el gobierno de Batista, los directores del periódico volvieron a revisar estas fotografías, y eligieron una que no dejaba lugar a dudas de que, efectivamente, Matthews se había reunido con Castro. La foto mostraba a los dos sentados en el bosque; Castro encendía un cigarro, mientras que Matthews, con el suyo en los labios, tomaba notas, vestido con un grueso sobretodo negro y un gorro. A su lado, Castro llevaba su uniforme de fajina. La foto estaba tan borrosa que fue necesario retocarla en la sala de composición gráfica para obtener mayor definición de la imagen. Al cuarto día —es decir, cuando terminó la publicación de la serie— el periódico publicó el texto de Verdeja junto con la nueva fotografía y una respuesta de Matthews, quien escribió: "No hay duda de que la historia acerca de Fidel Castro habla por sí misma. Cuesta creer que cualquiera que la haya leído todavía abrigue dudas al respecto". Y agregó que Verdeja había recibido la primera edición del periódico que se envió a Cuba, por lo cual no había visto la firma de Fidel, que se incluyó en ediciones posteriores. "La verdad siempre saldrá a luz, con censura o sin ella", remató Matthews.

El periódico cubano oficialista *Prensa Libre* continuaba dudando. Criticó la segunda fotografía y comentó que era tan poco clara que la persona que posaba como Castro podría perfectamente ser un guerrillero irlandés o chipriota. Y además, este periódico preguntaba si la entrevista realmente había tenido lugar en Cuba, ¿por qué Matthews vestía un sobretodo grueso y un gorro? Otro periódico pro-Batista, *Ataja*, declaró a Matthews un mentiroso redomado.

El periódico antioficialista *Revolución* se imprimía en el garaje de una casa de clase media de La Habana, y nada la distinguía de miles de otras. Carlos Franqui, jefe de redacción y miembro activo del ala clandestina del Movimiento 26 de Julio, escribió sobre la entrevista de Matthews y ayudó a distribuir el periódico en secreto. Franqui y un amigo cargaron los ejemplares de *Revolución* en un automóvil y partieron a entregarlos en el distrito elegante de La Habana cuando los detuvo un patrullero. Más tarde, Franqui contó que tenían tanto miedo de ser atrapados llevando los periódicos que, si hubieran estado armados, habrían preferido abrirse camino a balazos antes que permitir una requisa del vehículo. Pero no tenían armas consigo, de modo que cuando se les ordenó detenerse junto a la acera, obedecieron, creyendo que serían arrestados.

Pero en ese momento, la misión de la policía consistía en detectar placas de matrícula vencidas, y mientras Franqui esperaba, ocioso, con el baúl repleto de periódicos incriminatorios, la policía detenía otros automóviles y los hacía estacionarse detrás del suyo. Franqui aprovechó la distracción. Con la ayuda de su amigo, traspasó los periódicos a un taxi, y él permaneció con el auto mientras su amigo desaparecía con la evidencia.

Se indicó a los conductores de los automóviles detenidos por el patrullero que manejaran hasta una estación de policía cercana, donde los vehículos quedaron confiscados hasta que sus dueños presentaran las placas de matrícula en regla. Cuando la larga procesión se detuvo ante un semáforo, Franqui miró hacia el asiento trasero y vio que allí había quedado un ejemplar de *Revolución*, con el titular FIDEL EN LA SIERRA. Manoteó el periódico, caminó hasta el patrullero que guiaba la columna y metió la cabeza por la ventanilla para preguntarles a los policías si tenían su licencia de conducir. Mientras se distraían buscándola, dejó caer el periódico, que la brisa de La Habana se llevó volando por las calles.

Pronto la historia de Matthews publicada en *Revolución* se leyó en toda la capital. También se repartieron las miles de copias de los artículos que Mario Llerena había enviado por correo desde Nueva York. Se hablaba de la Sierra en todas partes. Los cubanos articulaban cautelosamente el nombre de Fidel, como si el sólo decirlo los convirtiera en insurgentes. Y todos hablaban de Matthews, el estadounidense que había encontrado a Fidel y traído al mundo noticias de él.

A lo largo de su extensa carrera, Matthews jamás había vivido una experiencia como la que le deparó la reacción del público a su serie cubana. Le llovían cartas y telegramas de felicitación, muchos de ellos firmados por expatriados de la isla.

"Nos inclinamos ante usted por ser el primer reportero que dice la verdad sobre Cuba", le dijeron Lidia y Emma, las hermanas de Castro, en un telegrama enviado a través de la Western Union desde México. Raúl Chibás, hermano de Eduardo, el conductor de programas radiales devenido mártir político, se había convertido al castrismo, y le envió una caja de cigarros y una nota de felicitación en reconocimiento por "su [la de Matthews] admirable labor a favor de la democracia cubana". Richard Cushing, agregado de prensa de la Embajada de los Estados Unidos en Cuba, le envió una nota privada cuando se terminó de publicar la serie: "De manera estrictamente extraoficial, y desde un punto de vista profesional, deseo hacerle llegar mis felicitaciones por un trabajo periodístico que me recuerda la excelencia de una época pasada. No hace falta decir que su serie ha provocado un hervidero de indignación en las altas esferas" de la Embajada. El representante del FBI en La Habana escribió a Washington pidiendo información sobre Matthews, y declaró que el gobierno cubano "inició una campaña general para demostrar que Castro y su grupo simpatizan con el comunismo, y que Matthews, si no es comunista, por lo menos tiene tendencias izquierdistas, y que toda actividad revolucionaria dirigida contra el gobierno de Batista [...] se halla inspirada por el comunismo". El representante señalaba también que la Embajada de los Estados Unidos no podía corroborar las declaraciones del gobierno cubano.

Los periódicos norteamericanos recogieron la historia de la supervivencia de Castro. El *Chicago Tribune* publicó una versión abreviada de la serie de Matthews, extendiéndola durante cinco días y afirmando que los artículos "se estaban transformando en un asunto de estado para Cuba". John A. Brogan, Jr., del King Features Syndicate, escribió una nota a Matthews en la que le expresaba sus "sinceras felicitaciones por un trabajo periodístico bien hecho". Brogan añadió: "Me recuerda los buenos viejos tiempos de los logros de Hearst".

Los artículos y lo agradable de la forma en la que describían a Castro hacían aparecer al líder rebelde como un héroe, según la concepción estadounidense del término, y colocaban a Matthews en el rol de un creador de mitos en una época de posguerra, en un tiempo en que los estadounidenses estaban acostumbrados a las figuras imponentes y todavía no se habían vuelto cínicos respecto de aquellos que admiraban. Matthews no sólo había informado que Castro había sobrevivido luego de la invasión; lo había llamado "el símbolo llameante de la oposición al régimen", y había dicho que numerosos cubanos de distintas clases sociales lo apoyaban "de todo corazón".

Tan alta retórica provocó una retórica equivalente. Ocho estudiantes destacados de la Universidad de California en Berkeley le escribieron, diciéndole que sus artículos los habían inspirado a irse a Cuba, donde se proponían alquilar jeeps, hacerse pasar por antropólogos, y escalar la Sierra para ayudar a Fidel. Otros lectores enviaban encendidas cartas de alabanza, y a alguien de Piermont, en el estado de Nueva York, se le despertó la veta poética.

> Tus ancestros lucharon como Castro, y como él
> Arriesgaste tu vida, desafiando el fuego
> De las patrullas en la noche oscura. Entre bosques cegado
> Por las lluvias, donde corren los arroyos del peligro
> Por las venas palpitantes lo encontraste, y tu historia
> De su lucha abrillanta las hojas de la Antigua Gloria.

En Cuba, Matthews era considerado un héroe. "Sin duda, el Sr. Herbert L. Matthews, del *New York Times*, se ha convertido, en los últimos meses, en el centro de atención de los ciudadanos", publicó el *Vocero Occidental* de Pinar del Río, la animada ciudad capitalina de una de las provincias situadas al oeste de La Habana. Se le describía como a "un hombre alto y delgado, de cabellera raleada, vestimenta sencilla, silencioso como una tumba, exacto como un reloj suizo; un perfecto anglosajón, de gesto pausado y mirada fija cuando habla. Sonríe muy rara vez, fuma como una chimenea, prefiriendo siempre nuestros mejores cigarros". Ante la adulación pública del periodista, Batista imprecaba furiosamente contra Castro y ese hombre que lo había resucitado de entre los muertos.

El régimen se rehusaba a aceptar la realidad. El día posterior a la publicación de la fotografía en la que Matthews y Castro aparecían juntos, el comandante en jefe del ejército de la provincia de Oriente, el General Martín Díaz Tamayo, negó que Matthews hubiera podido burlar el cerco de sus tropas para ascender a la Sierra. Declaró que la entrevista con Castro había sido "pura ficción", ya que nadie podría haber ingresado a la zona restringida ni salido de ella sin ser detectado. Dijo Tamayo: "En mi opinión, este caballero ni siquiera estuvo en Cuba. Alguien le proveyó información falsa, y luego su imaginación hizo el resto."

Tamayo no aceptaba que sus centinelas habían fracasado miserablemente, e intentó desacreditar al periódico, cuestionando los motivos que habían guiado al reportero: "La entrevista se fraguó con el propósito de servir a la guerra psicológica que se desarrolla en el país. No sé en qué vamos a terminar si prestamos oídos a este tipo de rumores."

Una semana después de que se publicara el último artículo, Batista concedió una entrevista a Jules Dubois, corresponsal del *Chicago Tribune* para América Latina. Al igual que Matthews, Dubois también se interesaba cada vez más por la historia que se relataba de Cuba. Era miembro activo de la Asociación Interamericana de Prensa, y quería que Batista le diera garantías de que no trataría de volver a impedir el libre flujo de las noticias.

Sin embargo, lo que Batista deseaba era hablar de Castro y Herbert Matthews. Insistió en que Matthews jamás había estado en la Sierra, pero Dubois, que conocía bastante bien a su colega, le aseguró que no había modo de falsificar una cosa semejante. Ni siquiera la foto del periodista y el guerrillero juntos logró convencer a Batista, aunque pasado el tiempo llegaría a creer en su autenticidad. Pero en ese momento, sólo estaba dispuesto a admitir que quizás Castro hubiera sobrevivido a la malograda invasión.

Batista sólo creía lo que quería creer, y así permitía que sus emociones empeoraran la situación. El domingo 10 de marzo pronunció un discurso desde el cuartel general del Ejército, situado en Camp Columbia, en las afueras de La Habana. Repitió en público lo que le había a Dubois unos días antes: que Castro era un comunista manipulado por el Kremlin, y que su incipiente insurrección no era una apuesta a la libertad sino parte de una conspiración comunista que hundiría a Cuba en problemas. Arthur Gardner, el embajador de los Estados Unidos, había estado de acuerdo con esta interpretación, y se la había comunicado a Matthews semanas atrás, cuando éste pasó a visitarlo antes de encaminarse hacia Oriente. Pero ni Matthews ni Dubois lo creían. Ni tampoco el Departamento de Estado, en aquel momento.

A medida que se acumulaban las pruebas de que Castro vivía, Batista no tuvo más remedio que admitir, de muy mala gana, que la información era verídica y que Matthews se las había compuesto para entrevistarlo: "En efecto, la entrevista se realizó, y su publicación brindó considerable apoyo y propaganda a los rebeldes", escribió Batista años después, cuando finalmente reconoció la importancia del encuentro secreto en las montañas una ya lejana mañana de domingo. "Castro comenzaba a convertirse en un personaje legendario, para terminar siendo un monstruo de crueldad".

El impacto que produjeron los artículos se debió a una rara combinación de factores y a los diversos sucesos que los pusieron en movimiento. Los artículos no crearon a Fidel de la nada, pero sí transformaron su antigua imagen de perdedor exaltado en la de un truhán idealista de corte liberal. Semejante caracterización satisfacía a un vasto espectro de cubanos y estadounidenses por igual. Inmediatamente pasó a ser la figura más importante de la oposición, provocando los celos de otros grupos y trayendo disenso al Movimiento 26 de Julio. Los que combatían en la Sierra creían que todos los recursos debían ser destinados a la campaña militar, mientras que quienes habitaban en las ciudades pensaban que la utilidad de Castro radicaba más en su carácter de símbolo, y que podría gozar de un cómodo exilio en México o los Estados Unidos y enviar mensajes y dinero desde allí. El impacto causado por el retrato de Castro en la pluma de Matthews fue fulminante, y continuó propagándose durante los meses y años venideros, marcando dos vidas, dos países, y la Historia.

CAPÍTULO 7

El mejor amigo de los cubanos

La primera vez que el Che Guevara escuchó un programa radial que hablaba sobre los artículos de Matthews, se encontraba bajo los efectos de un ataque de asma tan brutal que sentía que se le iba la vida junto con el esfuerzo de respirar. Había contraído la enfermedad a causa de las heladas lluvias nocturnas, y perdido sus medicamentos en algún lugar de la Sierra, en medio del caos de las diez semanas precedentes. Cuando su estado empeoró a tal punto que apenas si podía caminar, decidió ocultarse en un bosquecillo de cafetos cerca del rancho tejado con paja perteneciente a Emiliano Leyva, un campesino que había ofrecido refugio a los rebeldes. Febrero llegaba a su fin; con la zafra bien avanzada y la isla relativamente tranquila, Batista decidió adelantar unos días la rescisión del decreto que imponía un mes y medio de censura. Mientras el Che aguardaba a que el asma aflojara la terrible presión sobre sus arruinados pulmones, las radios empezaron a transmitir libremente.

El Che no estuvo presente cuando Matthews entrevistó a Castro. Todo lo que sabía del asunto lo había escuchado de boca de Castro: que Matthews parecía comprender lo que se proponían, y que no había formulado ninguna pregunta tendenciosa. Le contó que se había descrito a sí mismo como un antiimperialista que se oponía del modo más enérgico a la venta de armas a Batista por parte de los Estados Unidos; armas que, sin duda, se usarían para combatir a los rebeldes. Ahora, libre de la mordaza de la censura, la radio informaba de qué modo el reportero estadounidense había puesto en ridículo al Jefe del Estado Mayor del Ejército, General Francisco Tabernilla, escabulléndose en las narices del supuestamente impenetrable cerco de seguridad. El locutor se burlaba de la ineptitud del gobierno, con base en las declaraciones del Ministro de Defensa, quien había afirmado que el episodio había sido pura fantasía, cuando estaba claro que se había desarrollado en la cruda realidad.

En los meses venideros, Guevara llegaría a dar muchísimo más valor a lo positivo que había resultado la entrevista para la causa rebelde, llegando a declarar que, para el pequeño grupo de la Sierra, la breve visita de Matthews había valido más que una victoria militar.

Los primeros meses de 1957 resultaron críticos para los rebeldes.

El encuentro de los líderes nacionales del Movimiento y la entrevista entre Matthews y Castro señalaron los primeros pasos que los conducirían fuera de las montañas en dirección a su primer objetivo: La Habana. Esos pocos meses fueron los tiempos más difíciles que vivieron. El Che los llamó "los días más penosos de la guerra". Desde el punto de vista militar, no contaban con hombres ni armas suficientes. Los pertrechos eran escasos. A pesar de lo que Castro había dicho a Matthews, la moral flaqueaba. Por cada campesino que se les unía, otro desaparecía sin aviso o, peor aún, los traicionaba por unos pocos pesos, avisándoles a los soldados de Batista dónde encontrarlos. El Che se había separado del grueso del grupo varias veces, y sostenía una lucha sin cuartel con sus propios pulmones, tan doloridos. La cojera que le había producido el asma era tan fuerte que había llegado seis días tarde a una cita con Fidel, quien para entonces ya había abandonado el lugar acordado.

Mientras el Che esperaba donde los Leyva a que llegaran refuerzos de Santiago, oyó que un grupo de estudiantes radicalizados, bajo las órdenes de José Antonio Echeverría, había tomado por asalto el Palacio Presidencial. En aquel momento, los partidarios de Echeverría eran más numerosos que los de Castro, y aunque en México los dos líderes —testarudos ambos— habían acordado cooperar, sus ideas acerca de cómo conseguir sus objetivos eran diametralmente diferentes. Echeverría quería atacar directamente a Batista, asesinarlo, y dejar el paso libre a algún otro que restableciera la vigencia de la constitución. A Castro le preocupaba que la eliminación de la cabeza de un sistema corrupto no significaba necesariamente el fin del sistema. Temía que la muerte de Batista sólo se tradujera en una buena oportunidad para que otro político igualmente corrupto asumiera el poder, sin enmendar ninguna de las graves deficiencias políticas que afligían a Cuba.

Cuando Echeverría recibió noticias de los artículos de Matthews, se ocupaba, en su calidad de dirigente de la oposición radical en la Universidad de La Habana, de que los estudiantes elaboraran los detalles del plan subversivo. Se dio cuenta de la rapidez con la que Castro se estaba convirtiendo en una leyenda viviente, y se apresuró a recuperar el impulso de su propio movimiento. Los estudiantes ya habían refinado su estrategia: un ataque directo al Palacio cuando Batista se encontrara allí. El año anterior, habían renunciado a un atentado similar porque, de alguna manera, Batista había sido advertido del peligro.

Después de publicados los artículos de Matthews, con todos

los ojos puestos en la figura de Castro, los echeverristas se daban cuenta de que iban a ser desplazados por el Movimiento 26 de Julio si continuaban esperando.

Exactamente una semana después de la publicación del tercer artículo, cincuenta hombres se apiñaban en un apartamento de La Habana, atentos a un llamado telefónico que les indicaría el momento de lanzarse a la acción. Docenas de otros hombres aguardaban también en otros puntos de la ciudad, armados con rifles, pistolas, y ametralladoras, listos a iniciar la revolución.

El Palacio se yergue frente al mar, en La Habana Vieja. Las calles de la ciudad lo bordean por tres lados, y la imponente entrada se encuentra unas yardas detrás de los restos de la antigua muralla que en otras épocas rodeaba la ciudad. El 13 de marzo, después de la hora del almuerzo, los primeros cincuenta invasores, montados en automóviles y en un camión rojo y negro que ostentaba la leyenda "Fast Delivery" [Entrega Rápida] sobre uno de sus costados, derribaron los portones del frente. Al frente de un grupo más reducido, Echeverría se tomó las instalaciones de Radio Reloj, una popular emisora de La Habana. Nuevamente, Batista había sido advertido, pero no sabía con exactitud cuándo se llevaría a cabo el ataque. Estaba sentado en su oficina, leyendo *The Day Lincoln Was Shot*, un libro de Jim Bishop.

Con todo el poder de sus armas, los atacantes invadieron el Palacio disparando sus armas, y no les tomó mucho tiempo llegar a la oficina de Batista, situada en el segundo piso. Pero en el momento en que irrumpieron en la habitación, lujosamente decorada, se les fue el alma al suelo al ver que estaba vacía. El dictador se había refugiado en el tercer piso, al que sólo era posible acceder por medio de un ascensor especial que los atacantes no conocían. En el momento en que Echeverría, quien suponía que el ataque había tenido éxito, jadeaba el anuncio de la muerte del tirano desde los estudios de Radio Reloj, los asaltantes del Palacio abrían fuego contra el tercer piso, pero eran rechazados por las defensas de Batista, más poderosas. Los estudiantes emprendieron la retirada, y muchos murieron en el caos que se suscitó. Echeverría destruyó los paneles de control de la radio con un explosivo y luego corrió a la calle, a reunirse con sus aliados triunfantes... pero cayó muerto, acribillado por las balas de la policía. La batalla entre los estudiantes y la guardia presidencial se extendió a las calles vecinas. Las gruesas paredes exteriores de la oficina de Ruby Phillips, a una cuadra de distancia, quedaron cosidas a tiros.

Ese día, un total de treinta y cinco subversivos, incluyendo a Echeverría, fueron muertos por las fuerzas de seguridad, que perdieron sólo cinco hombres, todos ellos guardias del Palacio. Uno de los principales rivales de Castro fue eliminado de este modo y, como había ocurrido respecto del rebelde de la Sierra, Batista fue declarado muerto. Sin embargo, el atentado sólo sirvió para otorgarle un rol más preponderante en la historia de Cuba. Al día siguiente, con aspecto enteramente saludable, asistió a una ceremonia en compañía del Embajador Gardner, quien le obsequió, en señal de reconocimiento, un teléfono dorado. A los ojos de muchos cubanos, ello constituía un símbolo de que Batista no sólo había sobrevivido al ataque, sino que conservaba el apoyo de los Estados Unidos, con el que contaba para mantenerse en el poder.

Matthews se abocó a desarrollar rápidamente una sólida red de fuentes de información en Cuba, a través de la cual se enteraba de lo que venía ocurriendo y de lo que podría suceder en el futuro. Se había dado a sí mismo el título de contacto principal entre los rebeldes y sus partidarios contrarios al régimen. En tanto el gobierno de Batista manejaba con torpeza su respuesta a la oposición, mostrándose cada vez más inepto e impotente, los cubanos moderados se sentían alentados a involucrarse en los intentos dirigidos a derrocarlo. A principios de abril, uno de estos personajes, Rufo López-Fresquet, le dijo a Matthews que su serie de artículos había creado expectativas de que Castro planeaba un ataque espectacular que despejaría toda duda acerca de su presencia en la isla y de la fuerza de combate de sus tropas. López-Fresquet creía que los artículos habían convertido a Castro en un héroe, contribuyendo en gran medida a que muchos se le unieran.

Al mismo tiempo, Matthews profundizó sus contactos con los funcionarios del gobierno de Washington. Habiendo dado forma excepcional a la historia de Cuba, y creado una imagen heroica de la exitosa lucha de Castro y sus rebeldes en las montañas, influyó sobre el desarrollo posterior de los acontecimientos. Y como también redactaba editoriales para el *New York Times*, los funcionarios y diplomáticos de Washington requerían su punto de vista. Él ofrecía sus opiniones con entera libertad, y precisaba los pasos que creía debían seguirse para resolver la crisis. Se comportaba como un embajador extraoficial, con la esperanza puesta en mejorar la relación entre los Estados Unidos y La Habana. A mediados del siglo XX, no se trataba de una función inusual para un corresponsal extranjero. Al involucrarse en las cuestiones diplomáticas, Matthews seguía la senda trazada por otros colegas, incluido Walter Duranty, quien contribuyó a que los Estados Unidos reconociera a la Unión Soviética en la década de los treinta.

En mayo, Matthews viajó a Washington para sostener una serie de conversaciones con el Secretario de Estado, John Foster Dulles. Acababa de iniciarse el segundo gobierno de Eisenhower, y Matthews alentó a Dulles a aceptar la renuncia pro forma a la Embajada de los Estados Unidos en Cuba presentada por Arthur Gardner, a pesar de que éste le había pedido a Eisenhower en persona que se le permitiera retener su puesto. Matthews estaba convencido de que la intimidad que se había creado entre el Embajador y Batista, unida a la simpatía del primero por el dictador, lo cegaban a las atrocidades que ocurrían en toda la isla. En definitiva, Matthews insistió que Gardner se había convertido en un estorbo, y que su permanencia en la Embajada constituía un obstáculo al mejoramiento de las relaciones entre ambos países durante el período de transición que, según Matthews creía, se hallaba próximo.

Aunque no se sabe con certeza si sus recomendaciones a este respecto inclinaron la balanza en contra de Gardner, el Embajador se vio forzado a renunciar. En su reemplazo, Eisenhower designó a otro de sus propios amigos, Earl E. T. Smith, un exitoso hombre de negocios y recaudador de fondos de campaña que carecía de experiencia diplomática y no hablaba una palabra de español. No obstante, Smith había presidido las finanzas del Comité Republicano en la Florida, y su recompensa consistió en el nombramiento. Por consejo de varios funcionarios del Departamento de Estado, y mientras asistía a reuniones que lo pondrían en antecedentes sobre sus funciones, Smith se hizo un espacio para volar a Nueva York y almorzar con Matthews.

Estuvieron reunidos durante dos horas y media en un restaurante del centro de Manhattan. Matthews le habló sin retaceos de Cuba, Castro, y la caída inevitable del régimen de Batista, hacia quien ahora no ocultaba su desprecio. Le explicó al nuevo Embajador que los Estados Unidos se beneficiarían si el dictador, el último hasta el momento de una larga línea de gobernantes corruptos, fuera reemplazado —una opinión que ya había expresado en los editoriales del *Times*.

Smith sintió que las fuertes convicciones vertidas por Matthews en aquel almuerzo se parecían mucho a las de otros profesionales que no eran políticos de carrera y que se desempeñaban en el cuarto piso del Departamento de Estado. Su propia composición de lugar era que estas personas se habían dejado influenciar por el aura de

Robin Hood con la que Matthews había rodeado a Castro en sus artículos. Este enfoque no coincidía con el mensaje que le transmitía la Casa Blanca, que continuaba apoyando a Batista del mismo modo en que lo hacía a lo largo y a lo ancho de América Latina con caudillos anticomunistas de derecha, puesto que representaban el mal menor en el desarrollo de la Guerra Fría.

Aunque en realidad Matthews no había comparado a Castro con Robin Hood, sí lo había mostrado como un proscrito apasionado, dedicado a mitigar los padecimientos de su pueblo. Smith ignoraba qué le aguardaba en Cuba, pero luego de la reunión con Matthews y la información que se le proporcionó en el cuarto piso, sabía que la rebelión de Castro —ya se tratara de un intento de tomar el poder o de un sonado fracaso— consistiría en una de sus principales responsabilidades como Embajador.

También pensaba que, en algún momento, tendría que contrarrestar la leyenda que crecía alrededor de Castro. La revolución era joven, y el ejército rebelde, pequeño, con pocas victorias militares en su haber. Hasta el presente, el golpe más exitoso de Castro había sido el impacto logrado mediante la entrevista con Matthews. Luego de la debacle provocada por el ataque al Palacio Presidencial organizado por los estudiantes, Castro comenzó a valorar más el poder de la propaganda y, junto con otros importantes líderes insurgentes, quiso implementar otra exhibición de fuerza a la que serían invitados periodistas estadounidenses. El líder rebelde Armando Hart se apersonó en La Habana para discutir la idea con Mario Llerena y otros dirigentes de la resistencia civil.

Llerena, quien poseía mayor experiencia en el trato con los hombres de prensa, sugirió que se pusieran en contacto con Matthews y lo invitaran a desafiar nuevamente a los soldados de Batista regresando a la Sierra. Hart rechazó la idea, diciendo que Castro había dejado sentado que debían encontrar a algún otro, porque consideraba que tanto Matthews como el *New York Times* ya habían demostrado su solidaridad y su firme postura de apoyo a los rebeldes. Hart arguyó que, al haberlo demostrado tan abiertamente, Matthews había perdido valor táctico para el movimiento. Se decidió entonces que era más conveniente probar con otro periodista, y volver a recurrir a Matthews en un futuro.

Llerena sugirió traer un equipo de la televisión estadounidense para filmar a Castro. Un proyecto similar ya se había intentado con anterioridad, sin éxito. Robert Taber, de CBS, había volado a Cuba poco después de su entrevista con Llerena en Nueva York, y esperado varias semanas para ver a Castro. Se volvió con las manos vacías, aunque Llerena prometió volverlo a llamar cuando se presentara una nueva oportunidad. Ahora, Llerena se dirigió a Nueva York para hacer los arreglos correspondientes. No le costó mucho esfuerzo convencer al equipo de filmación que regresara a Cuba: al día siguiente, él, Taber, y un camarógrafo llamado Wendell Hoffman abordaron un vuelo sin escalas de National Airlines con destino a La Habana, haciéndose pasar por misioneros en un viaje de investigación que incluía la filmación de escuelas presbiterianas radicadas en Cuba.

A Taber y Hoffman no les resultó difícil evadir la seguridad implantada por Batista en el aeropuerto. Rápidamente, fueron conducidos a la Sierra, donde la esposa de Hart, Haydée Santamaría, junto con Celia Sánchez y otros rebeldes, los llevaron hasta Castro. En aquel entonces acampaba en una zona mucho más elevada de la Sierra que cuando había recibido a Matthews. La voluminosa cámara y el equipo de sonido que transportaban les impedía ir rápido, y Hoffman aprovechó para filmar la ardua subida hasta el campamento de Castro, establecido cerca de Pico Turquino, la cima más alta de Cuba. Al igual que Matthews, este equipo subrayó los peligros de atravesar los cordones de seguridad del ejército, y se colocó directamente en el medio de la historia. El tema del riesgo habría de repetirse en los sucesivos informes a cargo de diferentes reporteros, aunque justamente el hecho de que numerosos periodistas lograron burlar el "cerco de acero" de Batista demostró la real ineficacia del bloqueo.

Taber y Hoffman compartieron varios días con Castro. Cuando se emitió el programa *Los rebeldes de la Sierra Maestra: la historia de los combatientes en las junglas cubanas*, en una noche de domingo del mes de mayo, no dejaba ni un resquicio de duda de que Castro estaba vivo y permanecía en la Sierra Maestra. En un programa de media hora, Taber repitió algunos de los mismos mitos heroicos y simpáticos que ya habían sido relatados por Matthews. Mostró que los rebeldes pagaban a los campesinos por las provisiones que consumían, y permitió que los combatientes se jactaran ante las cámaras de la precisión letal de sus rifles con mira telescópica. Taber sabía que Matthews había acaparado toda la gloria de encontrar a Castro, de modo que el documental, en blanco y negro, se concentraba en parte en tres jóvenes estadounidenses quienes, luego de leer los artículos de Matthews, habían abandonado su hogar, en la base militar estadounidense de la bahía de Guantánamo para unirse a Castro. Los muchachos manifestaron que los cubanos luchaban por la libertad, como lo habían hecho los héroes de la Revolución Americana. Finalmente, Taber consiguió convencer a Castro de que permitiera a los dos más jóvenes abandonar la montaña y regresar con él a la ciudad. El tercero, Charles Ryan, de veinte años de edad, permaneció en el campamento.

De principio a fin, el programa mostraba a los rebeldes en actitudes que despertaban simpatía: se les veía utilizando su ingenio para extraer agua de los pámpanos en los viñedos, asomándose por entre la densa maleza, separando el follaje con sus rifles, e inclusive lanzándose sobre un panal de abejas alojado en un raigón para obtener miel. Los comentarios críticos se limitaron a la preocupación de Taber acerca del modo descuidado con que los hombres manipulaban las armas de fuego, a consecuencia de lo cual uno de ellos se disparó accidentalmente en una mano en presencia de Taber. Éste finalizó el programa entregándole el micrófono a Castro y permitiéndole que se dirigiera directamente al público estadounidense en un inglés vacilante. Castro exigió que cesaran los envíos de armas al gobierno cubano, y criticó los torpes esfuerzos de Batista por ocultar la verdad de lo que ocurría en la Sierra.

"Como lo manifestó Herbert Matthews, el reportero del *New York Times*, la verdad siempre saldrá a luz, con censura o sin ella, gracias a que siempre hay periodistas valientes, como ustedes, que arriesgan la vida para buscarla. Cuando el tirano Batista aprenda que otros dos estadounidenses lo han puesto en ridículo, se pondrá furioso", declaró Castro.

Nuevamente afirmó, tal como lo había hecho durante la entrevista con Matthews, que toda la gente de la Sierra Maestra lo apoyaba, y que lo más selecto del ejército de Batista era incapaz de contener a las fuerzas rebeldes. "Siempre sabemos dónde se encuentran", dijo, refiriéndose a los soldados, "pero ellos no saben dónde estamos nosotros".

El programa fue editado por Don Hewitt, el futuro creador de *60 Minutes* para CBS. No fue presentado en Cuba, pero algunas partes de la entrevista y fotografías tomadas durante el viaje de Taber se incluyeron en un artículo publicado por la revista *Life*, que sí se distribuía en la isla. Mientras Batista echaba pestes, crecía el mito de Castro, junto con el del reportero que lo inventó.

En junio, a su regreso a La Habana, Matthews experimentó toda la fuerza del impacto que su entrevista a Castro había causado en el cubano medio. En este viaje se proponía entrevistar a Batista e informar sobre el creciente malestar que se vivía en la isla. Una multitud de simpatizantes lo recibió en el aeropuerto, y se encontró con más rostros amistosos esperándolo a la entrada del Hotel Sevilla Biltmore. Para todas estas personas, Matthews no sólo era un periodista que había sabido aprovechar un golpe de suerte: era el portador de una verdad que otros habían temido revelar. Era una mirada solidaria hacia la rebelión, un participante activo que había asestado un golpe arrollador en el momento crucial. Se esforzó por explicar que no era así, que él no era más que un reportero haciendo su trabajo. Pero ni los partidarios de Castro ni los funcionarios de Batista lo veían de este modo. Matthews tuvo que enfrentar a un tiempo la adulación y las sospechas. Suponía que iba a despertar la cólera del gobierno, y se hallaba preparado para lidiar con ello. Pero aquella oleada de admiración pública lo hacía sentirse incómodo, tal como escribió a su regreso en un memo dirigido a Turner Catledge, secretario de redacción.

"Nunca esperé y, por cierto, nunca tuve la intención de ser colocado sobre un pedestal de ídolo popular, como Clark Gable o Frank Sinatra. En este viaje descubrí que no hay nada más embarazoso ni agotador que ser un héroe. Encuentro la experiencia tan penosa como gratificante". Fue testigo de cómo sus propias palabras comenzaban a integrarse al discurso político tanto en Cuba como en los Estados Unidos, moldeando el debate e influenciando la opinión pública. Sus vivencias en la Argentina y otros países latinoamericanos ya le habían demostrado el poder de la prensa estadounidense en la región. A pesar del resentimiento persistente que los gobiernos latinoamericanos sentían por los Estados Unidos, y de la desmesurada desigualdad en la balanza de poder dentro del hemisferio, a estos mismos gobiernos les preocupaba más lo que publicaran los periódicos estadounidenses que los locales, a causa de la influencia que ejercían en Washington, sin cuyo apoyo no tenían posibilidades de conservar el poder.

Matthews era consciente de ello, pero jamás había visto algo semejante a lo que venía sucediendo en Cuba en los cuatros meses que habían transcurrido desde que se publicaran sus artículos: "No sería exagerado decir que el papel que desempeñamos desde febrero es mucho más importante para Cuba que el que cumple el Departamento de Estado. Los artículos sobre Fidel Castro y la situación cubana que escribí en febrero literalmente cambiaron el curso de la historia del país, y la labor que llevé a cabo también causó un efecto impresionante en los asuntos cubanos". En público, continuaba insistiendo que no hizo más que permitir que Castro se mostrara tal y como era, lo cual bastaba para darle su lugar en la historia de América Latina. Sin embargo, en sus memos privados, se nota claramente que había empezado a cambiar la percepción de su propio rol en la historia de Cuba, pasando de la más estricta imparcialidad a una creciente hostilidad contra el régimen de Batista y mostrando su desembozada solidaridad hacia los opositores. El excesivo orgullo del que solían acusarlo asomó a la superficie, y exigió que se le adjudicara, a él y al *New York Times*, el crédito por guiar el camino hacia la revolución: "Creo que podemos enorgullecernos del poder extraordinario que ejerce el *New York Times* en una situación como la presente, pero precisamente porque poseemos el poder, también debemos hacernos cargo de la responsabilidad consiguiente, en cada una de las instancias del proceso".

Ruby Phillips había acordado concertar una entrevista entre Matthews y Batista durante la visita del primero, y lo acompañó en persona al Palacio perforado por las balas. Batista había dejado de conceder entrevistas oficiales, aduciendo que siempre se retorcían sus palabras. Había insistido en que Matthews presentara sus preguntas por escrito el día anterior a la cita. Cuando Matthews llegó a la reunión, Edmund Chester, el asistente de habla inglesa, ya había redactado las respuestas, y Batista sólo sostuvo una charla informal con los periodistas. Matthews sabía que el dictador lo odiaba por lo que había escrito y por todos los problemas que había causado. Sin embargo, formuló a Batista preguntas difíciles acerca de las dimensiones que estaba tomando la rebelión. Matthews insistía en que sería un grave error por parte de Batista subestimar las fuerzas de la resistencia. Finalmente, el dictador terminó por darle la razón —"probablemente"— aunque le dijo que se equivocaba respecto de la naturaleza de la oposición.

"Sí, es grave", dijo, pero hizo hincapié en que la oposición no constituía un maremoto dirigido a él, ya que se componía mayormente de criminales comunistas y de partidarios a sueldo del ex presidente Carlos Prío Socarrás.

Terminada la reunión, Matthews se embarcó en un avión a Santiago para ver con sus propios ojos cuánto se había deteriorado la situación. Encontró que el ambiente de la otrora vibrante ciudad se había tornado sombrío y taciturno. Casi todas las noches explotaban bombas. Los simpatizantes de los rebeldes eran fusilados, y las personas desaparecían. Aunque se encontraba bajo vigilancia, Matthews no se cuidó de mantener en secreto las reuniones que sostuvo con numerosos representantes de grupos civiles y religiosos, todos ellos opositores de Batista y del régimen, y dispuestos a arriesgarse a ser vistos con tal de comunicarle a Matthews cuánto había empeorado la situación. No cesaban de comparar lo que sucedía en Cuba con los hechos de Hungría en 1956, cuando las tropas soviéticas aplastaron la rebelión popular liderada por Imre Nagy. Y le agradecían por haberles traído tres días de paz. Creían que mientras Matthews permaneciera en Santiago, Batista no se atrevería a perseguirlos.

Matthews escribió que el movimiento guerrillero era ahora más poderoso que nunca, y que la provincia de Oriente entera se había declarado en abierta rebelión. Furioso, Batista ordenó a los periódicos de La Habana no reproducir el artículo, pero fue traducido al español y distribuido en la clandestinidad. Poco después, Santiago volvió a convertirse en el escenario de un momento crítico dentro del proceso revolucionario. Frank País, el coordinador urbano del Movimiento 26 de Julio, cuya mente revolucionaria y habilidades logísticas se equiparaban a las de Castro, fue emboscado y asesinado por la policía. Su muerte eliminaba así otro rival en potencia. Y en la ininterrumpida lucha de los rebeldes en las montañas y los opositores en las ciudades —la "Sierra" y el "Llano"— los guerrilleros de Castro se hacían más fuertes, pues la voz apasionada de Frank País había sido silenciada.

A su regreso a Nueva York, Matthews volvió a recibir una nueva efusión de apoyo. Una soleada tarde de verano, alrededor de 400 partidarios de Castro se presentaron ante las puertas del edificio del *Times* para expresar su gratitud al escritor que había prestado ayuda tan vital a su país: "Gracias, Sr. Matthews por diciendo [sic] al mundo la verdad sobre la democracia cubana". El Movimiento 26 de Julio en Nueva York le otorgó el título honorario de "El mejor amigo del pueblo cubano".

Matthews continuó criticando al régimen tanto en sus editoriales como en los artículos de noticias. Aquel verano, escribió uno para la revista dominical del *Times*, poniéndole por título "La sombra se cierne sobre la Cuba de Batista". En contradicción con su predicción de meses atrás, cuando había afirmado que, probablemente, Batista terminaría su mandato y dejaría el poder luego de las elecciones de 1958, ahora aseguraba que el final estaba cerca, y que pocos cubanos le darían al presidente la oportunidad de serlo por mucho más tiempo. En Cuba, los opositores tradujeron el artículo al español, y lo pasaron de mano en mano por toda La Habana. René Zayas Bazán, miembro de la resistencia civil, le envió a Matthews una copia fotostática de la traducción, junto con una nota de felicitación: "Debo decir que se ha convertido usted en un héroe legendario para los cubanos, pues le adjudican todo el mérito de haber impedido, merced a las fotos de Fidel que publicó tan oportunamente, que Batista transformara a nuestro país en otro Santo Domingo".

A medida que Matthews intensificaba sus críticas al régimen, sus informes mostraban significativas diferencias con los que enviaba Ruby Phillips, quien todavía dudaba de que Castro gozara de popularidad fuera de la provincia de Oriente. Matthews comenzó a sospechar de sus intenciones, recordando su larga amistad con el Embajador Gardner y sus conexiones con el gobierno de Batista. Ella, por su parte, sentía inquina contra él, disgustada por la abierta simpatía que evidenciaba su cobertura de los rebeldes. También le molestaba el doble papel de editorialista y reportero que se le había permitido a Matthews; y esto mismo preocupaba también a muchos otros empleados del *New York Times*. El relato que Phillips escribió acerca del ataque al Palacio Presidencial fue tan cauteloso como discreto: "Cuba se repone de un breve levantamiento". Pero el informe de Matthews sobre el mismo episodio, redactado en Nueva York, mostraba un sesgo decididamente negativo: "Cuba todavía arde sin llamas bajo el régimen de Batista". Las contradicciones entre ambos confundían a los lectores, provocaban la mofa de los críticos de los medios, y aumentaban la animosidad personal entre ambos periodistas.

La entrevista a Castro había insuflado nueva vida a la carrera de Matthews, trayéndole más notoriedad de la que había tenido desde su controvertida cobertura de la Guerra Civil Española. Desarrolló un ansia de otras aventuras del mismo estilo, pero esta última 'travesura' tenía un lado oculto. Notaba que las fuerzas le flaqueaban. La extrema fatiga que sentía lo llevó a consultar al médico, y los exámenes complementarios confirmaron que volvía a padecer de la tuberculosis que lo había afligido en la infancia. En noviembre de 1956, antes de su primer viaje a Cuba, se había hecho un examen médico completo; las radiografías no mostraban anomalía alguna, por lo cual se convenció de que el recrudecimiento de la tuberculosis se debía a aquella noche interminable que había pasado aguardando a Castro en la humedad de la Sierra. El médico le indicó tomar un comprimido diario durante veintisiete días para detener el avance de la enfermedad. Pero él no se arrepentía de nada.

En un memo, escribió: "Si los artículos sobre Cuba provocaron la tuberculosis, todo lo que puedo decir es que valió la pena y que volvería a hacerlo".

Este fue uno entre muchos otros problemas de salud que complicaron los últimos años de Matthews; sin embargo, como lo relacionaba con la entrevista en la Sierra, jamás se quejó de él. Tampoco permitió que interfiriera con su deseo de cubrir los disturbios en la República Dominicana mientras el régimen brutal del General Rafael Trujillo se tambaleaba al borde del abismo. En el verano de 1957, envió un memo a Catledge y a Orvil Dryfoos, tratando de asegurarse la asignación. Argüía que, si le permitían viajar, el aura de escándalo que rodeaba su nombre lo precedería, ofreciéndoles a él y, por supuesto, al *Times*, una ventaja competitiva: "Mi presencia se conocería inmediatamente, no sólo en la República Dominicana sino también en el resto del hemisferio. Creo que gente que no hablaría con ninguna otra persona sí lo haría conmigo". Presentó su caso señalando que su doble tarea como miembro del consejo editorial y redactor de noticias lo convertían en un valioso recurso que el periódico debía aprovechar: "Cuando el *Times* posee una ventaja, debe utilizarla, aunque no encaje en ninguna categoría reconocida. También es necesario terminar con el concepto rígido que tilda a una historia de "editorial" sólo porque incluye la dosis necesaria de personalidad".

La reacción del presidente de la empresa y futuro Director General constituyó la primera señal de que el golpe periodístico que Matthews había dado en Cuba podría acarrear tanto fama como infamia. Dryfoos se involucraba cada vez más en los asuntos de la sala de redacción, tratando de combinar los aspectos editoriales y comerciales del periódico. En un memo dirigido a Robert Garst, director de la sección nocturna en Nueva York, escribió: "Pienso lo mismo que, según creo, todos pensamos ayer: que Herbert ha tenido bastante". A diferencia de Arthur Hays Sulzberger, Dryfoos no sentía ninguna lealtad especial por Matthews, ni sostenía con él una relación personal, por lo cual su mirada sobre el acuerdo extraordinario que se le había concedido era más objetiva, y le permitía darse cuenta de que la doble función de Matthews representaba una grave violación de las políticas del periódico. El apoyo masivo que le habían brindado los cubanos reunidos a las puertas del edificio le daba la pauta de que el periodista se hallaba demasiado involucrado en la historia. Y no existía el menor interés de verlo envuelto en ninguna otra revolución. El memo proseguía así: "Por supuesto, si la Sección de Noticias desea enviar a Peter Kihss o Milton Bracker [reporteros del *Times*], las cosas cambian".

Matthews se sintió desilusionado, aunque no por mucho tiempo. En octubre, los exiliados cubanos se reunieron en Miami y firmaron un pacto de unión que agrupaba a siete grupos opositores a Batista. Uno de los firmantes fue el ex presidente Prío Socarrás, en su nombre y en el de sus partidarios. El Movimiento castrista 26 de Julio estuvo representado por Felipe Pazos y Mario Llerena, quienes aparentemente suscribieron el documento en nombre de Castro sin haberlo consultado con él. Las noticias del acuerdo llegaron a la Sierra cuando Edwin L. Dale, un reportero del *Times* basado en Washington, se las compuso para hacerlo público. Desde la página editorial, Matthews consideraba que el pacto asestaba a Batista un golpe definitivo, puesto que demostraba la unificación de una oposición que, hasta entonces, había estado profundamente dividida. En realidad, el pacto dio origen a mayores disensos. Castro enfureció, sintiéndose traicionado por Pazos y Llerena, y marginado por otros grupos que tampoco lo habían consultado. La ferocidad de su reacción proporcionó un indicio de su propia ambición de poder, y de su renuencia a compartirlo.

Los artículos que Matthews firmaba, y los editoriales que, aunque sin pie de autor, eran inconfundiblemente suyos, mostraban una implacable postura crítica hacia Batista, y rara vez dejaban de apoyar a Castro y sus rebeldes. En octubre, escribió: "Lo que sabemos hoy de Cuba, a pesar de la censura, es que se encuentra bajo el reino del terror. La frase es remanida, pero en lo que concierne al régimen de Batista, expresa la estricta verdad". Algunos sectores más conservadores de la resistencia cubana comenzaron a preocuparse, dado que, a falta de otras alternativas, parecía evidente que Castro sucedería a Batista en el gobierno.

Mario Lazo, un abogado cubano nacido en los Estados Unidos y primo del respetado político Carlos Márquez Sterling, fue uno de los pocos cubanos que abrigaba sospechas respecto de Matthews. Lector asiduo del *Times*, le había sorprendido el tono emocional de sus artículos, así como la franca postura castrista que había asumido. Tiempo más tarde, describió la labor de Matthews en Cuba como "el acto periodístico más represible atribuido a un periódico acreditado en lo que llevo de vida". Estaba persuadido de que Matthews había cruzado la raya de la objetividad periodística: "en efecto, un periodista en función de reportero asumió la actitud de un insurrecto".

Hacia fines de 1957, Matthews celebró el aniversario del arribo del *Granma* mediante un editorial laudatorio que contribuyó a fortalecer el mito de la revolución naciente: "Exactamente un año atrás, comenzó uno de los episodios más extraños y románticos de la pintoresca historia de Cuba". Recordaba su propio papel en el mito, narrando cómo había atravesado los muros de la censura para informar al mundo que Castro vivía. Agregó que la caída de Batista era inevitable, y que el único objetivo de Castro era restaurar la democracia en Cuba. No le cabía duda alguna de que, con la ayuda de los habitantes de los pueblos y ciudades de la isla, las fuerzas castristas derrocarían al dictador. Con mayor certeza de la que podía justificar, Matthews escribió también: "Nada indica que Castro vaya a convertirse en el próximo gobernante de Cuba". Finalmente, aceptaba las opiniones encontradas que el líder despertaba en ciertos círculos, pero dejaba muy en claro sus propios sentimientos: "Sin importar qué piense cada quién de Fidel Castro, el haber sobrevivido durante un año entero junto a un puñado de hombres en la jungla, derrotando los denodados esfuerzos de todo el ejército cubano y su moderno armamento, constituye una extraordinaria proeza militar. A comienzos del segundo año, no cabe duda de que Castro ha hecho historia".

CAPITULO 8

Batallas decisivas

Se avecinaba otro aniversario; en la mente de Matthews, tan importante como el arribo del *Granma*. En febrero de 1958 ya había transcurrido un año desde la entrevista con Castro en la Sierra. Estaba ansioso por regresar a Cuba e informar sobre los progresos de la revolución; calcular cuánto habían crecido las fuerzas castristas en el tiempo transcurrido, cuánto se había debilitado el régimen de Batista, y cuál sería la dinámica que habría de regir al nuevo régimen. El mandato de Batista debía concluir a fines de ese año, por lo cual era necesario llamar a elecciones unos meses antes. A este respecto, los cubanos estaban divididos. Algunos se aferraban a la noción de que sólo una elección sería capaz de restaurar la agitada democracia del país, mientras que otros, que habían vivido incontables experiencias de elecciones fraudulentas, veían este camino con escepticismo. Sencillamente, deseaban que Batista quedara fuera del gobierno. Castro aumentaba la presión, y se hablaba de una huelga general que, de lograrse, sumiría al país en una situación ingobernable. De uno u otro modo, por métodos pacíficos o violentos, los días del dictador parecían estar contados. Era una historia sensacional, y así la veía Matthews.

Sin embargo, los jefes de la Sala de Redacción lo veían de otra manera. Ya se había evaporado el entusiasmo con que el *Times* había publicitado la serie de Matthews. Aquella política había quedado desplazada por una creciente sensación de incomodidad acerca de la intensidad del compromiso personal que Matthews ponía en los asuntos de Cuba. La salud de Sulzberger se deterioraba y, sin su apoyo, Matthews era presa fácil de los directores que se habían visto obligados a atravesar la embarazosa multitud de manifestantes cubanos aquel día que acudieron en masa a demostrar su admiración por Matthews. Les inquietaba lo que consideraban su falta de sentido crítico aplicado a la información no menos que el hecho de que tomara partido, algo que Matthews no negaba. Era la historia de siempre, semejante a lo que había ocurrido en España, excepto que ahora desempeñaba la doble función de reportero y editorialista, lo cual tornaba su papel en la cuestión cubana más sospechoso todavía.

Turner Catledge, el Secretario de Redacción, estaba decidido a no permitir que las cosas continuaran enredándose.

En enero, Matthews presentó formalmente su plan de viaje a Cuba, pero Catledge, Dryfoos, y Manny Friedman, director de asuntos extranjeros, dejaron sentado que, así como le habían rehusado autorización para viajar a la República Dominicana el pasado junio, tampoco deseaban que retornara a Cuba. Estuvieron de acuerdo con que alguien debía evaluar los alcances de la insurrección, pero Matthews no sería quien lo haría. En cambio, decidieron enviar a Homer Bigart, un respetable corresponsal de guerra que había cubierto valerosamente la Segunda Guerra Mundial, con atención a la sensibilidad popular. Cuba sería algo completamente diferente: Bigart no sabía enhebrar una frase elemental en español, y carecía de experiencia en la trama de intrigas que era moneda corriente en la política latinoamericana.

Matthews estaba indignado. Rápidamente despachó un memo dirigido a Dryfoos, Friedman, y Theodore Bernstein, quien había ascendido al puesto de Subsecretario de Redacción y guardián de la integridad y el estilo del *Times*, como correspondía a un individuo muy apegado a las reglas y empeñado en hacerlas cumplir. Bernstein era uno de los críticos más acérrimos de la doble función de Matthews, y no veía razón alguna para romper con la antigua tradición del periódico según la cual la sección editorial se encontraba separada de la Sala de Redacción, tanto en el lugar físico que cada una ocupaba como en las tareas que desarrollaban. Matthews creía que su participación personal en la historia de Cuba proporcionaba una amplia ventaja a su persona y al periódico; para Bernstein, tal proximidad era inapropiada y riesgosa.

Matthews defendió sus editoriales y la información que había enviado desde Cuba con estas altaneras palabras: "Desafío a cualquiera a analizar los componentes estrictos, desnudos, y objetivos del trabajo que realicé en junio y, con anterioridad, en febrero, y que demuestre qué parte estuvo equivocada, distorsionada, o que haya sido invalidada por hechos posteriores". Una vez más, sentía que atacaban su reputación y profesionalismo, tal como había ocurrido cuando lo de España. Arremetió contra sus jefes, acusándolos de olvidar que el periódico había prometido brindar la información más exhaustiva que estuviera a su alcance. De entre todos los periodistas estadounidenses, él, y sólo él, había estado en la Sierra en los comienzos del proceso, y nadie más que él poseía el tipo de acceso a los rebeldes adecuado para satisfacer los estándares del *Times*. En lugar de tener todo ello en cuenta, se le obstaculizaba el camino por razones que no comprendía. Se sentía un mártir, sacrificado por sus convicciones. "En otras palabras", escribió, "es uno quien obtiene las noticias, con profundidad y destreza dentro del marco verídico de la historia y la política de Cuba, y es eso lo que debería contar, no el hecho inevitable de que yo, el inventor de Fidel Castro, me encuentre atrapado en los acontecimientos que se desarrollan en Cuba".

En opinión de sus jefes, Matthews se hallaba bastante más que "atrapado" en la cuestión cubana. Cada vez les disgustaba más el papel que había desempeñado en la creación del mito del líder. Temían haber cruzado la raya que dividía la información sobre los eventos acontecidos en Cuba para convertirse en partícipes de los mismos. Batista, por empezar, los acusaba de ello, insistiendo en que Castro era comunista y Matthews su secuaz. En aquel momento no existían pruebas incontestables de que los comunistas fomentaran los desórdenes de Cuba, pero tampoco había mucho más que la palabra de Matthews para afirmar lo contrario. En la mente de los directores, Matthews y Castro constituían una idea inseparable, y preferían alejar a su hombre de la historia. Ted Bernstein citó antecedentes que justificaban la remoción de un reportero a causa de un conflicto de intereses. Se basó en el caso de Clayton Knowles, un reportero de Washington encargado de la cobertura del Senador Joseph McCarthy, y que había sido retirado de sus funciones porque confesó haber pertenecido al partido comunista. Bernstein no acusaba a Matthews de ser comunista; simplemente dejaba establecido que las apariencias pesan. En respuesta a la diatriba de Matthews, Bernstein reiteró su sempiterna oposición a que los editorialistas también redactaran noticias. Escribió a Matthews: "En las presentes circunstancias, no veo razón para hacer excepciones a nuestras políticas corrientes". Y la decisión de enviar a Bigart se mantuvo firme.

Lejos de apaciguarse, Matthews envió otro duro memo al día siguiente: "El *Times* se daña a sí mismo, y se dañará mucho más si construye sus nuevas políticas con base en normas que, en teoría, suenan razonables, en lugar de adaptar dichas políticas a los individuos disponibles y al tipo de historia a cubrir". Sin miramiento alguno, estos señores desechaban su especial acceso a los rebeldes, echaban por la borda su experiencia, hacían a un lado la abrumadora ventaja competitiva de cubrir algo que se perfilaba como un grandioso acontecimiento histórico a causa de, según lo veía él, la búsqueda equivocada de una quimera llamada "información imparcial", esa "objetividad de mierda" que Martha Gellhorn tanto menospreciaba.

Para Matthews, quien creía que la objetividad era inalcanzable en tanto no podía evitarse que cada reportero respaldara uno u otro lado de la historia, esto era el summum del castigo autoinfligido a su orgullo desmesurado: "Lo repito; creo que el *Times* cometió un tremendo error al enviar a Bigart en mi lugar, como también en enviar a Milton Bracker a la República Dominicana el año pasado, en vez de encargarme a mí la cobertura. Sin embargo, y al margen de todo sentimiento personal, creo que están forjando una política perjudicial para el periódico".

Estos memos constituyeron las salvas iniciales de una batalla interna que continuó haciendo estragos en el *Times* durante casi una década. Aun cuando Matthews ya se había retirado, la controversia se mantuvo encendida hasta su muerte. El tira y afloja entre el acceso que permite que aflore la intuición y la proximidad que compromete el tratamiento objetivo de las noticias continúa sin resolverse.

Bigart voló a Cuba y, sin protagonizar hecho heroico alguno, en contraste con las aventuras de Matthews, se las compuso para llegar al cuartel general de Castro en la Sierra. Pasó allí quince días, y varios más en La Habana, recogiendo información y tratando de comprender la crisis. La serie de sus informes no era ni la mitad de espectacular que la producida por Matthews el año anterior, pero sus artículos eran meticulosos y el tono sonaba neutral, aunque Bigart introdujo sus propios prejuicios en la historia, lo que lo llevó a cometer errores garrafales. En el primero, fechado 26 de febrero de 1958 (exactamente un año y dos después de la publicación inaugural de Matthews), Bigart hizo lo imposible para que constara lo que —a su parecer— era la verdad de los hechos, corrigiendo lo que Matthews había escrito sin aclarar que lo estaba haciendo. Se esforzó por explicar que la Sierra no era en realidad una jungla, como la había descrito Matthews, sino unos "picos boscosos", lo cual es una descripción menos sugerente pero más precisa del lugar donde Matthews y Castro se encontraron. Bigart entrevistó a Castro en el exterior de "una sórdida cabaña en lo profundo de la Sierra", y retrató al líder rebelde desprovisto del jactancioso romanticismo que Matthews había utilizado; en el escrito de Bigart, Castro "descansaba luego de una importante batalla". En otro artículo, Bigart, quien había cubierto muchos de los grandes combates de la Segunda Guerra Mundial, analizó la batalla antes mencionada con mayor detalle, y terminó por definirla como una escaramuza menor.

Bigart examinó atentamente el campamento rebelde e informó

sólo lo que había visto: "Durante los quince días que permaneció en la Sierra, este observador no notó evidencia alguna de que las fuerzas rebeldes cuenten con el número de hombres necesario para obtener una victoria decisiva en el llano". Sin embargo, permitió que Castro se jactara de su poderío y de los mil hombres que comandaba, no sin añadir, a guisa de comentario, que al líder le resultaría imposible utilizarlos a todos a un tiempo en una misma batalla. Dicha apreciación muestra que el periodista no se encontraba familiarizado con las tácticas de las luchas guerrilleras. Señaló, además, que los rebeldes no sólo se proponían imponer su causa por las armas, sino que esperaban que se produjera una huelga general, cuya consecuencia sería el fin del régimen. Erradamente, escribió que Castro —al igual que los Estados Unidos— favorecía las elecciones que Batista estaba empeñado en llevar a cabo antes de que terminara el año, y en ningún momento mencionó la visita de Matthews a la Sierra.

En su siguiente artículo, enviado desde La Habana, Bigart intentó aplicar la perspicacia militar que había adquirido durante la Segunda Guerra Mundial para deconstruir un choque entre fuerzas rebeldes y el ejército regular que tuvo lugar el 16 de febrero en un paraje que denominó Piña del Agua (y cuyo verdadero nombre era Pino de Agua), llegando a la conclusión de que "nunca sería incluido entre las "Quince Batallas Decisivas del Mundo" de Sir Edward Creasy. Bigart no llegó a comprender la dinámica de las luchas guerrilleras, lo cual no es extraño, dado que su experiencia provenía de las guerras convencionales. Castro no necesitaba ganar una de las quince batallas decisivas del mundo para sentar sus reales en el conflicto cubano. Bigart lo describió atrapado en un dilema, con escasez de hombres para derrotar al ejército de Batista a menos que se produjera una deserción masiva de los soldados al servicio del tirano. Parecía observar la guerra civil como si se desarrollara en las llanuras europeas, con cuantiosos números de tropas enemigas trabadas en batalla. Cuando forzó a Castro a responder las dudas que abrigaba acerca de las posibilidades de una victoria rebelde, recibió una respuesta reveladora:

—Para ver nuestra victoria —dijo Castro —es necesario tener fe.

Aunque Bigart había sido enviado a Cuba para corregir la información de Matthews, cuyo punto de vista no era imparcial, según la opinión de sus jefes, es evidente que Bigart también tomó partido, al minimizar la posibilidad de que Castro ganara la guerra. Prestó más atención que Matthews a la rivalidad entre los rebeldes combatientes y los disidentes urbanos agrupados en movimientos clandestinos, postulando que el ataque de Pino de Agua consistía en una estratagema de distracción destinada a equiparar la campaña de sabotaje y terrorismo coordinada por la resistencia urbana. En el tercero y último artículo de esta serie, Bigart expresó su opinión sobre la crisis cubana. Habiendo hecho un cuidadoso cálculo de la influencia de Castro y de la estabilidad de Batista en el poder, decidió que la mayoría de los castristas provenía de la clase media y profesional de La Habana que se había hartado de Batista. Señaló que no todos pensaban que Castro era un héroe, y que había quienes se quejaban, inclusive en el seno del Movimiento 26 de Julio, de cierta veta autoritaria en su carácter, y escribió que algunos dirigentes del movimiento deseaban resolver esta cuestión antes de que surgiera "un culto a la personalidad" en torno a su figura.

La visión de Bigart acerca de Castro y su rebelión era mucho más crítica que la de Matthews, pero resultó equivocada respecto de los resultados. Aunque algunos de sus artículos también se publicaron en la primera plana, recibieron mucha menos atención que los escritos por Matthews el año anterior. Por añadidura, los informes de Bigart no extinguieron los deseos de Matthews de regresar a Cuba. Con obstinada persistencia, y prometiendo restringir su trabajo al material propio de la página editorial, Matthews logró trasladarse a Cuba pocas semanas después de la publicación de los artículos de Bigart. Acompañado de Nancie, arribó a La Habana el 14 de marzo. El gobierno de Batista censuró tres periódicos de la ciudad que trataron de que su llegada no pasara desapercibida. Matthews se puso en contacto con sus fuentes, y pasó por la Embajada de los Estados Unidos para hablar con el Embajador Smith de las futuras elecciones, que no veía con optimismo. Visitó a varios cubanos prominentes, entre ellos, al sindicalista Eusebio Mujal, quien insistió en que la Federación de Trabajadores Cubanos, uno de los sindicatos más poderosos de América Latina, se oponía a la huelga general y prefería elecciones limpias. La mala disposición de Mujal hacia la huelga probablemente la condenó al fracaso, pero Matthews no hizo públicos sus comentarios. Lo que sí escribió fue que la huelga ocasionaría el caos.

A pesar de que Ruby Phillips y otros le dijeron que La Habana no se encontraba de ánimo propicio para apoyar una revolución, Matthews concluyó que, por el contrario, la capital estaba a punto de explotar. Aún si jamás se convertiría en el polvorín que era Santiago, siquiera un murmullo revolucionario en la ciudad significaba la inminencia del momento decisivo en la lucha por el poder. Entre las abundantes notas que tomó durante su estancia, Matthews reconoció que, en una ocasión, había tomado partido: "Mi sentir sobre Cuba es semejante a lo que experimenté en España. Uno ve la tragedia y desea estar allí, compartir el sufrimiento de los cubanos, aunque sea en calidad de simpatizante". Lo embargaba un sentimiento cálido por los muchos cubanos que conocía y que vivían aterrados por el ejército o temían quedar atrapados entre los choques del gobierno con la oposición. A los padres les preocupaba que sus hijos desaparecieran o que, peor todavía, aparecieran una mañana cualquiera en alguna esquina desierta, en medio de un charco de sangre. Matthews parece haberse percatado de que la intensidad de tales sentimientos podía terminar por socavar su objetividad, pero tampoco le preocupaba mucho. Admitió que "ésta es mi reacción personal, y no se relaciona en modo alguno con mi deseo profesional de observar los hechos. Desde un punto de vista académico, y hablando científicamente, aquí hay una historia de tremendas proporciones".

Sin duda, así era. El 21 de marzo, Matthews telefoneó a la recepcionista del consejo editorial en Nueva York y le pidió que transmitiera un mensaje a la Sección de Noticias Extranjeras: había reunido una enorme cantidad de material sobre Cuba que era del *Times* con sólo pedirlo. No especificó de qué se trataba, pero aclaró que no deseaba enviarlo desde Cuba y que prefería aguardar a que el avión que lo llevaría a los Estados Unidos hiciera escala en Jamaica. Manny Freedman, el director de la Sección, envió una nota a Catledge informándole de la oferta de Matthews: "Yo me inclinaría por no tomar la iniciativa en este asunto. ¿Tú qué piensas?". A pesar de todas sus reservas, Catledge sabía que el acceso de Matthews a Castro era demasiado bueno para rechazar el material sin más. Respondió cautelosamente: "Averigüemos de qué se trata". La respuesta que dieron a la historia que Matthews envió era predecible. Las carpetas de Matthews, conservadas en los archivos de *The New York Times*, contienen una misiva fechada en Pinar del Río el 25 de marzo, con una nota garabateada en la parte superior, que reza "No utilizado. Editorializado". Este último término significa que consideraron que lo esencial del escrito radicaba en los comentarios y que, si Matthews deseaba que sus informes llegaran a la imprenta, tenía que transformarlos primero en notas editoriales. Era un nuevo recordatorio de que debía mantener las narices fuera de la sala de redacción.

De todos modos, y a pesar de las repetidas objeciones interpuestas por sus jefes, Matthews se las ingenió para convencerlos de publicar un artículo fechado en La Habana, aunque al parecer se encontraba en Jamaica cuando lo envió. En él desarrollaba una severa evaluación del fervor revolucionario que había encontrado en la capital cubana. Al contrario del estilo rutinario de Bigart, el informe de Matthews estaba teñido por la emoción, y adornado con el aura dramática que evocaba su aventura en la Sierra: "Existe una diferencia alarmante entre la situación presente y la que este corresponsal vivió en febrero de 1957, cuando se adentró en la Sierra Maestra para entrevistar a Fidel Castro, el joven líder rebelde". Describía el descontento generalizado del año anterior pero, sobre todo, señalaba la presencia palpable de Fidel, a quien una vez más describía con cálidas palabras, llamándolo "la figura más notable y romántica de la historia de Cuba después de José Martí".

Castro constituía el símbolo de la oposición al régimen, y la oposición había cobrado tanta fuerza que Matthews sentía que era justo preguntarse cómo se las compondría Batista para mantenerse en el poder el tiempo necesario para organizar las elecciones, que ya habían sido pospuestas del 1º de junio al 3 de noviembre. "Washington lo apoya en esta empresa desesperada", remataba Matthews.

También criticaba los errores de Castro. Cuando éste amenazó con desbaratar las elecciones fraudulentas por medio de la violencia, un editorial lo reprendió severamente: "Al principio, Fidel Castro, izando su estandarte contra todo esto desde un miserable escondite en la Sierra Maestra, parecía una especie de Robin Hood. Ahora, en cambio, parece querer ganarse la antipatía de los estadounidenses con sus amenazas de balear a los candidatos que osen presentarse a las próximas elecciones". El editorial, naturalmente, carecía de firma, pero debe haber sido escrito por Matthews, como casi todos los que se referían a Cuba. Y proseguía: "Nos gustaría ver en Cuba un gobierno democrático, junto con el fin de las omisiones, las censuras, y la barbarie del régimen de Batista. Sabemos que las revoluciones, al igual que otro tipo de guerras, no consisten en ejercicios de boy scouts. Pero si Fidel Castro desea conservar nuestra amistad, debe ganársela renunciando al terrorismo, las amenazas, y las tergiversaciones".

A pesar de las objeciones de sus jefes, Matthews envió una historia más durante este viaje. En ella afirmaba que La Habana estaba "madura para la rebelión". Castro había declarado "la guerra total" contra Batista, pero su ataque principal no habría de centrarse en la acción militar. Instruyó a los cubanos a prepararse para una huelga general que debilitaría al régimen y obligaría al dictador a abandonar el poder. Desde la bahía de Montego, en Jamaica, Matthews supuso, y así lo escribió, que la huelga se había iniciado y que sólo necesitaba una chispa para propagarse. No dudaba de que esa chispa se encendería en La Habana, una ciudad que bullía de malestar bajo de su "apariencia pacífica".

Este no era en absoluto el modo en que lo veía Ruby Phillips. Había detectado escaso apoyo a los rebeldes en la próspera capital. Sentía que Castro y sus partidarios creían erróneamente que la popularidad de la que gozaban en la Sierra y zonas aledañas se multiplicaba por dos en la ciudad. Sabía que, aunque hombres como Felipe Pazos prestaban ayuda a los movimientos clandestinos, muchos otros líderes de las finanzas y la industria todavía pensaban que Batista, malo como era, redundaría en mayores beneficios para Cuba que cualquier grupo opositor, especialmente el castrismo. Ella comprendía, a un punto que Matthews no llegaba a captar, que era muy improbable que la mano de obra organizada, aliada del partido comunista cubano, participara de una huelga general. Escribió al respecto: "Me sentía tan segura de que la "guerra total" fracasaría en La Habana que, cuando los muchachos de Castro vinieron a verme, les dije que era una decisión prematura y estúpida; que la huelga no tendría éxito, y que muchos de ellos irían derecho a hacerse matar".

Muchos otros desacuerdos se alzaron entre Matthews y Phillips. Sus relatos disímiles —prejuiciosos en ambos casos, aunque de diferente manera— subrayaban la dificultad de conservar la objetividad en medio de un acontecimiento tan imprevisible y cargado de emociones como lo es una revolución. Los dos eran periodistas veteranos, con una vasta experiencia en América Latina. Los dos insistían en que sólo informaban lo que veían, pero enviaban relatos contradictorios, lo que provocaba la desesperación de los jefes en Nueva York, que no confiaban plenamente en ninguno de los dos. Preferían el estilo imparcial de Homer Bigart, a pesar de las equivocaciones que cometía. A sus ojos, la inexperiencia de Bigart en asuntos latinoamericanos tenía la ventaja de asegurarles que se trataba de un testigo sin intereses ulteriores.

No sólo los jefes apreciaban los informes de Bigart sobre la Sierra. Contaban también con el beneplácito de Castro, quien daba la bienvenida a todos los periodistas que escribieran sobre la revolución, sin importar lo que dijeran. El escepticismo de Bigart no disuadió a Castro de cantar sus alabanzas en una nota manuscrita que le envió a Matthews, a quien trataba de "Mi querido amigo".

Mi querido amigo

Hemos tenido la gran satisfacción de recibir a su amigo, Mr. Bigart que ha realizado un extraordinatrio esfuerzo para cumplir su misión.

No quise que regrese sin llevarle a ud. el testimonio de nuestra invariable y profunda simpatía.

Hemos avanzado mucho desde que usted nos hizo el honor inolvidable de su visita.

Esperamos unirnos la oportunidad en que nuestro pueblo cubano pueda rendirle un gran homenaje nacional a todos los bravos periodistas que, con sus plumas generosas y nobles, les están ayudando a recobrar su libertad.

Ustedes han hecho por los Estados Unidos mucho más que sus diplomáticos y sus jefes de misiones militares.

La palabra que se escribe a favor de los pueblos en los días terribles de la opresión se agradece eternamente.

Pienso que pronto podemos tener el gusto de saludarle a usted en nuestra propia patria libre.

Fraternalmente,
Fidel Castro

Tal como lo había predicho Ruby Phillips, la huelga general convocada por Castro fracasó. En La Habana, apenas si duró unas horas. Esto decepcionó a Castro, a la vez que reveló el poco predicamento del que gozaba fuera de la Sierra. El *New York Times* volvió a enviar a Bigart a La Habana, desde donde escribió un artículo en el que recordaba, con términos sarcásticos, el optimismo infundado expresado por el líder durante su visita anterior: "evidentemente, Castro se dejaba guiar más por la fe que por la realidad de los hechos". Sutilmente, la fotografía de Castro que ilustraba el artículo, en la que se lo veía tendido al sol, con un libro abierto sobre el pecho, y con un aspecto que evocaba la imagen de un estudiante de pregrado con la cabeza en las nubes antes que la de un héroe de la revolución, subrayaba el tono negativo del artículo. Al día siguiente, Bigart escribió un nuevo artículo, lleno de apreciaciones increíblemente erradas, que comenzaba de la siguiente manera: "Según fuentes confiables, los días de Fidel Castro están contados". Pero las "fuentes confiables" se habían equivocado. Aunque Batista también había creído en ellas, Matthews no se engañó al respecto.

Por supuesto, a la larga se demostró que Matthews estaba en lo cierto. No obstante, a lo largo de las semanas y los meses que siguieron a la disolución de la huelga, todo indicaba que Batista estaba en posición de aplastar la insurrección. Animado por la derrota del rebelde en el campo sindical, despachó diez mil hombres a la Sierra, con órdenes de acabar con los rebeldes que todavía quedaban. Se trató de un operativo mucho más agresivo que los muchos que Batista lanzó durante los dieciocho meses transcurridos desde que Castro hundiera el *Granma*, pero los rebeldes estaban demasiado bien atrincherados para que el ataque del gobierno resultara eficaz. En su calidad de comandante general, Castro mantuvo escaramuzas con las desmoralizadas tropas oficialistas, tendiéndoles emboscadas y matándolos uno por uno. Para cuando ordenó la retirada, a fines de julio, Batista había perdido miles de soldados, entre muertos, heridos, y capturados.

El fracaso de la ofensiva de julio significó una colosal derrota militar, y renovó las esperanzas de las fuerzas de Castro, algo marchitas por no haber podido llevar a cabo la huelga en la que habían depositado tantas esperanzas. Sin embargo, desde el principio, Castro se hallaba abocado a llevar adelante una guerra de ideas y de imágenes, y fue en ese campo que Batista sufrió uno de los peores reveses. En marzo, Washington suspendió la entrega de 1.950 rifles M-1 que Batista había adquirido, y que se encontraban almacenados en un muelle de Nueva York en espera de ser enviados a Cuba. El Secretario de Estado Christian Herter cursó un telegrama a La Habana, notificando al Embajador Smith que se había tomado la decisión de suspender ulteriores envíos de armamento porque el gobierno de Batista "no había logrado crear las condiciones para un proceso electoral intachable", además de que la situación política se deterioraba rápidamente. En realidad, la decisión de Washington respondía a la creciente presión ejercida por la opinión pública, que exigía el cese del apoyo abierto a Batista. Los escritos de Matthews, unidos a la presión constante de los castristas refugiados en los Estados Unidos, habían logrado persuadir al Congreso de que sesionara sobre la cuestión cubana, y el Departamento de Estado temía tener que responder preguntas ríspidas durante las audiencias parlamentarias a menos que pusiera fin a los embarques destinados a Cuba.

El gobierno de Batista presentó una enérgica protesta contra el embargo, declarando que su ejército se encontraba en proceso de expansión, y que las armas desgastadas que poseían necesitaban ser reemplazadas. Por otra parte, el mayor temor del oficialismo cubano residía en que se produjera un cambio de imagen en el campo político.

Resultaría imposible mantener el embargo en secreto, y una vez que la noticia empezara a circular, sería interpretada por la población como una demostración del apoyo que Washington ofrecía a los rebeldes. El Embajador Smith acordaba con este razonamiento: "Los efectos psicológicos de los pasos dados por los Estados Unidos pueden ocasionar el derrocamiento de Batista", escribió a Washington en un telegrama cursado dos días después de que se suspendiera el envío de los rifles.

Mientras Matthews preparaba un editorial apoyando el embargo, telefoneó al Departamento de Estado para discutir ése y otros temas generales tocantes al deterioro de Cuba. Informó a C. Allan Stewart, vicedirector de la Oficina para Centroamérica, que el movimiento rebelde se encontraba mejor organizado que nunca. Reflexionando en voz alta acerca de la reciente captura de un cargamento ilícito de armas desde Brownsville, en Texas con destino a los rebeldes, Matthews lamentó que, de tanto en tanto, el gobierno no hiciera la vista gorda a ciertas acciones que llevarían tan complicada situación a un rápido desenlace. Tenía la sensación de que el apoyo estadounidense a una elección manejada por el régimen de Batista constituía un error, dado que el pueblo cubano jamás creería en la legitimidad de los resultados.

Aunque el embargo de las armas fue generalmente interpretado como un reconocimiento tácito por parte de Washington de que la causa de Batista se había tornado insostenible, en realidad la postura de los Estados Unidos era bastante más compleja. Smith continuaba asegurando al régimen que los Estados Unidos no le había quitado su apoyo pero, al mismo tiempo, un sector de la oposición, en compañía de Raúl Chibás, viajó a Washington para conversar acerca de la formación de una junta compuesta por elementos civiles y militares que se haría cargo del gobierno de la isla luego de que Batista fuera obligado a dimitir. Posteriormente, Castro ofreció a Chibás que se pusiera al frente de un gobierno provisional, pero éste la rechazó, dejando el paso libre al juez Manuel Urrutia, por quien el líder sentía predilección.

La división que se produjo en los Estados Unidos respecto del deterioro de la situación cubana aumentó la confusión reinante en La Habana, desde donde Smith seguía abogando por Batista. En un telegrama dirigido al Departamento de Estado, Smith expresó que el régimen "nunca dejó de mostrar su amistad y cooperación con los Estados Unidos. Siempre que nuestro país solicitó cooperación y ayuda en la lucha contra el comunismo mundial, el GOC [Gobierno de Cuba] nunca nos la ha retaceado". Volvió a criticar la decisión de detener el envío de armamentos y manifestó sus esperanzas de alcanzar una solución pacífica, elecciones honestas, y un futuro para una Cuba libre de Castro: "Habiendo transcurrido tan corto tiempo del completo fracaso de la muy anunciada y prometida revolución y huelga general, cuesta creer que los rebeldes tengan la capacidad de conquistar ciudades. La gente todavía recuerda con total claridad las promesas incumplidas".

La interdicción sobre las armas constituyó una derrota psicológica que contribuyó a debilitar a Batista. A medida que el dictador perdía su influencia, en los últimos meses de 1958, Castro ganaba en fuerza. Finalmente, el partido comunista cubano apoyó sus esfuerzos, aunque no se comprometió a sostenerlo hasta pasado el derrocamiento de Batista. En noviembre se realizaron las elecciones presidenciales, pero la victoria de Andrés Rivero Agüero, el candidato preseleccionado por Batista, sólo logró despertar la furia del pueblo. A principios de diciembre, el ex embajador William D. Pawley, enviado especial del Presidente Eisenhower, voló a La Habana en misión secreta para negociar una transición pacífica. Batista rehusó la propuesta, en parte porque Washington no lo autorizaba a decir que el plan contaba con el apoyo de Eisenhower. Mientras la moral del ejército cubano entraba en franco colapso, y batallones enteros se negaban a entrar en combate, las columnas al mando del Che, Raúl Castro, y otros líderes rebeldes avanzaban sin encontrar oposición. Los miembros del movimiento estudiantil revolucionario que habían sobrevivido el ataque al Palacio Presidencial habían establecido sus propios cuarteles en las montañas Escambray y avanzaban desde allí. La confrontación con Batista era inminente. Y una vez más, con la exquisita coordinación con la que sueña todo periodista —quizás ayudado por una leve insinuación del Departamento de Estado—Matthews decidió recibir el Año Nuevo en La Habana.

A su llegada, el ambiente de la antigua ciudad se sentía sombrío y cauto, desprovisto de la alegría con la cual la tradición cubana solía celebrar el comienzo de las vacaciones. Inclusive el año anterior, con tanto derramamiento de sangre como hubo —el atentado a la vida de Batista, seguido por las brutales represalias del régimen, un conato de levantamiento por parte de la armada cubana estacionada en la Base Naval de Cienfuegos y rápidamente dominado por Batista, el asesinato de Frank París, y tantas otras cosas— la ciudad había celebrado en grande. Abundaban los árboles de Navidad y las calles estaban iluminadas con lamparillas de colores. Pero eso había ocurrido en 1957. A medida que 1958 llegaba a su fin, La Habana estaba oscura y presa del desasosiego. La escalada de violencia se hacía sentir. Se estimaba que el número total de muertos a manos de los esbirros de Batista en el curso de la represión totalizaba unos veinte mil, aunque nadie podía estar seguro de que ésa fuera la cifra real. Muchas familias temían que, si celebraban abiertamente, ello sería considerado señal de prosperidad e, indirectamente, asociado con la sospecha de que cooperaban y asistían al régimen. Los perjuicios que las bombas de los opositores causaban a los negocios y al transporte se habían traducido en escasez, lo cual significaba que muy pocas familias de la capital podrían celebrar la fiesta tradicional de la Nochebuena. Sólo un puñado de familias estadounidenses armaron sus árboles de Navidad, colocándolos lejos de las ventanas para que no se vieran desde la calle. Los comercios ubicados en el ajetreado centro de La Habana informaron que las ventas habían caído notablemente, porque la gente temía salir de sus hogares. El austero espíritu de la Navidad se extendió a las vísperas del Año Nuevo.

Matthews y Nancie se registraron el Sevilla Biltmore y planearon pasar la Navidad con Ruby Phillips y Ted Scott. Habían recibido una invitación para cenar en el Hotel Riviera con el Coronel Charles Barron, uno de los directores generales, y otros huéspedes. Cuando se sentaron a la mesa, el Copa Room estaba prácticamente vacío, y la multitud que solía poblarlo se había reducido a un cuarto debido a una avalancha de cancelaciones de último momento. La orquesta tocaba con entusiasmo, a pesar de las circunstancias, pero el ambiente del salón estaba cargado de presagios. Mientras que la mayoría de las familias cubanas tuvieron que privarse de una cena especial a causa del estado de emergencia, Matthews y Phillips tomaron el decadente menú de lujo del Riviera: sopa de tortuga, filet mignon, y *omelette surprise*. Al filo de la medianoche, se sirvió champaña y los invitados recibieron sombreros de cotillón y matracas.

Unos instantes antes de la medianoche, el hijo de Jack Avery —político de Chicago que era además dirigente del partido demócrata— comentó al pasar que, unas horas atrás, había visto algo raro desde la ventana de su casa, que daba sobre el aeropuerto de Camp Columbia, el cuartel general del ejército en La Habana. ¿No resultaba extraño, comentó Avery, que una caravana de automóviles, todos ellos llenos de mujeres, niños, y montañas de equipaje, se dirigiera hacia la pista de aterrizaje, precisamente en vísperas de Año Nuevo?

Matthews se dio cuenta inmediatamente de lo que estaba sucediendo, y no pudo reprimir un ramalazo de satisfacción personal: había llegado el momento que él había anticipado con plena certeza desde el momento en que había visto a Fidel Castro abrirse paso a través de la espesa maleza de manera tan teatral. Aquí venía lo inevitable, lo que la mirada segura y el carácter imponente de Castro lo habían llevado a creer. Aquí se cosechaban los frutos de la codicia de Batista, y de la equivocada política estadounidense de apoyo al dictador. Ahora, en los albores de 1959, llegaba el final del juego para Batista. Él y sus principales colaboradores echaban mano de sus millones y abandonaban la isla.

Cuando terminó la desganada bienvenida al Año Nuevo, Matthews y Nancie se apresuraron a regresar a su hotel. Ruby Phillips y Ted Scott se dirigieron a sus respectivas oficinas, intentando en vano obtener información del Palacio Presidencial. Tampoco llegaron respuestas de Camp Columbia, ni de ningún periódico de La Habana. Las emisoras locales de radio continuaban transmitiendo música festiva.

Alrededor de las dos de la madrugada, Phillips se dirigió en su automóvil a su hogar, situado en el suburbio de Miramar, a pocas cuadras de Camp Columbia. Las calles estaban desiertas; inclusive los agentes de policía que solían montar guardia a la entrada del túnel vial que pasaba por debajo del río Almendares habían abandonado su puesto. Tal vez los festejos retenían a los residentes en sus casas o apartamentos; o, tal vez, sospechó Ruby, algo muy trascendente había sumido a La Habana en una quietud nada usual.

Ni bien hubo atravesado el umbral de la puerta, Phillips oyó el rugir de los motores de un poderoso DC-4 decolando de Camp Columbia, inmediatamente seguido por otro avión, y luego por un tercero. Irma, la hermana de Ruby, quien vivía con ella por aquel entonces, le dijo que otros aviones habían partido esa noche. Luego llegó un llamado telefónico de Ernestina Otero, una periodista cubana que informaba regularmente desde Camp Columbia.

—¡Se han ido! —gritó en el teléfono —Estoy completamente segura.

Phillips se puso en contacto con la Embajada de los Estados Unidos para confirmar que Batista, Rivero Agüero -el zopenco de su vicepresidente electo —y otros figurones del régimen habían partido a bordo de una escuadrilla de DC-4. En un principio, habían partido rumbo a la Florida, pero luego habían cambiado de ruta y aterrizado en la República Dominicana. Con un ejército desmoralizado completamente derrotado por los rebeldes castristas en más de la mitad del territorio, Batista había realizado esfuerzos desesperados por formar un gobierno provisional encabezado por Carlos M. Piedra, el miembro más antiguo de la Corte Suprema de Justicia, y apoyado por una junta militar compuesta por oficiales leales. Se sentía abandonado por los Estados Unidos y creía que lo único sensato era tratar de salvar su propio pellejo.

Matthews y Nancie despertaron temprano por la mañana; las calles de La Habana Vieja ya se encontraban inundadas de cubanos que, con una mezcla de enojo y alegría, atacaban los parquímetros que se habían convertido en un símbolo odiado del régimen. Luego irrumpieron en los casinos instalados en los grandes hoteles de turismo, incluido el Sevilla Biltmore. Matthews y su esposa observaban mientras la turba saqueaba las mesas de juego. Los disparos resonaban por las calles, y el pandemonio era general. Todavía no estaba claro quién estaba a cargo del país —si es que alguien lo estaba. Los estudiantes radicalizados ocuparon el Palacio Presidencial y juraron resistir a las tropas de Castro que, por otra parte, se encontraban lejos de la ciudad. La junta daba órdenes que nadie escuchaba. Nancie Matthews describió la situación como "un manicomio".

Ruby Phillips envió la historia principal del día, permitiendo que Matthews confirmara los hechos con sus propias fuentes y recogiera opiniones para un artículo destinado a una revista y otros que pensaba escribir, si se lo permitían. A primera hora de la tarde se topó con el Embajador Smith y otros funcionarios de la embajada a las puertas del Palacio. Smith y Matthews intercambiaron miradas recelosas, por cuanto sus respectivas opiniones sobre el caos que los rodeaba no podían ser más diferentes. Matthews recordaba que Smith "le dedicó una débil sonrisa y masculló algo parecido a 'buscar una solución'", que él entendió como el equivalente de buscar el modo de que Castro no ocupara el lugar de Batista.

Smith lo recuerda de otra manera. Dijo que cuando se encontraron por casualidad en la escalinata del Palacio, le dijo a Matthews que él y los embajadores de varios otros países habían ido a ver al General Eulogio Cantillo, el comandante militar de Oriente que había asumido el control de las Fuerzas Armadas de Cuba a la huida de Batista. El propósito de la visita era averiguar si el nuevo régimen se comprometía a proteger las embajadas. Smith intuyó que Matthews no le creía, y esta sospecha se vio confirmada cuando recibió, por teletipo, un mensaje del Departamento de Estado. William A. Wieland, Director del Departamento Caribeño del Buró de Asuntos

Internacionales, deseaba saber si Smith había acudido al Palacio para ofrecer el apoyo de los Estados Unidos a una junta militar que impidiera el ascenso de Castro al poder. Wieland confesó que el rumor le había llegado a través de Matthews. Smith sospechaba que éste y los diplomáticos de carrera del Departamento de Estado, Wieland entre ellos, habían trabado una estrecha amistad, y que ambos deseaban asegurarse de que Washington "no interfiriera si su amigo Fidel Castro asumía el gobierno de Cuba". Matthews negó haber abrigado semejante intención.

A esta altura, el Estado presentaba una brecha descomunal. De un lado quedaban las opiniones de Wieland y otros diplomáticos de carrera; del otro, la Casa Blanca, con los funcionarios cuyos nombramientos respondían a razones políticas. Allen Dulles, Director de la Agencia Central de Inteligencia, creía que los comunistas ya habían infiltrado el Movimiento 26 de Julio y que desempeñarían un papel importante en el gobierno castrista, lo cual ofrecía una excelente razón para mantener a Castro lejos del poder. Una semana antes de la huida de Batista, durante una reunión del Consejo de Seguridad Nacional, Donald A. Quarles (subsecretario de Defensa), declaró sin rodeos que entre Castro y Batista, éste constituía el mal menor. El vicepresidente Richard Nixon sugirió la posibilidad de debilitar a Castro persiguiendo a aquellos de sus simpatizantes que, residiendo en los Estados Unidos, quebrantaran alguna ley, sin importar cuán insignificante fuera la infracción. Sin embargo, y teniendo presente a Matthews y otros periodistas considerados simpatizantes castristas, Nixon advirtió al consejo que las medidas a tomar no debían provocar la ira de la prensa estadounidense.

Ya nada se interponía entre Castro y la victoria. Sus fuerzas abandonaron la Sierra como enjambres a las pocas horas de la desaparición de Batista, tomando el control de la ciudad de Santiago.

"¡Ahora empieza la revolución!", tronó Castro, proclamando a Santiago de Cuba la nueva capital de la isla (aunque cambió de parecer unos años más tarde) y convocando a la huelga general para impedir que los conspiradores militares y civiles usurparan su lugar. Luego inició su lenta marcha triunfal a través del territorio, montado en un tanque o en la parte posterior de un jeep descapotado, pasando a través de frenéticas multitudes de cubanos que se alinearon a lo largo de 500 millas para vitorear al héroe de la Sierra. Matthews trató de tomar un vuelo a la provincia de Oriente para ser el primero en entrevistar a Castro, pero se llevó una amarga sorpresa al darse cuenta que su competidor Jules Dubois, del *Chicago Tribune*, se le había adelantado, volando a Holguín en un Piper Apache fletado desde Miami por sus jefes. Dubois preguntó a Castro si el apoyo que Washington había prestado a Batista durante tanto tiempo había creado en los rebeldes el tipo de resentimiento que no se desvanece fácilmente. En esos primeros momentos, y al calor del triunfo de la revolución, Castro valoró más el tacto que la verdad.

—Si en el pasado he debido tener sumo cuidado con mis palabras —dijo, refiriéndose a algunos comentarios suyos acerca de los Estados Unidos— de hoy en adelante tengo que ser aún más cuidadoso.

En verdad, lo embargaba un fuerte resentimiento hacia los Estados Unidos, que iría empeorando con el tiempo.

El ejército rebelde había puesto un avión a disposición de Matthews, pero se presentaron problemas mecánicos antes de que subiera a bordo, y tuvo que regresar a La Habana. Para cuando logró despegar, ya había perdido horas valiosas, y llegó a Holguín después de que Dubois comenzara su entrevista. En esta ocasión, Matthews no había sido el primero, pero el vuelo que le facilitaron fue el primero de muchos favores que recibiría de Castro. Matthews se consoló con la certeza de que estaba tan cerca de la revolución como cualquier otro reportero estadounidense, pero que sabía más que nadie cómo funcionaba la mente del líder, tal vez con excepción de los jerarcas rebeldes más allegados a Castro.

El *Times* se regocijaba con la cobertura que había hecho del triunfo castrista. El 2 de enero, Catledge le cablegrafió a Ruby Phillips: MAYORES FELICITACIONES POR MARAVILLOSO TRABAJO STOP SEPA ESTARA A CARGO DE LA HISTORIA EN ADELANTE. SALUDOS, CATLEDGE.

Algunos meses después, Phillips obtuvo el Premio de los Editores, equivalente a la modesta suma de cincuenta dólares. La mención rezaba así: "Ruby ha demostrado su valía. En el difícil y arduo trabajo de cubrir la revolución y la contrarrevolución —por lo general, una tarea asignada a los hombres en el ambiente periodístico— Ruby ha probado ser confiable e incansable". No obstante, varios meses antes, sus jefes habían dejado bien sentada la opinión que les merecía. Ella pidió un pequeño aumento en el magro presupuesto asignado a su oficina. La decisión que tomaron se basó en una mirada crítica sobre sus limitaciones como corresponsal. Se habían visto obligados a enviar a Homer Bigart para mantener a raya a Matthews, y buscaban otros corresponsales que ayudaran a cubrir Cuba. No la consideraban una corresponsal hecha y derecha. Sus escritos habían sido severamente censurados por Batista y, después de tantos años en La Habana, había adquirido costumbres inamovibles. Manny Freedman le escribió a Turner Catledge: "Verdaderamente, Ruby no es la mejor escritora del mundo, pero también hay que considerar que es, por lejos, la mejor corresponsal estadounidense residente en Cuba". Cuando Castro tocó tierra en Oriente, los servicios telegráficos de noticias contaban con reporteros en La Habana, pero Phillips era la *única* corresponsal de un destacado periódico estadounidense que residía en Cuba.

En vista de todas las discusiones que se suscitaron entre Matthews y sus jefes a causa de Cuba, él no esperaba que reconocieran el valor de su trabajo. De todos modos, se regocijaba con el triunfo de Castro, puesto que podría decirse que había contribuido a él; una sensación extraordinaria para un periodista acostumbrado simplemente a registrar los acontecimientos. Se sintió algo incómodo cuando, en las primeras semanas del nuevo régimen, hubo un fugaz intento de nombrarlo embajador en Cuba en reemplazo de Smith. Jules Dubois aprobó públicamente su nominación, y Matthews agradeció el gesto, pero admitió que su designación era un imposible. Declaró que no sería un candidato adecuado, "considerando cuánto [se] había involucrado en los hechos".

Luego de la frustración que experimentó al apoyar a los perdedores de la Guerra Civil Española, y su cambio de opinión en el ocaso de la gloria del fascismo, finalmente había elegido el lado ganador en una batalla ideológica. Se hallaba persuadido de que Castro se proponía llevar a Cuba en una dirección social y económica totalmente nueva, y creía que el impacto de la Revolución Cubana sería mucho más duradero que el de la Revolución Mexicana, o que el de cualquier otra revolución posterior a la Revolución Francesa. Lo satisfacía saber que no se había equivocado al juzgar la notable personalidad de Castro; que a pesar de las desventajas, el joven líder rebelde de ojos intensos y barba rala había capturado el corazón y el alma de los jóvenes cubanos, estadounidenses, y del mundo entero. Matthews había defendido sobradamente su propio papel en el engrandecimiento de Castro, y no se disculpaba por ello, ni escondía el orgullo de sus logros. Se había jactado ante sus jefes de que el *Times* había hecho más por Cuba que el mismísimo gobierno de los Estados Unidos, y de que, por intermedio de él, el periódico podía adjudicarse el mérito de haber ayudado a derrocar un régimen sanguinario. Insistía todo el tiempo en que lo que él, Matthews, había conseguido, era el resultado de cumplir con su deber de periodista, particularmente al desbaratar la censura de Batista. Pero no toleraba el sentimentalismo acerca de la objetividad periodística: había seguido las huellas de una gran historia, decidiendo rápidamente a qué lado apoyar. Por medio de las columnas de noticias y de las páginas editoriales del periódico, se había convertido en la única voz estadounidense que Cuba reconocía, y también había ejercido su influencia sobre quienes tomaban las decisiones políticas en Washington.

El sesgo positivo de su cobertura había contribuido a presionar para que Washington suspendiera la venta de armas a Batista. Había alentado a muchos diplomáticos de carrera del Departamento de Estado a que restaran importancia al encono que sentían por Castro hasta que fue demasiado tarde para que pensaran en una salida alternativa. Y a los ojos de cubanos y estadounidenses, había elevado a Castro por encima de sus rivales potenciales, transformándolo en una superestrella política, en el símbolo de la rebelión y desafío a la autoridad propios de la juventud.

Y todo fue una ilusión que no habría de durar mucho.

CAPÍTULO 9

Es posible engañar a una parte de la gente...

Pasados algunos días de la notable entrada de Castro a La Habana, tres de los más poderosos directores de periódicos de los Estados Unidos almorzaron juntos en el legendario restaurante "21" de Nueva York, convocados por George M. Healy Jr., director del *New Orleans Times-Picayune* y presidente de la Sociedad Estadounidense de Directores de Periódicos. Los otros dos comensales eran W. D. Maxwell, del *Chicago Tribune*, y Alicia Patterson, de *Newsday*. Junto con Turner Catledge, del *Times*, integraban la Comisión Programática de la Sociedad, y Healy propuso la reunión para intercambiar ideas y elegir un orador para la reunión anual que se celebraría en abril. Catledge avisó que no asistiría al almuerzo porque se le había declarado un ataque de gota, pero los invitó a visitarlo en su apartamento para seguir discutiendo el tema.

Healy, Maxwell, y Patterson se escurrieron escaleras arriba, hacia el acogedor salón comedor del primer piso. Disfrutaron de un par de martinis y fueron tirando nombres de posibles oradores para la gran reunión que pronto se celebraría. Era el evento más importante del año, y en ocasiones anteriores habían conseguido que presidentes o primeros ministros aceptaran pronunciar un discurso. Alguien sugirió a Harold Macmillan, el Primer Ministro británico del partido conservador, de quien se esperaba un próximo llamado a elecciones, por lo cual podría serle útil la exposición pública que obtendría de un viaje muy publicitado a Nueva York. Era una alternativa obvia y predecible. Entre sorbo y sorbo de sus cócteles, repasaron otros nombres, y luego, casi al unísono, Maxwell y Healy prorrumpieron la misma idea osada: "¿Y si invitáramos a Castro?"

La excitación provocada por el ruidoso desfile de los castristas ingresando a La Habana con su líder a la cabeza todavía no se había borrado de la mente de la mayoría de los estadounidenses que lo habían visto en televisión y fotografías. La imagen de Castro, creada por Herbert Matthews y copiada por la CBS y otras innumerables agencias de noticias, se mantenía muy viva: un joven barbado, empuñando un rifle con mira telescópica, que había hecho temblar al ejército de Batista. En el trasfondo, existía gran preocupación acerca de la infiltración comunista en el movimiento, pero las ideas conservadoras de los miembros del primer gabinete de Castro atemperaban los temores que el nuevo régimen había despertado. Después de todo, el rebelde había puesto a Felipe Pazos al frente del Banco Central, y designado a Rufo López-Fresquet Ministro de Economía, bajo la figura severa del juez Manuel Urrutia, el Presidente elegido por Castro. Así vistos, impresionaban como un equipo sólido, muy similar a las altas jerarquías cubanas con las que Washington había tratado en el pasado. La mayor parte de la prensa hablaba de Castro con una mezcla de respeto y una cierta dosis de temor. Le perdonaban algunas infelices declaraciones, como aquella en la que manifestó que si en algún momento a los Estados Unidos se le ocurría intervenir en Cuba enviando sus *marines*, habría "veinte mil gringos muertos" en las calles. Es claro que luego reconoció que debería haber sido más prudente.

Por otra parte, a Cuba la embargaba la sensación de que se estaba construyendo algo nuevo y totalmente diferente. El camino innovador elegido por Castro no sólo estaba transformando el país sino que, además, daba el ejemplo a los jóvenes del mundo de cómo en efecto era posible producir un cambio, una modificación de las percepciones que comenzaban a cobrar fuerza en los días de rock-and-roll de principios de 1959. Castro todavía no había cumplido treinta y tres años, el Che sólo contaba treinta, y la mayoría de los barbudos que habían tomado por asalto a La Habana bajo su mando eran más jóvenes aún. La paloma blanca que se posó sobre el hombro de Castro mientras éste pronunciaba un discurso ante las multitudes que lo veneraban apuntaba a un símbolo profético, y el líder no se había quitado el amuleto religioso que una anciana le había colocado alrededor del cuello. ¿Cómo podría ser malo?

Maxwell, cuyo periódico había publicado la serie que Matthews escribió en 1957, y que había dedicado mucho espacio a Cuba, se sintió tan atraído por la idea de invitar a Castro a Washington que llamó inmediatamente a Jules Dubois, corresponsal del *Tribune* para América Latina, y le pidió que comenzara las conversaciones con los encargados de la agenda de Fidel. En aquellos días, Castro no desempeñaba cargo público alguno (se convirtió en Primer Ministro en febrero) y, según la Constitución, no tenía edad suficiente para ocupar la Presidencia. Aunque estaba claro que gobernaba a Cuba, los directores pensaron que podían invitarlo en su calidad de héroe revolucionario, sin preocuparse por el protocolo diplomático.

Al acabar el almuerzo, se trasladaron al apartamento de Catledge, situado en Manhattan, en la calle 81. Patterson no los acompañó porque su esposo, Harry Guggenheim, Director General de *Newsday*, había sido embajador de los Estados Unidos en Cuba entre 1929 y 1933, durante la presidencia de Hoover, y quizás no aprobara la idea. Pero a Maxwell y Healy les fascinaba la idea. Catledge les sirvió bebidas, y con tono excitado le revelaron el tema de la conversación que habían sostenido. Apenas si habían terminado de instalarse cómodamente para continuarla cuando sonó el teléfono. Era Dubois, llamando desde Cuba. Les dijo que a los cubanos les había gustado la idea, y que Castro deseaba viajar a Washington.

Catledge se percató de que dentro del *Times* había disenso respecto del doble papel que jugaba Matthews, escribiendo editoriales y reportajes, y sabía que Theodore Bernstein y otros periodistas sentían que Matthews había contaminado su cobertura de Cuba. Ya se le atribuía al periódico el haber contribuido a la derrota de Batista. Años más tarde, en sus memorias, Catledge describió a Matthews como a "un brillante corresponsal extranjero, uno de los más brillantes en la historia del *Times*." Pero en el momento de la reunión, él también había perdido confianza en la capacidad de Matthews para relatar la historia de Cuba con objetividad. Catledge había estado de acuerdo en mantener los escritos de Matthews alejados de las columnas de noticias, y no pensaba que le fuera a costar mucho mantenerlo apartado de Castro si el líder asistía al encuentro anual a celebrarse en Washington.

Lo que no se le ocurrió fue lo que la venida de Castro significaba para Matthews y para el periódico. Tampoco podía adivinar que la historia de Cuba iba a tomar un giro inesperado que pondría en cuestión muchas de las opiniones vertidas sobre Castro, Cuba, y los Estados Unidos.

Menos de dos semanas después de la huida de Batista al exilio, el *Times* publicó una primera Carta de Lectores en la que se denunciaban ejecuciones de cubanos anticastristas: "En términos generales, la victoria de Castro en Cuba fue aclamada como un triunfo del liberalismo y la democracia por sobre la dictadura y el totalitarismo", decía un lector de Nueva York, "No obstante, me produce desazón leer en los periódicos que los rebeldes victoriosos arrastran a centenares de personas, hombres y mujeres, ante pelotones de fusilamiento luego de condenarlos en un juicio sumarísimo que dura unos pocos minutos". Ese mismo día, Ruby Phillips escribió una historia de primera plana en la cual, por primera vez, utilizó la expresión 'baños de sangre' en su descripción de lo que ocurría en Cuba como consecuencia de la victoria rebelde. Wayne Morse,

Senador por el estado de Oregon, había condenado las ejecuciones sumarias en un iracundo discurso pronunciado en el Senado, haciendo un llamamiento a Castro y demás líderes cubanos para que cesaran los 'baños de sangre'.

Había pelotones de fusilamiento distribuidos en toda la isla. La turba coreaba "¡[Al] paredón!", y la brutalidad del grito resonaba de un confín a otro de Cuba. Castro argumentaba que se trataba de cumplir una promesa personal de vengar la muerte de las miles de víctimas torturadas y asesinadas por la dictadura; así, el mejor modo de evitar exigencias de venganza más sangrientas todavía consistía en administrar justicia rápidamente a unos pocos cientos de los secuaces de Batista que habían llevado a cabo el trabajo sucio del régimen. Estaba tan seguro de hallarse en lo cierto que invitó a periodistas locales y extranjeros al estadio de La Habana donde la revolución ajusticiaba a los acusados. Su convicción acerca de la culpa de los seguidores de Batista en los crímenes de los cuales se les acusaba era tan firme que no había necesidad de perder tiempo con formalidades judiciales, jueces civiles, ni abogados defensores. Los acusadores —viudas, padres y madres acongojados, inclusive niños que habían caminado sobre la sangre de sus parientes asesinados— se acercaban a los oficiales de policía y a los altos jefes militares, otrora dueños del poder, que habían tratado de sofocar la insurrección, los señalaban con el dedo, y decían:

—Sí, fue éste.

Y entonces los así marcados eran arrastrados frente a un paredón y fusilados en el acto. Castro lo llamaba "Operación Verdad".

Pero en esta ocasión su dominio de la propaganda y de la imagen le falló. La reacción de los estadounidenses ante las ejecuciones no fue en absoluto lo que él esperaba. Los primeros informes escandalizaron y enojaron a muchos y, como si alguien hubiera girado una perilla, gran parte de la cobertura de la revolución cubana dejó de ser benévola y complaciente para tornarse condenatoria. La "luna de miel" duró sólo breves semanas, y fue reemplazada por una marea de recriminaciones, sospechas, y condenas que creció hasta convertirse en una riada. Las ejecuciones no fueron sino un aspecto de una historia mucho más compleja. Dado que casi todos sus rivales habían sido asesinados o neutralizados, a Castro le costó mucho menos acaparar todo el poder sin tener que compartirlo con otros grupos opositores. El partido comunista, que llegó muy tarde en su apoyo, comenzó a desempeñar un papel más activo en el nuevo gobierno, mientras continuaban aumentando las sospechas acerca de los lazos que unían a Raúl Castro y al Che Guevara con el comunismo. Aunque declaraba públicamente que no deseaba el poder para sí, Castro ejercía el control absoluto sobre las decisiones, y rechazaba la idea de un llamamiento a elecciones en el futuro cercano.

Un Castro furioso arremetió contra los estadounidenses que criticaban las ejecuciones. Sus palabras sonaban más radicalizadas y anti-estadounidenses que nunca. Su imagen pública denotaba cambios. Las caricaturas ya no lo mostraban como a un mesías, sino que las publicaciones conservadores lo presentaban bajo la faz de un bárbaro temerario que conducía al paraíso corrupto que era Cuba directamente al borde del abismo. Matthews fue uno de los pocos escritores que no lo abandonó, sino que trató de enmarcar las ejecuciones en el contexto de la revolución. No estaba a favor de la matanza, pero creía comprender el punto de vista de Castro, y opinaba que, bajo las circunstancias, no era errado creer que efectivamente, las ejecuciones impedían mayores derramamientos de sangre, aún cuando no satisfacían los criterios de la jurisprudencia occidental. Durante una de sus frecuentes visitas a Cuba en el transcurso de 1959, intentó cablegrafiar un editorial a Nueva York, explicando, no justificando, la lógica de los juicios sumarios. Escribió que si las masas no percibían que se estaba vengando a los muertos, ejercerían la justicia por mano propia, tal cual sucedió cuando el dictador Machado fue derrocado en Cuba en 1933. A pocos días de su remoción del Palacio Presidencial, la turba había linchado a más de mil de sus partidarios y saqueado los hogares de cientos de sus simpatizantes.

El editorial de Matthews se hacía eco de las palabras del propio Castro. El periódico lo rechazó porque parecía disculpar la metodología sangrienta de la justicia castrista y podía parecer que el *Times* aprobaba estas muertes. Matthews quedó atónito. Era la primera vez que no le publicaban un editorial, pero no sería la última.

Matthews se las compuso para dar forma a sus opiniones sobre las ejecuciones en un artículo de noticias que apareció el 18 de enero, a menos de dos semanas de la entrada de Castro en La Habana. El escrito analizaba la situación desde el ángulo cubano; mucho tiempo después, habría de alegar que era la perspectiva faltante en la mayoría de la cobertura de la revolución hecha por los Estados Unidos. Pero al contrario de lo que se había propuesto, muchos de sus detractores no vieron este enfoque como una muestra de empatía, sino como una franca simpatía por Castro y su revolución. Luego de explicar que, a los ojos de los cubanos, Castro era "el héroe más grande de la historia", pasaba a desmenuzar el razonamiento que subyacía a las ejecuciones que causaban reacciones tan adversas en los Estados Unidos: "En primer término, el gobierno provisional advirtió que era necesario hacer justicia y, en segundo término, que si las autoridades no administraban justicia de manera ordenada, el pueblo iba a ejercer la ley del linchamiento, en cuyo caso se llevarían a cabo también venganzas personales y caerían víctimas inocentes". Manifestó que los cubanos apoyaban a Castro en un 100 por ciento respecto de este punto, y que condenar al líder equivalía a condenar al pueblo.

Ese mismo día, el periódico publicó un editorial sin firma. No era obra de Matthews, aunque se mencionaba su nombre: "Vimos con beneplácito el éxito del movimiento conducido por el dedicado Fidel Castro, a quien casi dos años atrás, en este mismo periódico, Herbert L. Matthews describió como el representante de 'una nueva política para Cuba, radical, democrática, y, por ende, anti-comunista". El editorial se esmeraba en atribuirle a Matthews y no al periódico la conclusión de la supuesta distancia que mediaba entre Castro y el comunismo. Criticaba sin subterfugios al Senador Morse por excederse al usar expresiones como 'baños de sangre' y por pedir sanciones contra Cuba, al tiempo que instaba a Castro a moderar su posición extremista: "Quisiéramos apelar al sentido de patriotismo del Dr. Castro y de sus seguidores. Quisiéramos pedirles que, lejos de permitir que los carniceros y torturadores gocen de la libertad, sean sometidos a juicio de acuerdo con los procedimientos ordinarios de la justicia civil".

Sin embargo, los verdaderos sentimientos de Matthews en los principios de la Revolución Cubana se hallaban mucho más cerca del rumbo elegido de lo que dejaban ver su artículo y su editorial sobre las ejecuciones. En las notas que preparó para una charla que ofreció alrededor de esa época, tomando todas las precauciones para señalar que hablaba en su propio nombre y no en representación del *Times*, describió a Cuba como "el país más feliz del mundo", una nación renacida, con un gobierno formado por hombres honestos y conservadores en lugar de "una horda de rebeldes salvajes y sedientos de sangre". Las notas continuaban así:

> En mi época, los periodistas estadounidenses habrían simpatizado —y no estoy hablando de una cobertura subjetiva— con un hombre como Fidel Castro y un pueblo como el cubano. Sin importar lo que hoy se diga en este país, por

haber realizado una hazaña grande, noble, y heroica, merecen un mejor destino.

Las notas demuestran claramente que, en opinión de Matthews, Cuba era la repetición del proceso de España: una lucha heroica por la libertad y en contra del fascismo. Tanto la Guerra Civil Española como la revolución cubana constituían esfuerzos apasionados de pueblos oprimidos dispuestos a morir en defensa de su libertad. La gran diferencia residía en que, en esta ocasión, él había elegido el lado de los ganadores. No había cambiado gran cosa desde la década de los treinta, cuando se inclinaba por los leales y sentía que sus informes describían los hechos con objetividad, batalla tras batalla, sin permitir que sus simpatías se colaran en su escritura. Sin embargo, Matthews siempre tuvo un punto ciego, pues jamás se percató de que el tomar partido podía sesgar sus artículos, especialmente después de que comenzó a redactar editoriales y se vio obligado a hacer precisamente eso; es decir, a tomar partido. Pero se esperaba que los editorialistas reflejaran las opiniones del periódico y no las propias, como se le recordó a Matthews en la ocasión en que su editorial sobre los pelotones de fusilamiento fue rechazado.

Obstinado y seguro de sí mismo, Matthews criticaba abiertamente a otros periodistas por su incomprensión de la historia de Cuba, a la par que insistía que su propia interpretación había sido correcta en un ciento por ciento desde el inicio. Terminó por aislarse de la mayoría de sus colegas a causa de la insistencia con la que repetía que el manejo que la prensa estadounidense hacía del caso cubano era "el peor ejemplo de trabajo periodístico" que había presenciado en su larga carrera. Creía, asimismo, que este enfoque equivocado había provocado un malentendido colosal entre los Estados Unidos y Cuba, envenenando las relaciones entre ambos países. Cada vez que la prensa estadounidense hacía mención de los baños de sangre, las respuestas de Castro se volvían más corrosivas, lo cual a su vez desencadenaba otra ronda de críticas en los medios. Matthews observó la construcción de un patrón peligroso: "Se ha puesto en marcha un círculo vicioso de recriminaciones y contra recriminaciones —y pronto, de acción y reacción— que no acabará jamás".

Se produjeron muchos cambios en el tiempo transcurrido entre el almuerzo compartido por los periodistas en el "21" y el día en el que Castro y su comitiva aterrizaron en el Aeropuerto Nacional de Washington, donde lo esperaban funcionarios preparados para una visita que no deseaban ni habían propuesto. El Departamento de Estado se había apresurado a reconocer formalmente la legitimidad del nuevo gobierno provisional cubano antes de que Castro siquiera llegara a La Habana el 8 de enero. Pero luego comenzaron las ejecuciones, y junto con ellas, los padecimientos del Departamento de Estado. Quedaba demostrada la naturaleza impredecible de Castro, y hacía falta más tiempo para descubrir cuáles eran sus planes. Lo último que necesitaban era que la Sociedad Estadounidense de Directores de Periódicos lo invitaran a viajar a los Estados Unidos en medio de una situación tan inestable. La invitación era prematura y acorralaba al Estado, que debería cuidarse de no ofenderlo, sin por ello ofrecer demasiadas concesiones que más tarde podrían causar dificultades. Tratar de decidir qué hacer con el barbado joven rebelde ya era bastante difícil de por sí sin la inoportuna invitación de los directores. No obstante, los periódicos habían constituido el campo de batalla de esta revolución desde el principio, y este hecho no podía modificarse.

Claramente, el Departamento de Estado no quería dar al viaje de Castro la categoría de una visita oficial. Si hubiera pasado por los canales diplomáticos, tal vez podrían haberse limado las asperezas, y se habría acordado una agenda antes de su arribo. También habría habido más tiempo para juzgar la composición del nuevo gobierno, y negociar objetivos y demandas lejos de la mirada del público, en vez de tener que improvisar los contactos con los visitantes mientras éstos se encontraban en la ciudad o, peor aún, verlo todo expuesto en los periódicos. Pero el caso se reducía a que no era el momento oportuno; la visita se había acordado de modo excesivamente apresurado, y no podía haber peor modo de empezar una relación con un nuevo gobierno, especialmente con un gobierno que, como éste, había llegado al poder a punta de pistola. Christian A. Herter, Secretario Interino de Estado, quien pronto reemplazaría de manera definitiva a John Foster Dulles, gravemente enfermo, recibió a Castro a su llegada a Washington en abril y organizó para él un almuerzo en el cual Herter mismo ofició de anfitrión. El Presidente Eisenhower desconfiaba de Castro y se oponía a su visita. Por otra parte, le resultaba incomprensible por qué Castro había aceptado la invitación de los directores de periódicos sin siquiera enviar un telegrama de notificación al Departamento de Estado.

Durante la reunión del Consejo de Seguridad Nacional celebrado en marzo, el Presidente sugirió que, simple y llanamente, se le negara la visa al cubano. No cabía duda de que las ejecuciones y sus declaraciones contra los Estados Unidos constituían razón suficiente para no permitirle el ingreso al país. Herter lo convenció de que abrir hostilidades abiertamente causaría problemas mayores de los que eventualmente pudiera resolver; entonces, Eisenhower abandonó la idea y se mostró dispuesto a reunirse con Castro si ello era necesario, aunque la perspectiva le desagradaba. Pero no hubo ocasión para tal encuentro, porque cuando Castro llegó a Washington, rodeado de su estrambótico equipo de colaboradores, compuesto por economistas conservadores y guardaespaldas de mirada salvaje, el Presidente de los Estados Unidos se encontraba jugando golf en Augusta, Georgia.

Se acordó que, en representación de Eisenhower, el Vicepresidente Richard. M. Nixon sostendría una reunión informal con Castro en su casa de fin de semana, a la que el cubano sería invitado. A último momento, hubo un cambio de planes, y Nixon pasó dos horas con Castro en la oficina del vicepresidente del Senado. Un miembro de la comitiva cubana describió la reunión como "un desastre total". La idea que Nixon se formó de Castro denunciaba sentimientos encontrados, pero a pesar de sus reservas vio en el joven líder algunos de los rasgos de carácter que Matthews había descrito tan a menudo en sus artículos.

En la versión preliminar del informe de su encuentro con Castro, Nixon escribió: "De una cosa podemos estar completamente seguros, y es de que posee esas cualidades indefinibles que son propias de un líder". En gran medida, la evaluación de Nixon acerca de la ideología comunista de Castro coincidía con la opinión de Matthews: "O es de una ingenuidad increíble respecto del comunismo, u obedece la disciplina comunista. Me inclino a creer que se trata de lo primero y, como ya he indicado, sus ideas acerca de cómo manejar un gobierno o una economía se encuentran mucho menos desarrolladas que las de cualquiera de los dignatarios mundiales que he conocido en unos cincuenta países". Finalmente, Nixon arribó a una conclusión que perfectamente pudo haber sido tomada de uno de los editoriales escritos por Matthews sobre las relaciones entre Cuba y los Estados Unidos en 1959: "Pero como posee el poder de liderazgo al cual ya he hecho referencia, no nos queda otra alternativa que tratar de encausarlo en la dirección correcta".

Durante la reunión, Nixon le mostró a Castro archivos secretos que justificaban la creencia de que ciertos funcionarios de su gobierno estaban vinculados al comunismo, y también le expresó su preocupación por las ejecuciones sumarias. Con el paso del tiempo, la opinión de Nixon sobre Castro viró en sentido negativo, y en una ocasión posterior sugirió al Presidente la necesidad de desarrollar un enérgico plan que asegurara el derrocamiento de Castro. El trabajo preliminar realizado a este respecto por el gobierno de Eisenhower sentó las bases de la invasión de Bahía de Cochinos, implementada dos años después.

Prácticamente desde el momento de su llegada a Washington, Castro fue interrogado acerca de la presencia de presuntos comunistas en su gobierno. Él siempre negó toda conexión con el sistema. Ante las mil quinientas personas que asistieron al la reunión anual de los directores de periódicos, aseguró: "He manifestado con total claridad que no somos comunistas". Para la realización del evento, se habían tomado precauciones especiales en el Hotel Statler-Hilton, sede de la convención, pues grupos anticomunistas que no confiaban en Castro, unidos a seguidores de Batista, que lo odiaban, lo habían amenazado de muerte y cubierto la ciudad con panfletos agresivos. Unos instantes antes de que Castro se sentara a almorzar, un camarero cambió los platos que tenía enfrente, y reemplazó la mantequilla, el pan, y el agua por otros recién traídos. Hubo que cocinar su plato principal separado del resto. La reunión estaba protegida por medidas extremas de seguridad, incluyendo agentes de la policía distribuidos por el salón comedor. Castro también se había hecho acompañar por su propia custodia, los guardaespaldas barbados que no le perdían pisada, al punto de destrozar un micrófono en la sala de baile del hotel donde estaba previsto que pronunciara su discurso a fin de asegurarse de que no hubiera explosivos ocultos en su interior.

Luego de dirigirse a la audiencia, Castro aceptó responder algunas preguntas. Se mostró cortés, divertido, y directo, especialmente cuando hablaba en un inglés claramente forzado. Expresó que, a pesar de haber traído consigo a sus principales asesores económicos, no había venido a Washington a solicitar dinero, ni Cuba había presentado pedido formal alguno de ayuda económica ante la Unión Soviética ni otros países. En respuesta a otra pregunta, declaró que, sin sombra de duda, había recibido de Washington todo lo que esperaba. La exposición de Rufo López-Fresquet, el recientemente designado Ministro de Finanzas, fue inclusive mucho más tranquilizadora en su puntualización de los propósitos de la visita y de la revolución que se desarrollaba en Cuba. Explicó que la reforma agrícola sólo contemplaba las tierras que no evidenciaban un uso eficiente. Negó los rumores que afirmaban que el nuevo gobierno pensaba lanzarse a confiscar la propiedad privada, y dijo que todavía no existían decisiones acerca de cómo manejar las grandes extensiones de tierra pertenecientes a ciudadanos estadounidenses.

Con gran disgusto del Departamento de Estado, Castro extendió el itinerario de su viaje mucho más allá de la acotada reunión con la asociación de prensa. Luego de cinco días en Washington, abordó un tren en dirección al norte, y descendió en Princeton, New Jersey, para luego seguir camino hacia la ciudad de Nueva York, donde fue aclamado por las multitudes más numerosas y alborotadas de todo el recorrido. Alrededor de dos mil personas, muchas de ellas agitando banderas cubanas, formaron filas a las puertas de la estación de Pennsylvania a las once de la mañana, hora de llegada del tren. Las ejecuciones no les preocupaban, y continuaban considerando que Castro era un héroe. A la policía le resultó difícil mantener el orden. Dondequiera que se moviera dentro de Nueva York, Castro atraía grandes multitudes, y la Universidad de Columbia no constituyó una excepción. Allí dirigió sus palabras a estudiantes y simpatizantes que lo veían como el hombre que había derrotado al dictador, y eso contribuía a que pasaran por alto o encontraran excusas plausibles para sus otras acciones, menos inteligentes.

Matthews había prestado su ayuda para organizar una visita a las instalaciones del *New York Times* y, aunque el Departamento de Estado no fue informado de los pormenores de la visita de Castro hasta su llegada, Raúl Roa, embajador de Cuba ante los Estados Unidos, pidió visitar personalmente las oficinas para poder agradecer el papel que el periódico había desempeñado en el proceso revolucionario. Arthur Hays Sulzberger estuvo de acuerdo en recibirlo, y se abocó a hacer los arreglos correspondientes para una visita discreta. El arribo de Castro estaba previsto para las 5:30 de la tarde, según un memo que el Director General hizo circular por los diversos departamentos, con la salvedad de que "Se servirán café y cigarros, pero *no* bebidas alcohólicas", como si temiera que los cubanos, achispados por el alcohol, fuesen a derribar las vitrinas donde se guardaban los trofeos. La reunión se desarrolló afablemente. Castro agradeció efusivamente a Sulzberger y a varios directores, y también dedicó elogios a Matthews:

—Sin su ayuda —dijo, señalándolo con la cabeza —y sin el apoyo del *New York Times*, la revolución de Cuba no habría sido posible.

Por mucho que los elogios de Fidel a Matthews pudieron haber herido la susceptibilidad del Director General y los directores del *Times*, no fue nada comparado con el malestar que les produjo el discurso de Castro ante el Club de la Prensa Extranjera, otro evento en cuya organización también intervino Matthews. Fue un almuerzo amistoso y amable, realizado en el Hotel Sheraton-Astor House de Nueva York; el menú consistió de un consomé que llamaron "26 de Julio" y de un plato cubano tradicional: arroz con pollo. Por primera vez, en este ambiente relajado, Castro dejó ver otro aspecto desagradable de su complicada personalidad, atacando a quienes supuestamente consideraba sus amigos. En presencia de las altas jerarquías que representaban a los medios, entre quienes sin duda se encontraban varios de los más acérrimos detractores de Matthews, declaró que los iba a hacer partícipes de un pequeño secreto. Matthews recordaba que las palabras que siguieron estaban iluminadas "por un leve brillo malicioso en su mirada [la de Castro]", mientras ponía en ridículo a quien sólo unos días antes, en la Embajada de Cuba en Washington, había entregado una medalla con la inscripción "Misión de prensa en la Sierra Maestra: a nuestro amigo estadounidense Herbert Matthews, con gratitud. Fidel Castro".

Lo que Castro reveló durante el almuerzo fue que, en el momento de la entrevista en la Sierra, sólo tenía dieciocho hombres armados bajo su mando, en lugar de las "columnas de cuarenta" que Matthews había descrito en su primer artículo. Explicó que había ordenado a sus hombres desfilar repetidas veces para inducir a Matthews a creer que el ejército rebelde estaba compuesto por numerosos partisanos. "Es posible engañar a una parte de la gente...", dijo, intentando repetir la famosa frase de Lincoln, pero enredándose con las palabras*, de modo que no logró completar el dicho luego de varios intentos frustrados, y terminó comentando: "Bueno, ustedes me entienden".

Aunque el relato que Castro hizo ese día poseía visos revisionistas, dio principio a una leyenda que se transformó en una suerte de maldición que persiguió a Matthews por el resto de su vida, y que perdura aun después de su muerte. Se ajustaba perfectamente a una costumbre predilecta de Castro, consistente en moldear el mito para adaptarlo a sus propósitos según las circunstancias. En años posteriores, y a fin de construir la leyenda de los combatientes de la Sierra, su gobierno minimizó, oscureció, u ocultó por completo los esfuerzos de sus competidores —la resistencia estudiantil y de otros insubordinados pertenecientes a los movimientos clandestinos

---

* "You can fool some of the people all of the time, and you can fool all of the people some of the time, but you can't fool all of the people all of the time". La frase equivale a "Es posible engañar a parte de la gente todo el tiempo, y a toda la gente parte del tiempo, pero no se puede engañar a toda la gente todo el tiempo" [N. de la T.]

urbanos— que habían luchado contra Batista. Al referir esta 'anécdota' frente a los medios neoyorquinos, Castro inventó otra parte de la leyenda, mientras que a Matthews no le quedó otra alternativa que permanecer sentado, en silencio, y observar cómo sus colegas reían entre dientes, regodeándose en el mal trago que atravesaba.

En años posteriores, Matthews reconoció que había cometido un error en su apreciación del número de hombres que acompañaban a Castro, pero jamás admitió haber sido tan ingenuo como para dejarse engañar por una estratagema tan burda como la descrita por Castro en esta ocasión. Además, existen razones para creer que éste había alterado la historia para adornar su propio mito. Poniendo en ridículo a uno de los periodistas más importantes de los Estados Unidos, Castro demostró su capacidad de poner en ridículo al país mismo. Sin embargo, el encuentro en la Sierra Maestra no ocurrió del modo en que él lo describió entonces. Matthews había recibido información confiable de que Castro conducía más de una columna, y fue esa información, proveniente de sus fuentes, antes que cualquier treta de Castro, lo que lo llevó a sobredimensionar los números. Ninguno de los relatos de la época, narrados por testigos presenciales, hablan de rebeldes marchando repetidas veces alrededor de Matthews. Su error fue no aclarar que aunque obtuvo el número de tropas a través de fuentes independientes, no pudo confirmarlo con sus propios ojos—que es lo que hizo Homer Bigart al concluir su visita en 1958.

***

Durante la visita de Castro a Nueva York, Matthews actuó como su guía y asesor, poniéndose a su disposición tres veces en la semana. Fue una gira memorable por los Estados Unidos, aunque no carente de complicaciones. Castro fue recibido con entusiasmo en todas partes menos en la Casa Blanca. La cobertura de su estadía exhibió el mismo clima de excitación que la de la primera visita de los Beatles algunos años antes. Los periódicos informaban sobre sus actividades y la televisión las mostraba. Concedió una entrevista a Edgard R. Murrow en pijamas. Sus agentes de prensa pensaban que se vería demasiado agresivo vistiendo su uniforme militar en el programa, pero con tan poca anticipación, no encontraron un traje y una camisa que le sentara. También fue invitado a *The Ed Sullivan Show*. En el programa de televisión *Meet the Press*, se le hicieron preguntas tendenciosas acerca de los lazos que unían a su hermano con el partido comunista, y sobre los intentos de infiltración comunista en el nuevo gobierno. Castro miró de frente a la cámara y respondió, en un inglés vacilante y poco fluido, que no había comunistas en su gobierno: "He leído alguna lista donde no dudo que lo dice [que hay comunistas en el gobierno cubano]. Si esto continúa —lo de descubrir comunistas en nuestro gobierno— Adán y Eva también van a resultar ser comunistas..."

A pesar de que estas acusaciones se lanzaban a tambor batiente, Castro mismo —al menos en público— se mostraba indeciso respecto del comunismo y también de los Estados Unidos. Nadie, ni siquiera Matthews, el más cercano a él, ni los mismísimos miembros de su gabinete (Pazos y López-Fresquet) sabía con certeza qué pasaba por su mente. Los documentos clasificados de los archivos soviéticos sugieren la posibilidad de que, mientras Castro declaraba en los Estados Unidos que no se hallaba vinculado al comunismo, recibió un llamado de su hermano Raúl en el que éste le comunicaba que los rusos habían respondido favorablemente a su solicitud de ayuda, accediendo a enviar a Cuba instructores militares con dominio del español. Esta fue la primera señal de que los líderes soviéticos comprendieron la oportunidad estratégica que se les presentaba en Cuba para actuar dentro del hemisferio occidental.

Poco antes de partir de Nueva York, Castro mantuvo un último contacto indirecto con Matthews. Dos de las mujeres cubanas que integraban su comitiva concurrieron al apartamento del Upper East Side donde residían Matthews y su esposa. Parecía tratarse de una visita social, pero en realidad deseaban hacerle saber cuánto le preocupaba a Castro la incesante mención del comunismo asociado a su gobierno. Las cubanas le aseguraron que la cuestión de la influencia comunista sería resuelta de una vez y para siempre en cuanto Castro regresara a Cuba. En un memo dirigido al Director General del *New York Times*, Matthews retransmitió el mensaje de Castro:

> Fidel afirma que se da cuenta de que debe deshacerse de los indeseables que se han infiltrado en puestos de poca importancia. Se propone limpiar el Ejército de Rojos. Le preocupa mucho la importancia de mantener buenas relaciones con los Estados Unidos. Por lo que atañe al viaje, tanto su sensación como la de su entorno es altamente positiva; todos se sienten satisfechos. Preguntó mi opinión sobre el tema, y le respondí que, en mi impresión, había sido un éxito.

También le recordó al Director General el grado de involucramiento del periódico en la situación de Cuba:

> Para finalizar, quisiera insistir sobre lo que todos ustedes deben haber notado; me refiero a la juventud de Fidel y lo que ello implica. Verdaderamente necesita consejo, orientación, y crítica constructiva de aquellos que considera sus amigos, como el *New York Times*. Como ya he dicho, creo que estamos en condiciones de prestar un importante servicio a los Estados Unidos y a Cuba si mantenemos una actitud comprensiva en nuestra crítica de lo que consideramos impropio y elogiamos lo que consideramos bueno.

Para Castro, la gira relámpago de dos semanas organizada por una empresa estadounidense de relaciones públicas y que incluía visitas a Canadá y América del Sur, significó una época de bonanza desde el punto de vista de la propaganda. Paseó su encanto personal por gran parte del hemisferio, y fue especialmente exitoso con la juventud, que admiraba su rebeldía. El historiador Arthur M. Schlesinger Jr. capturó la magia de la contracultura provocada por su presencia en un estadio repleto de estudiantes de Harvard, y escribió: "Pienso que veían en él al amante del jazz que, en plena era del Hombre de la Organización*, había desafiado alegremente el sistema, convocando a unos cuantos amigos y derrocando a un gobierno de viejos malvados". Era la misma temática de la rebelión de la juventud descrita por Matthews en 1957, en su primer artículo sobre Castro.

La popularidad de Castro, comparable a la de una estrella de rock, perturbaba a Philip Bonsal, quien ocupó el cargo de Embajador de los Estados Unidos en Cuba menos de una semana después del reconocimiento oficial del nuevo régimen. Lamentaba que el viaje de Castro se hubiera traducido en una oportunidad desperdiciada, culpando en parte a los directores de periódicos que lo gestaron durante el almuerzo en el "21". En su opinión, habían cometido un grave error al invitar a Castro en ese momento. Habría sido mucho más provechosa una visita oficial una vez que el nuevo gobierno

---

* Esta traductora entiende que se refiere a un concepto desarrollado por William H. Whyte en 1956. Dicho brevemente, describe la entrega del hombre a las necesidades de las empresas y corporaciones, dejando de lado casi por completo sus intereses personales para entregarse en alma y vida a "La Organización".

cubano hubiera tenido tiempo de adaptarse a sus funciones. Ello habría permitido una mejor planificación, mejorando las posibilidades de que Eisenhower viajara a su vez a Cuba. Así se habría favorecido la oportunidad de restablecer los lazos históricos que unían a ambas naciones, abriendo un nuevo capítulo en los íntimos lazos de su historia compartida. "Pero hacía falta tiempo para que se concretaran visitas mutuas con tales características cuando los periódicos formularon la invitación sin consultar a ningún funcionario responsable, según tengo entendido", escribió Bonsal. Durante largo tiempo, la oportunidad desperdiciada se convirtió en una obsesión para él y otros elementos del gobierno en Washington.

Las confusiones suscitadas por Castro y sus ambiciones se equiparaban a las interpretaciones contradictorias de la revolución publicadas por el *New York Times*. Toda vez que Ruby Phillips y Herbert Matthews enviaban informes sobre un mismo hecho, solían arribar a conclusiones totalmente diferentes. Parecían haber tomado posiciones opuestas en el marco de la lucha revolucionaria, lo cual intensificó la animosidad que se profesaban. Con el tiempo, la enemistad entre ambos invadió las páginas del periódico.

A pesar de la similitud de sus antecedentes, el enfrentamiento llegó a ser inevitable. Matthews y Phillips tenían aproximadamente la misma edad, pero miraban al mundo a con ojos diferentes. Mathews era un hombre cortés, mundano, y de una enorme cultura abrevada en sesudas lecturas; tenía el porte del decano de una universidad o de un diplomático del Departamento de Estado con su típico traje a rayas. Fumaba en pipa, citaba a Dante, y gozaba de la amistad de Ernest Hemingway y del filósofo italiano Benedetto Croce. Escribía con soltura, y de su pluma habían surgido varios libros; era, además, un reportero diligente, siempre dispuesto a dirigirse adonde fuera para obtener una historia. Desde que había regresado del servicio militar cumplido en la Primera Guerra Mundial y obtenido su título universitario en Columbia en 1922, había trabajado para un único empleador, el *New York Times*, ascendiendo desde el puesto de estenógrafo al de corresponsal distinguido y editorialista.

La larga carrera periodística de Phillips también se había desarrollado exclusivamente al servicio del *Times*. Pero en su caso, la conexión se debía más bien a una concatenación de casualidades que incluían el deceso de su esposo. Ruby era oriunda de Oklahoma; una muchacha pura piel y huesos criada en un área rural. Al igual que Matthews, tenía la edad del siglo —ambos habían nacido en

1900— y su espíritu era tan indómito como la frontera donde creció. Su padre, John Hart, compraba y vendía ganado, y fue el último espíritu errante de una familia de pioneros que, siguiendo los pasos de Daniel Boone, se estableció en Tennessee. A los cuatro años, Ruby poseía un caballo propio, y antes de llegar a la adolescencia ya ayudaba a su padre en la compraventa de equinos y vacunos. Su escolarización pasó por media docena de lugares en Oklahoma, Texas, y Nueva México, hasta que en este estado se inscribió en la Universidad de Las Vegas. Creyó que su vocación residía en la docencia, pero no llegó a graduarse, y recomenzó en una escuela de negocios en Dallas, donde adquirió las habilidades básicas de una secretaria. Saltó de un empleo a otro, pasando por una compañía maderera, un almacén mayorista, y una empresa automotriz antes de decidir que debía abandonar el sudoeste del país. Así, se marchó a Cuba, donde consiguió empleo en Westinghouse Electric.

En La Habana conoció a James Doyle Phillips, otro expatriado estadounidense. Se casó con él, y lo ayudó a instalar un pequeño local que ofrecía estenografía, mimeografía, y otros servicios para actividades comerciales. En 1931, cuando los estudiantes de la Universidad de La Habana intensificaron su resistencia al Presidente Machado, James Phillips comenzó a enviar información al *New York Times*, y más adelante fue contratado como corresponsal residente. Ruby representaba al Times World Wide Photographic Service y trabajaba en estrecha colaboración con su esposo, lo que le permitió aprender el abecé del periodismo.

Cuando en 1937 James Phillips falleció en un accidente automovilístico en los Estados Unidos, el *New York Times* se sintió en la obligación de permitir que Ruby tomara su lugar, aunque a los directores les preocupaba la calidad de su capacidad periodística. Al cabo de algunos meses, Nueva York se percató de sus limitaciones. En una nota dirigida a Edwin James, Jefe de Redacción, uno de los directores manifestó: "No ha enviado mucho material últimamente, lo cual indica buen juicio, ya que no hubo abundancia de noticias interesantes para los lectores de Nueva York. Respecto de lo que envió, su trabajo y criterio fueron buenos. Por supuesto, como tú has señalado, no podemos saber hasta qué punto tendrá éxito cuando vuelva a presentarse una situación crítica. Si nos interesa que escriba en tales circunstancias ya es cuestión aparte".

Phillips se encontraba en la rara situación de ser una corresponsal femenina en la época en que casi todo el equipo de corresponsales extranjeros del *Times* y demás periódicos se componía de hombres.

Su firma —R. Hart Phillips— ocultaba tan bien su verdadera identidad que, inclusive en la década de los noventa, un libro que analizaba la cobertura dada por el *Times* a la política exterior se refería a ella con el pronombre "él". El hecho de haber heredado el puesto de su esposo, unido a que se desempeñaba en un rincón del mundo que atraía a los estadounidenses muy esporádicamente se traducía en que no gozaba de gran respeto en Nueva York. Mientras que ella se veía a sí misma como corresponsal, sus jefes la consideraban una corresponsal local capaz de conseguir puntas que condujeran a mayor información y de escribir artículos sobre asuntos ordinarios, pero necesitada de apoyo si la información alcanzaba envergadura.

Hay que decir en su favor que a Phillips no le asustaba el desafío de cubrir Cuba. Lentamente, a medida que adquiría experiencia, y crecía la tensión en los acontecimientos de la isla, ganó el derecho de enviar grandes historias por sí sola. Cubrió el golpe de Batista de 1952 y el temerario ataque de Castro a la Moncada el año siguiente. Aún así, cuando Batista llamó a elecciones en 1954, los directores enviaron a Matthews a cubrirlas. Phillips se sintió violada.

Aunque había renunciado de buen grado a la oportunidad de entrevistar a Castro en 1957 y había acudido a Matthews por su propia voluntad, no la satisfacía plenamente el modo en que éste describía a Cuba. Sus objeciones se centraban en la visión económica de Matthews, pues ella sentía que conocía la economía cubana mucho mejor que los aspectos políticos. Volvió a quejarse al jefe de la Sección de Asuntos Extranjeros, aduciendo que Matthews no mostraba la realidad de la prosperidad que se vivía en Cuba: "No tengo inconveniente en escribir un artículo sobre la economía en el momento que les parezca oportuno. Sin embargo, no podrá menos que afirmar que Cuba es un país próspero y que las cosas funcionan bien".

Pero en público Phillips se llamaba a silencio, y si alguna vez hablaba de Matthews, lo hacía en términos encomiosos, elogiando el coraje y valentía que demostró al cruzar las líneas del ejército de Batista para concretar la entrevista con Castro. Por lo general, Matthews también guardaba las apariencias respecto de ella. "A propósito, debemos estar felices y satisfechos de contar con una corresponsal de la calidad de Ruby en La Habana", escribió en un memo dirigido al Director General luego de su regreso triunfante de Cuba en 1957. No había un ápice de animosidad en las alabanzas que derramaba: "Es una persona enteramente sincera, muy bien informada, y tan diplomática que se las compone para llevarse bien tanto con el gobierno como con la oposición. Y también se comporta con valor en una situación que, les aseguro, lo requiere, y mucho".

No obstante, recelaba del talento y de dónde caían las simpatías de Phillips, pues pensaba que se encontraba demasiado cerca de Batista para describir con honestidad a Castro y su revolución. Precisamente después de la visita de Castro a los Estados Unidos, Matthews escribió al Director General del *New York Times* y a los principales directores que Phillips era incapaz de cubrir la historia de Cuba: "Una vez más, creo que es obvia la influencia que el *Times* puede ejercer para bien. Pienso también que es obvio que debemos enviar a Cuba, cada tanto, a alguien que pueda llevar a cabo una cobertura a fondo de lo que allí sucede. Ruby Phillips no es la persona indicada".

Ese verano, después de que Castro firmó la reforma agraria que provocó enorme preocupación entre los estadounidenses respecto del rumbo que tomaría Cuba, Matthews hizo un nuevo viaje a la isla y llegó a tiempo de asistir a la celebración del 4 de julio en la residencia del Embajador Bonsal. Casi de inmediato, sus cartas a Nancie, quien no se encontraba bien de salud y no había podido acompañarlo, rebosaban de críticas y quejas:

Querida Nancie:
Te escribo esta mañana, la primera, mientras espero que Ruby llegue a la oficina, ¡y parece haber tanto que decir! ¡Todavía no la he visto ni he tenido noticias de ella! Es en verdad una persona extraña.

Apuntó que escribía la carta bastante antes de las 10:30 de la mañana del sábado, y que Phillips no había alterado su agenda, aún sabiendo que él se hallaba en la ciudad. Phillips sabía que su compromiso incluía el asegurarle una larga entrevista con Castro, algo que no había conseguido para sí misma. Según su entender, hacer los arreglos en nombre de Matthews la pondría en segundo plano, tanto durante el transcurso de la entrevista cuanto en el escrito que resultaría de ella, y la perspectiva no la hacía feliz. Ella y Matthews tenían una visión diferente de la revolución, y a estas alturas lo habían dejado tan claro que otras agencias de noticias se sentían en libertad de hacer comentarios sobre el tema.

En la década de los cincuenta, la crítica ejercida por un medio de comunicación sobre otro tenía limitaciones, pero Henry Luce, desde la revista *Time*, comenzaba a cambiar estas condiciones. Uno de sus primeros y más fáciles blancos fue el *Times*, y especialmente Herbert Matthews. La revista había tomado una posición rabiosamente anticastrista, y se regodeó explotando las disputas entre Phillips y Matthews. A fines de mayo, Phillips había escrito que los comunistas cubanos trabajaban en estrecha cooperación con el Movimiento 26 de Julio y que acumulaban tanta influencia y poder que a muchos cubanos les preocupaba que Castro no pudiera controlarlos.

Y sin embargo, finalizada su visita de julio, Matthews publicó una nota en primera plana con una conclusión bien distinta. Escribió: "Esta no es una revolución comunista en ningún sentido de la palabra, y no hay comunistas en puestos clave". Apoyó sus dichos rematando: "Se trata de un consenso abrumador entre aquellos cubanos que se encuentran mejor capacitados para saber qué hacer".

Dos semanas más tarde, en una carta al Embajador Bonsal, Matthews defendió su declaración de que la revolución no era comunista: "En el artículo, no negué que algunos cargos sin importancia estuviesen ocupados por comunistas ni que hubiera algún elemento indeterminado de camaradería, pero por lo que se refiere a las figuras prominentes de Cuba, estoy seguro de que ninguna profesa el comunismo, y de que virtualmente todas son anticomunistas desde el punto de vista intelectual y emocional; cuando llegue el momento, veremos sobrada evidencia de lo que sostengo". Matthews creía que las incesantes acusaciones de favorecer al comunismo impedían que Castro "tomara un rumbo francamente anticomunista". A fin de sustentar esta teoría, citaba diversas fuentes, incluyendo algunas columnas escritas por Walter Lippmann, quien le dijo en una carta: "Estás jugando un papel galante y convincente, y quedamos en deuda contigo".

De todos modos, los informes de Matthews despertaban más críticas que elogios. La revista *Time* lo llamaba un "campeón de causas" que había encontrado muchas cosas de su gusto en regímenes del pasado, sin pasar por alto el fascismo de Mussolini ni "las fuerzas leales apoyadas por los comunistas" en España. "Al tomar partido en el conflicto de Cuba, Herb Matthews, (59), siguió un patrón claramente establecido en su larga carrera signada por los premios recibidos", decía *Time*.

Phillips acusaba recibo de las presiones. Contrajo una úlcera sangrante y se alimentaba de leche, galletas, y cigarrillos. La historia cubana se había apoderado de su vida, dominando cada instante de sus días, inclusive su tiempo libre. Cuando los cubanos confiscaron una cantera de mármol estadounidense, ubicada en la Isla de los Pinos, heredó un loro que su dueño no quiso llevar consigo. Ella lo bautizó Mickey y lo llevó a la oficina, donde el pajarraco mordía los lápices y los travesaños de las sillas, mientras pasaba horas escuchando las arengas televisivas de Castro en las ocasiones que Phillips y su personal tenían que quedarse hasta tarde monitoreando los discursos. A veces, cuando ella regresaba a la oficina a las once de la mañana, después de uno de aquellos despliegues maratónicos de oratoria, encontraba a Mickey durmiendo en su jaula.

Fue después de uno de esos discursos que, finalmente, Phillips, Matthews, y Tad Szulc, otro reportero del *Times* recién llegado de la República Dominicana, consiguieron la esperada entrevista con Castro. Se encontraron a las tres de la madrugada en el vestíbulo del Hilton de La Habana, donde Castro tenía su cuartel general. Como el líder tenía apetito, pasaron a la cafetería del hotel, donde Castro ordenó un bife grande con una montaña de papas fritas. Insistió en una charla informal y extraoficial, y prácticamente habló él solo. También formuló algunas preguntas, a nadie en particular; por ejemplo:

—¿Por qué no les gusto a los estadounidenses?

Phillips se encargó de responder.

—¿Y por qué tendría que gustarles? Desde que entró en La Habana, usted no se ha privado de atacar a los Estados Unidos en cada uno de sus discursos.

Castro no conocía a Phillips personalmente, pero sí estaba al tanto de su reputación. Inclusive, en 1958 le había enviado una orquídea silvestre desde la Sierra Maestra por medio de un mensajero. Le dedicó una sonrisa por hacerle frente. Estaba acostumbrado a tratar con mujeres testarudas como Celia Sánchez y Haydée Santamaría; le dijo a Ruby que trataría de corregir esa impresión en su próxima aparición televisada. Luego lanzó otra pregunta, y nuevamente ella habló antes que sus colegas.

—¿Por qué los estadounidenses le temen tanto al comunismo en Cuba?

—Si usted arrastrara esta isla hasta el medio del Océano Atlántico, a nadie le preocuparía que fuera o no comunista —dijo Phillips— pero se encuentra a noventa millas de los Estados Unidos, y eso es demasiado cerca.

Castro rió, y se volvió a uno de sus ayudantes:

—Entonces, estamos demasiado cerca —dijo.

Después de las desafiantes declaraciones de Matthews en las que aseveraba que la revolución no era comunista en modo alguno, le llegó el turno a la revista *Newsweek* de señalar las inconsistencias entre los dos corresponsales del *Times*, bajo un titular que rezaba QUÉ ES FIDEL —ELIJA UN EXPERTO. La revista había interrogado a Matthews acerca de la disidencia de opiniones, y la respuesta que citaba era: "El que paga, elige". En cambio, Phillips contestó: "Yo informo lo que ocurre. Él, en realidad, da su opinión". Esto era sólo una muestra de lo que sucedía entre ellos.

En una carta a Matthews, Phillips escribió: "Cuando nos preparábamos para entrevistar a Fidel, usted tildó mis preguntas de 'hostiles'. Sin duda, su autoridad y experiencia superan con mucho las mías. Sin embargo, no creo que un juez imparcial decidiera que era hostil preguntarle a Fidel dónde piensa obtener los millones de millones de dólares que promete invertir en esto y lo otro, y lo mismo vale para las otras preguntas que anoté".

Visiblemente herida por las críticas de Matthews, volvió a señalarle, como ya lo había hecho con *Newsweek*, que él escribía editoriales, mientras que ella se limitaba a informar las noticias, "que no se basan en mi opinión o la suya, sino en lo que Dios ha permitido que le ocurra a la humanidad, incluyendo el sector cubano. Jamás he cuestionado las opiniones expresadas por usted en los editoriales del *New York Times*. Eso es asunto suyo. Si otras personas, como las revistas *Time* y *Newsweek*, encuentran falta de congruencia entre los artículos de noticias de mi autoría y las conclusiones y opiniones vertidas en los editoriales por usted, eso es asunto de ellas".

Matthews llevó sus quejas contra Phillips directamente al Director General, en un memo en el que le decía que "Ruby Phillips se ha mostrado claramente incapaz de enviar una descripción imparcial que evidencie su comprensión de la revolución cubana".

Los directores del periódico pensaban que Phillips era demasiado anticastrista, pero también creían que Matthews simpatizaba demasiado con la izquierda. Trataron de equilibrar la balanza trayendo a Homer Bigart o Tad Szulc, pero dado que cada semana que pasaba se intensificaban las discusiones acerca de las supuestas inclinaciones comunistas de Castro, se había vuelto de vital importancia conseguir a alguien cuya evaluación de la amenaza comunista no se pusiera en duda. También querían tener en Cuba un corresponsal experimentado, que viviera el día a día, y no se lanzara 'en paracaídas' sólo cuando aparecía la posibilidad de una gran historia. A tal efecto, escogieron a un reportero joven, que no hablaba español, ni sabía mucho sobre Cuba, pero que reconocía a un comunista con sólo verlo: se trataba de Max Frankel, el corresponsal del *Times* que acababa de regresar de Moscú.

El comunismo era la cuestión más urticante del momento. Dividía al Occidente según las líneas ideológicas de sus habitantes, y traía de cabeza a los Estados Unidos. Frankel, quien por entonces sólo contaba treinta años, tenía plena conciencia de que, al pretender que actuara como árbitro entre Matthews y Phillips, lo lanzaban a una situación insostenible. Se sentía "torpemente insertado entre dos escritores enemigos, ambos con edad suficiente para ser mis padres y mucho más experimentados que yo en el tema". Tuvo seis semanas de capacitación en español, y un mes de sesiones informativas para prepararse para su nuevo puesto, que en realidad no deseaba. En septiembre de 1960, Frankel todavía no había partido de Nueva York cuando Castro se presentó a un congreso de líderes mundiales en la sede de las Naciones Unidas. Ya había protagonizado una escena en el Hotel Shelburne, quejándose del alojamiento y anunciando que se marchaba a otra parte porque el gerente había acusado a los cubanos de desplumar y cocinar pollos en las habitaciones. En realidad la disputa giraba alrededor de cuentas impagas. Castro y su comitiva se mudaron al Hotel Theresa, situado en la calle 125 en Harlem, y allí Matthews le consiguió a Frankel una entrevista, que se realizaría en la cafetería. Le rogó al joven reportero que mantuviera la mente libre de prejuicios, aun cuando existía una fotografía en la cual Nikita Khrushchev, quien también se encontraba en Nueva York para asistir al mismo congreso, le daba a Castro un abrazo de oso a las puertas del hotel. En opinión de los anticastristas, la foto demostraba que, en el fondo de su alma y con total conocimiento de causa, Castro era tan Rojo como el comunista más acérrimo.

A Frankel le resultó una iniciación notable. Formuló una sencilla pregunta, y tuvo que escuchar una perorata de media hora en respuesta. Trató de ver a través del carácter inescrutable del líder rebelde y del gobierno que manejaba en Cuba. Su rudimentario español no le impidió darse cuenta de que Castro suponía que estaba a favor de la revolución, como Matthews lo había estado desde el comienzo. El líder exclamó con entusiasmo que cualquier amigo de Matthews era también amigo suyo. Él, Castro, tenía mucho que contar a los estadounidenses acerca de Cuba y la revolución.

Frankel llegó a Cuba a principios de noviembre de 1960 portando un puñado de cartas de presentación firmadas por Matthews. Obedientemente, las entregó a los funcionarios a quienes estaban dirigidas, entre ellos, Carlos Rafael Rodríguez, Ministro de Propaganda y Educación, y máxima autoridad de los comunistas cubanos. Las cartas de Matthews le proporcionaron a Frankel una entrevista con

Rodríguez, en las últimas horas de la noche. Por venir de parte de Matthews, el Ministro lo suponía amigo de la revolución, y la conversación que sostuvieron le permitió a Frankel redactar un lúcido informe sobre lo que ocurría en Cuba. El joven reportero se mantuvo a la altura de su reputación: a las tres semanas de su arribo a La Habana, concluyó que Castro era comunista, "no tanto por convicción sino por conversión y conveniencia"; un latino hambriento de poder con amplia comprensión de la psicología de las masas que sacaba provecho de la buena fortuna de haber sido bendecido "con un enemigo poco sagaz" en la figura de los Estados Unidos.

Pasados casi cuarenta años, Frankel declaró en una entrevista que no culpaba a Matthews por haberse equivocado al juzgar la verdadera motivación de Castro, de quien afirmó: "Cuando llegué a La Habana, estaba en franco camino de convertirse en 'marxista-leninista', y de incluir a Cuba en el bloque soviético". Ya era imposible negar la influencia que Raúl y el Che ejercían sobre las ideas de Castro. Su viraje hacia la izquierda se había tornado incontestable, al menos a los ojos de todos los periodistas, a excepción de Matthews. El artículo de Frankel se publicó el 26 de noviembre, y Rodríguez reaccionó muy mal. Cuba le negó la visa y, habiendo cumplido su misión, el joven retornó a Nueva York.

La carrera de Frankel lo llevó a desempeñarse como corresponsal en la Casa Blanca. Viajó a China con Nixon, alcanzó la dirección de la Sección Editorial (mucho después de que Matthews se hubo jubilado) y culminó ocupando la dirección ejecutiva del *Times*. Tenía una visión crítica de Matthews, un escritor envejecido "apoyado sobre su aventura en la montaña y la nueva notoriedad que le deparó"; alguien que se mantuvo aferrado demasiado tiempo "al culto de los héroes y a la defensa del gobierno de Castro". Según Frankel, Matthews era "un romántico que transmutaba su comprensible oposición al colonialismo estadounidense en América Latina por una fe exagerada en los latinos radicalizados. Hacia el final, escribió algunos editoriales tardíos en los que se percibe que reconoció la evolución de Castro hacia el comunismo, pero aún así responsabilizaba a los Estados Unidos por perderlo". Creía que Matthews pertenecía a una raza de periodistas que no se contentan con explicar el mundo, sino que, además, ansían cambiarlo. Declaró que el veterano reportero "era uno de esos periodistas que anhelan ayudar a la Historia encaminando a la sociedad hacia lo bueno y lo bello".

El entusiasmo de Matthews por la revolución de Castro resultaba más incongruente a medida que las realidades del castrismo se volvieron aterradoras para los estadounidenses. Matthews fue criticado por el público, por Washington, y por el mismísimo *New York Times*. Aunque de vez en cuando reprendía a Castro a través de sus editoriales, jamás dudó de que lo que éste hacía redundaría en beneficio de Cuba. Su voz iba quedándose sola en la defensa de Castro. Criticaba la cobertura ineficaz de otros reporteros, y criticaba a Washington por acorralar a Castro de modo tal que no le quedó otra alternativa que recurrir al apoyo de la Unión Soviética. Existía una confusión generalizada acerca de los verdaderos motivos de Castro, pero eso no desalentaba a Matthews, atrincherado en su convicción de que él si comprendía exactamente lo que sucedía en Cuba.

CAPÍTULO 10

Nadie lleva el paso, menos uno

"A pesar del paso del tiempo y de los acontecimientos que se han hecho públicos respecto de la cuestión cubana, Matthews no parece haber [fragmento tachado] y su entusiasmo por el comunismo castrista en Cuba no se ha enfriado".
—ARCHIVO ULTRASECRETO DEL FBI, 1962, CON PALABRAS TACHADAS "EN INTERÉS DE LA DEFENSA NACIONAL O POLÍTICA EXTERIOR".

A medida que las presiones se acumulaban sobre él por aferrarse a su postura en la cuestión del comunismo castrista y del nuevo carácter sombrío que envolvía a Cuba, Matthews se encontraba cada vez más aislado. "Durante mucho tiempo, entre los años 1959 y 1960, me sentí como Horacio sobre el puente", escribió. Su evaluación de la revolución como un proceso en marcha, avanzando inexorablemente sin contar con un plan maestro acabado ni aceptar órdenes de Moscú, lo colocaron fuera de las filas disciplinadas de otros periodistas, inclusive sus jefes. Escribió también: "Ninguna otra persona parecía tener la capacidad o la voluntad de mostrar el ángulo cubano de la historia, a excepción de quienes se pasaron al campo fidelista de modo tan poco realista, dejando toda reserva de lado, que su testimonio perdió valor". Sufría los ataques del *New York Times* y era objeto de ridículo por parte de *Newsweek*, amén de hacerse de enemigos en todas partes a causa de su defensa de Castro, y de continuar negando que éste o su revolución sostuvieran vínculos clandestinos con alguna conspiración comunista internacional que tenía por objetivo establecer un frente próximo a las costas de los Estados Unidos.

Su comportamiento excedía la cautela natural de evitar un juicio apresurado. Matthews hacía lo imposible para encontrar justificaciones a las decisiones de Castro, ignorando las señales que demostraban que el cubano se hallaba a cargo de un gobierno infiltrado por los soviéticos y que, a su vez, se arrimaba a ellos en busca de amparo, a menudo de manera totalmente abierta. Después del golpe de 1952, Batista había roto relaciones diplomáticas con la Unión Soviética; apenas pasado un año de su triunfo, Castro dio la bienvenida a La Habana a Anastas Mikoyan, vice-primer ministro de la Unión Soviética. La visita se relacionaba con la inauguración de una exposición comercial soviética, y sentaba las bases para una relación duradera entre ambos países. A medida que se afianzaba la alianza cubano-soviética, la revolución adquiría visos cada vez más socialistas. El 6 de agosto de 1960, la Resolución No. 1 —primer acto oficial del nuevo gobierno revolucionario— nacionalizó las prestaciones telefónicas sin indemnizar a Telefónica y Telegráfica Internacional, la empresa estadounidense propietaria del servicio. La actitud beligerante de Raúl Castro y del Che Guevara hacia los Estados Unidos crecía de día en día, y los moderados que Castro había designado para el primer gabinete fueron desplazados y reemplazados por hombres que carecían de pruritos en adherir al comunismo. Los estrechos de la Florida presenciaron la escalada del antagonismo entre Cuba y los Estados Unidos, y se produjo un crecimiento exponencial del resentimiento que los estadounidenses sentían por el régimen renegado de Castro.

Y, sin embargo, Matthews aún insistía en que Castro no era miembro del Partido Comunista ni obedecía órdenes de Moscú. Argumentaba la dificultad de imaginar siquiera que Castro obedeciese órdenes de nadie, o de que los enérgicos cubanos siguieran una disciplina colectiva. Como no podría ser de otro modo, los escritos de Matthews irritaban más a aquellos que se encontraban menos dispuestos a tolerar siquiera un tufillo a comunismo. Los senadores que habían dedicado su vida política a depurar los Estados Unidos de cualquier indicio u asomo de simpatía por el comunismo comenzaron a centrar su interés en la figura de Matthews. Cayó bajo la mirada cargada de sospechas de J. Edgar Hoover y del FBI. En 1957, pocos días después de la publicación de los artículos sobre la Sierra, Hoover había garabateado una breve nota dirigida a uno de sus asistentes, en la que preguntaba: "¿Qué sabemos de Hans Kohn y de Herbert Matthews?" Kohn era un reputado historiador del City College de Nueva York. Entendía que el nacionalismo constituía una amenaza y desechaba la posibilidad de un avance comunista en los Estados Unidos porque "carece de influencia y de importancia numérica". El interés de Hoover había sido provocado por una fuente proveniente de un organismo estatal, que se había quejado de Kohn y de un artículo escrito por Matthews, aunque nada de ello se relacionaba con Cuba. El artículo que ofendió al organismo se refería a la desaparición de Jesús de Galíndez, un profesor de la Universidad de Columbia que criticaba duramente la dictadura de

Trujillo en la República Dominicana. La respuesta de Hoover a esta queja fue el paso inicial que llevó a décadas de investigaciones de la vida y obra de Matthews, al detallado registro de sus visitas a Cuba, a la evidencia de que sus llamados telefónicos estaban intervenidos y de que su apartamento en Nueva York fue vigilado por el FBI hasta su jubilación.

No obstante, al principio, al FBI no le preocupaba mucho Matthews. Su agente estacionado en la Embajada de los Estados Unidos en La Habana —el mismo que llamó la atención de Hoover sobre la serie que Matthews escribió en 1957— parecía apoyarlo más que sospechar de él: "La información disponible en nuestras oficinas, así como en otras divisiones de la Embajada interesadas en el tema, no basta para comprobar la acusación". La "acusación" era el permanente sonsonete del gobierno de Batista respecto de las "inclinaciones comunistas" de Castro y su movimiento. El agente tampoco pudo encontrar pruebas de que Matthews, "si no era comunista, albergaba ideas izquierdistas".

Esta sería una de las últimas ocasiones en que el FBI otorgó a Matthews el beneficio de la duda.

En los Estados Unidos, cuando la opinión pública comenzó a abandonar a Castro, el Buró incrementó significativamente su control sobre Matthews. Y del mismo modo en que, a los ojos de la opinión pública, éste pasó de la categoría de héroe a la de cabrón, el FBI comenzó a mirarlo de manera diferente. En marzo de 1959, una fuente informó al FBI que era sabido en los círculos de la prensa que "Matthews y el *New York Times* habían convertido a Castro en un héroe, y que si alguien había de destruir esta imagen, tendrían que ser los mismos que la habían creado", pero Matthews continuaba apoyándolo incondicionalmente.

El artículo que más enfureció al Director del FBI y a otros personajes de Washington fue uno en el cual Matthews afirmaba que "esta no es una revolución comunista, en ningún sentido de la palabra". El vicepresidente Nixon telefoneó a Hoover muy temprano por la mañana el día de la publicación. Teniendo muy presente su reunión con Castro, realizada algunos meses antes, Nixon preguntó a Hoover si el FBI estaba de acuerdo con las conclusiones de Matthews. Necesitaba saber de qué información se disponía para demostrar que Cuba no se estaba volviendo comunista. También indagó si Matthews registraba antecedentes en tal sentido. Hoover le prometió averiguarlo, y al día siguiente envió a Nixon su respuesta por medio de un mensajero.

Estimado Dick:
Conforme con lo conversado en la mañana de ayer, y cumpliendo con su solicitud, adjunto un memorándum que contiene el análisis del artículo publicado en el New York Times el 16 de julio de 1959 en relación al régimen de Castro, así como otro memorándum en el que se resume información pertinente registrada en nuestros archivos acerca de Herbert L. Matthews, corresponsal del Times en La Habana.
Como puede verse claramente en dicho análisis, las conclusiones de Matthews son diametralmente opuestas a la información recogida por el FBI durante el curso de diversas investigaciones sobre actividades cubanas en territorio estadounidense, incluyendo entrevistas con numerosas fuentes que cuentan con información de primera mano respecto de la situación en Cuba. Las afirmaciones de Matthews no concuerdan con los descubrimientos de las Agencias de Inteligencia de los Estados Unidos, en coincidencia con el Departamento de Estado, el [fragmento tachado] y las divisiones de inteligencia de las fuerzas armadas, [fragmento tachado].

El análisis ocupaba varios pliegos, desmenuzando cada uno de los argumentos de Matthews acerca del régimen de Castro. En cierto momento llegaba a centrar la atención sobre los artículos contradictorios publicados por Matthews y Ruby Phillips.

No le llevó mucho tiempo a Hoover formarse una opinión sobre Matthews. En un memo dirigido a sus asistentes de mayor categoría y fechado en octubre de 1959, Hoover declaró que las conclusiones de Matthews, en tanto decían que no había comunistas en el gobierno de Castro, "eran mentira del principio al fin", lo cual "muestra el pensamiento general de Matthews". Sacó a luz los informes que Matthews había escrito desde España y, haciendo caso omiso de comentarios anteriores registrados en su legajo, concluyó que "no es posible acercarse tanto al comunismo sin convertirse a la doctrina". Si bien Hoover no se encontraba preparado para acusar a Matthews de ser comunista, dejó sentado que no confiaba en un periodista a quien consideraba excesivamente liberal. "A veces pienso que prefiero vérmelas con un comunista acérrimo que con un tipo como éste, con su doble discurso", escribió en el memo. Presentía que la gente con estas características es peligrosa, porque "afirman no ser comunistas y no podemos probar lo contrario; en sus escritos, siembran las ideas más siniestras, y es en esa categoría donde yo ubicaría a Matthews".

Hoover basaba sus conclusiones exclusivamente en la interpretación proporcionada por el FBI de los escritos de Matthews y de la simpatía que había demostrado por causas izquierdistas: la España de los leales y la Cuba de Castro. Aunque no cabía duda de que deseaba estigmatizarlo con el mote de "comunista", no podía hacerlo, ni siquiera en los memos confidenciales que intercambiaba con el vicepresidente y otros políticos con quienes colaboraba. El FBI nunca encontró evidencia como para fundamentar una acusación formal. No había pruebas de que Matthews estuviera afiliado a un partido político; nunca había participado en actividades que pudieran, en términos imparciales, considerarse políticas. Sus ideas eran transparentes: apoyaba las causas liberales y despreciaba el totalitarismo, a pesar de aquel breve coqueteo con el fascismo en los años treinta.

Cuando Matthews comenzó a escribir sobre Cuba a mediados de los cincuenta, apoyó a Batista, pero cuando se percató de la verdadera naturaleza del régimen, denunció la censura y el terrorismo de estado con el que se combatía a los disidentes. Comprendió que Castro soñaba con construir un país nuevo que, finalmente, medio siglo después de terminada la guerra con España, llegaría a gozar de su primer anticipo del verdadero sabor de la independencia. Matthews no creía que la creciente influencia del partido comunista Cubano y los esfuerzos de Raúl y del Che para alinearse con los comunistas fueran aspectos intrínsecos del plan revolucionario de Castro. Se aferraba tercamente a su estrecha visión, según la cual un comunista es quien obedece a las órdenes de la Unión Soviética. Su mayor paso en falso consistió en creer demasiado en el heroísmo de Castro, al verlo sólo como un hombre de férrea voluntad y corazón valiente abocado a moldear los destinos de su patria —las mismas cualidades que le habrían valido un lugar entre los "verdaderos soldados de fortuna" de los que hablaba Harding Davis. No fue lo suficientemente crítico de las atrocidades de Castro, y se mostró ciego a los defectos de su carácter.

Hoover no confiaba en Castro ni en Matthews. El FBI resolvió que "en vista de la larga historia del sujeto como apologista de Castro, debe ser incluido en la Sección A del Índice Reservado", el notorio listado nacional de ciudadanos estadounidenses cuya lealtad al país era cuestionada por el FBI. Los escritores, actores, políticos, y otros que figuraban en él eran considerados apenas menos peligrosos que los que figuraban en el Índice de Seguridad, y que debían ser arrestados y detenidos en caso de emergencia nacional.

Lo primero que tomó en cuenta el FBI para decidir la clasificación de Matthews fue si, de declararse la guerra entre Cuba (apoyada por la Unión Soviética) y los Estados Unidos, el periodista tomaría partido por los cubanos. La respuesta fue negativa. De todos modos, su declarada simpatía por la Revolución Cubana lo hacía sospechoso. El fichero correspondiente a Matthews en el Índice Reservado constituye un escueto reflejo de la paranoia que cundió durante la Guerra Fría: Raza – B. Sexo – Masculino. Fecha de nacimiento – 10/1/00. Lugar de nacimiento – Ciudad de Nueva York, Nueva York, nativo. Dentro de la sección más comprometida, donde la Guerra Fría se resumía en un trazo, la casilla junto a la palabra "Comunista" estaba vacía, al igual que el adyacente a las palabras 'Partido Socialista de los Trabajadores'. En cambio, un espacio del renglón inferior, junto al título "Varios *(especificar)*", describía la conducta sediciosa de Matthews: había sido llenado con la expresión "pro-cubano". Esta era la realidad alrededor de la cual se desenvolvía la vida de Matthews en ese momento.

Sin duda, Matthews distaba mucho de ser el único estadounidense a quien Castro había enmarañado en su red. A esta altura, tanto el Departamento de Estado como la Casa Blanca se hallaban inmersos en una confusión total respecto de Cuba. Torpemente atrapado por los rápidos cambios que se sucedían en la isla, con pocos expertos en asuntos latinoamericanos que pudieran poner las cosas en la perspectiva correcta, Washington experimentaba la frustración de sus esfuerzos para comprender lo que sucedía y, lo que era más importante, para predecir los movimientos de Castro. En junio de 1960, un informe de situación suscrito por la CIA, las organizaciones de inteligencia del Estado, los militares, y refrendado por el United States Intelligence Board y toda otra agencia dedicada a cuestiones de inteligencia, a excepción del FBI, llegaron a la conclusión de que, aunque el régimen de Castro adquiría tonalidades cada vez más comunistas, "no nos es posible responder directamente la simple pregunta de si Castro mismo es comunista".

Inclusive los integrantes del círculo íntimo del líder manifestaban su preocupación acerca del rumbo que tomaba la revolución. El Mayor José Luis Díaz Lanz, Jefe de la Fuerza Aérea cubana, había escapado a Miami en un avión de caza cubano a los seis meses del triunfo de la revolución a fin de denunciar las motivaciones de Castro. Díaz

Lanz se convirtió en informante del FBI, llegando a testificar ante una comisión del Senado. Pocas semanas después, Manuel Urrutia, el Presidente de Cuba, tuvo una crisis de conciencia. Se presentó en la televisión cubana a fin de expresar su preocupación acerca de la creciente influencia comunista en el nuevo gobierno castrista. Castro se indignó, y tomó represalias, organizando una de las más sorprendentes exhibiciones de su talento para el engaño. Ante las críticas de Urrutia, declaró que no continuaría formando parte de un gobierno presa de divisiones internas. Acto seguido, presentó su dimisión al cargo de Primer Ministro, pero luego convocó a una manifestación multitudinaria en La Habana, donde la muchedumbre le "exigía" que retirara su dimisión. Urrutia, que no gustaba de la política ni deseaba emprenderla a cornadas con Castro, terminó por darse cuenta de que Castro jamás había contemplado compartir el poder con él, ni con persona alguna. El Presidente renunció y se refugió en una embajada extranjera en La Habana antes de huir de Cuba. En su lugar, Castro designó a Osvaldo Dorticós, Ministro de Leyes Revolucionarias, confiando en que se mostrara más dócil que Urrutia.

En los meses que siguieron, Castro intensificó su retórica incendiaria contra los Estados Unidos, sobre todo después de que el Mayor Díaz Lanz sobrevolara La Habana a bordo de un bombardero B-25 desde el que arrojó panfletos llamándolo "comunista". En cierta ocasión, algunos edificios de La Habana resultaron dañados a causa de explosiones, y se produjeron víctimas. Castro acusó a Díaz Lanz de haber bombardeado la ciudad, aunque existían pruebas firmes de que el daño había sido ocasionado por los cañones antiaéreos de una fragata cubana, lo cual a Castro le daba igual, pues sólo parecía empeñado en avivar los sentimientos anti-estadounidenses del pueblo. El 4 de marzo de 1960, *La Coubre*, un carguero francés que transportaba rifles de fabricación belga y municiones adquiridas por Castro, explotó en el puerto de La Habana. Castro afirmó que la catástrofe se debió a un sabotaje estadounidense, y juró combatir cualquier intento de invasión hasta el último hombre.

Matthews visitaba Cuba asiduamente, y pasaba tanto tiempo en La Habana que durante una de sus estadías, a principios de 1960, Raúl Roa, Secretario de Asuntos Extranjeros de Cuba, le transmitió un mensaje de Castro: "Dígale a Matthews que si desea adoptar la nacionalidad cubana, yo mismo firmaré el decreto". La jerarquía cubana se mantenía evasiva acerca del comunismo, inclusive después de la visita de Mikoyan en ocasión de la inauguración de la exposición comercial soviética. Los cubanos continuaban diciéndole a Matthews que los comunistas gozaban de escasa influencia y poder dentro del gobierno, y que ni siquiera controlaban los sindicatos. En este viaje, Matthews pudo acceder fácilmente a las figuras más representativas de la revolución. Además de reunirse con Roa, se encontró con el Presidente Dorticós, el Ministro de Finanzas Rufo López-Fresquet, y el entonces Ministro de Educación, Armando Hart. Conversó durante más de una hora con el Che Guevara, quien le manifestó que lo que los cubanos realmente deseaban era "la independencia de los Estados Unidos, en todo sentido, político y económico". Y esto, agregó Guevara, "es lo que ustedes temen".

Matthews replicó que el verdadero temor de los Estados Unidos residía en "un movimiento hacia el comunismo, lo cual a su vez llevaría a una alianza militar, una base Roja, o algo semejante, y quizás al establecimiento de un gobierno comunista en Cuba".

—¿Por qué no le temen a Yugoslavia, sino que en realidad la ayudan? —respondió Guevara—. Y sin embargo es un país comunista.

—Yugoslavia queda muy lejos, y Cuba, muy cerca —dijo Matthews—. Y ayudamos a Yugoslavia porque es enemiga de Rusia.

Guevara recogió el guante.

—En otras palabras, ustedes ven a Cuba como a un peón en el ajedrez militar entre Rusia y los Estados Unidos. Y nosotros no queremos jugar ese papel.

En uno de sus viajes a Cuba, en medio de la confusión reinante durante este período, Matthews almorzó con Castro en el restaurante La Zaragozana de La Habana, y le lanzó una pregunta provocativa. Deseaba saber si su creciente antagonismo hacia los Estados Unidos era sólo un medio de lograr que los cubanos olvidaran las promesas incumplidas de la revolución. Castro le aseguró que no se trataba de un ardid. Sencillamente, respondía a los ataques de que era objeto por parte de los Estados Unidos.

—Temo lo que pueda suceder —dijo—. Siempre aparece algo nuevo.

Un año más tarde, en efecto, apareció algo nuevo, que no tomó a Matthews desprevenido. Había enviado al Director General del periódico un memo confidencial en el que señalaba lo que había oído de boca de exiliados cubanos refugiados en los Estados Unidos, tocante a los preparativos de una invasión a Cuba con respaldo estadounidense. Era algo así como un secreto a voces. A partir de enero, varias publicaciones, entre las que se encontraba el *Times*, habían publicado informes sobre campos de entrenamiento en Guatemala, poblados por cuantiosos números de exiliados cubanos. Desde que la reforma agraria de Castro comenzó a parecerse a la colectivización del modelo soviético, corrían rumores de un golpe contrarevolucionario. En las elecciones presidenciales de 1960, John F. Kennedy se había impuesto sobre Richard M. Nixon, y había heredado la inquina que el gobierno de Eisenhower alimentaba contra Castro, junto con un plan pobremente definido para deshacerse de él utilizando un núcleo de exiliados cubanos apoyados por el poder de fuego de los Estados Unidos. Planeaban desembarcar en la costa, establecer una cabeza de playa segura, e incitar a la población cubana a rebelarse contra Castro. Quedaba por decidir el elemento más importante del plan (es decir, hasta qué punto iban a involucrarse las tropas estadounidenses). Los exiliados le habían confiado a Matthews que un Consejo formado por diez hombres se hallaba preparado para tomar el poder una vez que Castro fuera derrotado. José Miró Cardona, Primer Ministro renunciante, sería nombrado Presidente Provisional. Algunos de los cubanos más ricos e influyentes, entre ellos, Pepín Bosch, el de Bacardi, ocuparían otros cargos en el primer gobierno poscastrista.

En su memo, Matthews escribió: "Transmito esta información porque creo que la intervención de la CIA en la Revolución Cubana no puede dejar de provocar un espantoso estallido el día menos pensado, y quizás provocar daños enormes. Aquellos de nosotros que seguimos los acontecimientos de cerca creemos que la CIA no se maneja con inteligencia y que deposita su confianza en hombres que resultan totalmente inaceptables para los cubanos, independientemente de lo que ocurra con posterioridad a la revolución de Castro. También creo, desde el punto de vista de las noticias, que todos nos mantendremos al tanto de la situación en la medida de nuestras posibilidades, para que cuando finalmente estalle, no nos tome por sorpresa".

El *New York Times* había recibido información proveniente de otras fuentes sobre los planes de invasión, y cuando en abril se produjo el ataque a la Bahía de Cochinos, el periódico ya había publicado un artículo en el que exponían algunos detalles. Pero estaba claro que se había visto influenciado por la controvertida cobertura de Matthews. Tanto el Director General como los directores vacilaban en publicar todo lo que sabían acerca de los preparativos de la invasión. Su actitud cautelosa se basaba en la preocupación por la seguridad nacional no menos que en la mordacidad de las críticas que habían recibido por contribuir a que Castro llegara al poder. La publicación excesiva de información sobre el ataque podría interpretarse como un intento de poner sobre aviso a los cubanos. Orvil Dryfoos, a punto de tomar las riendas de manos de Arthur Hays Sulzberger —debilitado por la enfermedad—, envió la nota de Matthews a James "Scotty" Reston, el influyente columnista de asuntos nacionales que por entonces cumplía funciones de director en el *Times* de Washington. Le pidió a Reston que le mostrara el memo a Dean Rusk, el Secretario de Estado de Kennedy, y agregó que esperaba comentarios. Dryfoos escribió: "No creo que sea correcto poseer este tipo de información, que afecta la posición de nuestro gobierno, sin darle la oportunidad de hacer algo al respecto. Por favor hazme saber los resultados".

Matthews ya se había enfrentado con Reston en diversas ocasiones, siempre a raíz de Cuba. La interpretación que ambos hacían del modo en que se desplegaban los acontecimientos no podía ser más diferente, y habían intercambiado una correspondencia acalorada, aunque cortés, acerca de la posibilidad de intervención por parte de los Estados Unidos. A principios de 1960, Reston escribió una columna en la que anticipaba una Cuba comunista alineada con la Unión Soviética. En su especulación, tal giro exigiría la respuesta militar de los Estados Unidos, algo similar a lo que se había llevado a cabo con éxito en Guatemala en 1953. Matthews tenía la sensación de que Reston no había meditado sobre las consecuencias de apoyar una acción de ese tipo. En una de sus misivas, le escribió: "Deberías saber que esto no sería otra Guatemala, sino una nueva Corea". Mejor conocedor que Reston de la larga historia de las intervenciones estadounidenses en Cuba, Matthews se hallaba convencido que el desembarco de los *marines* constituiría el preludio de una ocupación prolongada y extremadamente costosa, que despertaría focos de resistencia en la Sierra Maestra y otras zonas montañosas de Cuba. "lucha de las guerrillas no cesaría mientras quedara un solo soldado nuestro en Cuba", escribió.

Al no coincidir con la premonición de Reston acerca del plan soviético de utilizar a Cuba como base en el hemisferio occidental, Matthews hacía oídos sordos a señales muy obvias. "En mi opinión", escribió, "estoy seguro de que, bajo el gobierno actual, Cuba no se volverá comunista, ni permitirá que la controlen los comunistas, y ni siquiera se dejará influenciar por ellos de manera significativa". En un intento final de persuasión, Matthews rogaba comprensión y reafirmaba las credenciales que le permitían sermonear al poderoso columnista: "No me cabe duda de que entenderás mis razones para escribirte, ya que se trata de una situación que vengo estudiando más que ningún otro en nuestro país".

La respuesta de Reston admitía que probablemente Matthews conocía el caso cubano mejor que él, pero ello no significaba que viera la realidad de los hechos. A Reston le preocupaba la muy publicitada visita del Vice Primer Ministro soviético Mikoyan; el estrechamiento de los lazos comerciales, industriales, y militares entre Cuba y la Unión Soviética que siguieron a dicha visita; y la escalada en la agresiva retórica anti-estadounidense disparada por Castro. "Quizás tengas razón en decir que existe una muy remota posibilidad de que este coqueteo entre Cuba y la Unión Soviética termine en un acuerdo de proveer seguridad mutua", escribió Reston desde Washington. "Así lo espero. Pero te aseguro que hay aquí personas muy bien informadas que consideran que dicha posibilidad no es tan remota, y que sienten que ahora, mientras no mantenemos relaciones con Castro, es el momento de dejar sentado que este gobierno no tolerará un acuerdo de esas características".

Desde Miami, Tad Szulc había reunido muchísima información sobre los preliminares de la invasión. A principios de abril de 1961, envió una historia en la cual identificaba a la CIA como patrocinante de la misión, que comenzaría el 18 de abril. Turner Catledge, el Secretario de Redacción, pensaba publicarla como nota de tapa, ubicándola en un lugar prominente, por encima del pliegue del periódico, donde atraería toda la atención. Antes de hacerlo, se la mostró a Dryfoos, quien no se haría cargo oficialmente del periódico hasta fines de abril. Dando muestras de su buen juicio, Dryfoos sintió que el artículo revelaba demasiado, y ordenó que se hicieran modificaciones. En sus memorias, Reston evoca las tensiones del momento:

> Ya se había etiquetado al *Times* de pro-castrista a causa de los informes positivos sobre la revolución debidos a la pluma del corresponsal Herbert Matthews. Catledge pensó que si ahora llegaba a sospecharse que el periódico ponía a Fidel sobre aviso respecto del ataque orquestado por los exiliados, sobrevendría el desprestigio por ayudar al dictador a mantenerse en el poder.

Años más tarde, en sus propias memorias, Catledge declaró que creía que Reston había "permitido que su patriotismo nublara su juicio periodístico". Y más tarde aún, Max Frankel escribió que comprendía las presiones que acosaban a los directores, pero que no acordaba con la decisión que habían tomado: "Seguramente Reston tenía razón al pensar que se culparía al periódico por volver a salvar el pellejo de Castro, pero no serían los observadores imparciales quienes harían semejante cosa". Mientras dedos acusadores apuntaban en todas las direcciones, lo único que provocaba consenso general era que la cobertura de Matthews había comprometido la capacidad del periódico para informar sobre Cuba. Proporcionar a Castro los detalles de la futura invasión significaba ceder la ventaja a los detractores del *Times*.

El gobierno de Kennedy también intervino de manera directa, ejerciendo presión a través de Reston para que se moderara el tono del artículo. Reston alertó a Dryfoos, y finalmente ambos acordaron que proteger la seguridad nacional debía primar sobre cualquier otra consideración. Dryfoos trasladó la nota de Szulc a un lugar menos visible de la portada, y eliminó la insinuación de la 'inminencia' de la invasión.

Para entonces, Castro no necesitaba que una nota periodística le advirtiera sobre la proximidad de un ataque. La tensión entre Cuba y los Estados Unidos iba en aumento. Al principio, la primera reforma agraria efectuada por la revolución en mayo de 1959, tenía visos de venir a compensar a los desvalidos campesinos de la isla, pero luego el gobierno se apropió de los grandes latifundios estadounidenses sin pagar suficiente indemnización, lo cual fue visto como la primera señal inconfundible de los verdaderos objetivos del nuevo régimen. Algunos meses más tarde, el Presidente Eisenhower respondió con un embargo económico parcial. Los soviéticos se comprometieron a adquirir más exportaciones cubanas, enviando petróleo crudo a cambio, pero las empresas refinadoras, en manos de estadounidenses, se rehusaron a procesarlo. En julio, Eisenhower canceló el tratado que fijaba la cuota de importación de azúcar cubana, y Castro nacionalizó todas las propiedades estadounidenses. Estados Unidos rompió relaciones diplomáticas con Cuba a principios de 1961, y pocos meses después de la ascensión del Presidente Kennedy, éste se dispuso a poner en marcha el plan de invasión heredado del gobierno anterior. En el interín, Cuba se había arrimado a la Unión Soviética, desde donde recibía aviones, armas, e ingenieros civiles para industrializar el país. En los Estados Unidos, a los exiliados anticastristas los carcomía el deseo de una guerra que quitara a Castro del medio, convencidos como estaban de que había traicionado a la revolución, echándose en brazos del comunismo.

El 15 de abril, tres días antes de la fecha estimada por Szulc, la invasión se inició con dos bombarderos B-26 piloteados por exiliados cubanos entrenados por la CIA. El blanco fueron los aeródromos de los alrededores de La Habana, y ambos aviones habían sido pintados con los colores de la minúscula Fuerza Aérea cubana, en un torpe intento de hacer creer a la población que dos pilotos habían desertado y se habían puesto al frente de un levantamiento. La mayor parte de la flotilla aérea de Cuba fue destruida, pero no toda, y La Habana pagó un precio de siete muertos. Al día siguiente, Castro presidió los ritos fúnebres por las víctimas en el cementerio Colón. Comparó el ataque al de Pearl Harbor, y juró que los cubanos leales "defenderían con sus rifles esta revolución socialista". Por primera vez, declaraba públicamente que su revolución se adhería al socialismo.

Alrededor de las 4:30 de la madrugada siguiente, Ruby Phillips despertó con un llamado telefónico de la Sección de Asuntos Extranjeros del *Times* en Nueva York, en el que se le comunicó que la invasión estaba en marcha. Ahí se dio cuenta de que habían vencido todos los plazos de entrega de material y de que el periódico ya se encontraba en la imprenta. Segura del fracaso del ataque, y consciente de que no podría escribir nada que se publicara antes del 18 de abril, volvió a dormirse. Unos barcos que partieron de Nicaragua anclaron en una playa desolada y cenagosa a unas cien millas de La Habana, conocida bajo el nombre de Bahía de Cochinos. Al dar su visto bueno final, el Presidente Kennedy detuvo una segunda ronda de ataques aéreos, temeroso de que los mal camuflados aviones confirmaran el papel de los Estados Unidos en la invasión. Tampoco permitió que las tropas estadounidenses prestaran apoyo a los atacantes cuando quedaron inmovilizados en las ciénagas, sellando así el destino de la invasión. Castro en persona se puso al frente de una columna de tanques y soldados que partieron de La Habana a repeler la banda de exiliados, que fue fácilmente derrotada y capturada.

Ruby Phillips y los demás corresponsales recibieron órdenes oficiales del gobierno de Cuba, que establecían la prohibición de enviar artículos al exterior durante la invasión y en los días subsiguientes. Sus dos asistentes cubanos fueron arrestados; su oficina, saqueada; y sus archivos y pertenencias personales confiscados y jamás devueltos. El 19 de mayo huyó con lo puesto y una maleta, triste fin de más de treinta años de residencia en Cuba. Recién llegada a Miami, escribió un informe conmovedor que resumía lo que había ocurrido en la isla que fuera su hogar: "La Cuba de Fidel Castro es una hermosa isla tropical llena de odio y temor".

El resultado final del frustrado ataque rondó en la muerte de ciento cincuenta y seis soldados cubanos, ciento siete invasores caídos, y mil ciento ochenta y nueve capturados. El gobierno de Kennedy padeció un bochorno internacional. La combinación entre la mala planificación, la subestimación fatal de las fuerzas castristas, y la falta de decisión por parte del Presidente de los Estados Unidos resultó en un fiasco: Theodore Draper lo llamó "el fracaso perfecto". El intento fallido le deparó a Castro una inmensa victoria militar y propagandística que subrayaba la frustración de los Estados Unidos y contribuía a definir la parálisis de las relaciones entre ambos países. El Presidente Kennedy amplió las sanciones económicas implementadas por Eisenhower y bloqueó el comercio con Cuba, implementando uno de los embargos económicos más largos y amargos de la Historia. También arrastró a la prensa a la catástrofe, afirmando que los artículos publicados antes de que se produjera la invasión eran igualmente responsables de esta desgraciada muestra de la política exterior estadounidense. Arremetió contra los medios por "informar prematuramente", y declaró que el fracaso del ataque destacaba la necesidad de una Ley de Secretos de Estado. Kennedy expresó enorme frustración por el modo en que el *Times* había manejado la historia. Pero luego de sostener una reunión con los directores en la Casa Blanca para discutir las acusaciones de informar irresponsablemente, el Presidente hizo un aparte con Turner Catledge y le dijo algo diferente.

—Quizás si ustedes hubieran publicado más acerca de la operación —le susurró, en tono de broma —nos habrían salvado de cometer un error colosal.

En julio, Matthews fue citado a la Casa Blanca para conversar con el Presidente Kennedy. Fue recibido en el Salón Oval. Kennedy ocupaba su famoso sillón hamaca, y Matthews tomó asiento en el sofá. La charla duró cuarenta y cinco minutos, y versó sobre el reciente viaje presidencial a México y, de manera más general, sobre los problemas económicos de gran parte de América Latina. En el libro de citas del Presidente, este encuentro quedó registrado como una conversación extraoficial, y no existen transcripciones de lo que allí se dijo, salvo las notas que Matthews, como era su costumbre, redactó después en varias páginas que conservó en su archivo personal.

Según dichas notas, en un momento dado, Kennedy cambió de tema.

—¿Qué piensa usted de la situación en Cuba? —preguntó el Presidente.

Consciente de lo que Kennedy buscaba saber, Matthews le dijo que Castro había llegado al poder sin ninguna ideología política definida. En aquella época no era comunista, le aseguró, aunque estaba decidido a efectuar una revolución radical en Cuba. Castro se proponía "romper con la dominación ejercida por los Estados Unidos", lo cual volvía inevitable el conflicto.

Kennedy respondió que parecía "una tragedia griega", plagada de traición y violencia.

Matthews comentó que, una vez producida la ruptura con los Estados Unidos, Cuba se encontraba en una posición económica tan frágil que Fidel no tuvo más alternativa que recurrir a la ayuda del bloque soviético. En opinión de Matthews, Washington había manejado mal la situación prácticamente desde el comienzo, arrinconando a Castro. Era una postura controvertida, puesto que culpaba a Washington por incitar al conflicto y parecía absolver a Castro. Kennedy la reconoció como tal.

—¿No cree usted que Fidel, Raúl, el Che, sean comunistas? —inquirió el Presidente.

—No —dijo Matthews—. No en cuanto a pertenecer al partido y obrar según la disciplina que éste impone. Nunca se sometieron a disciplina alguna, y el pueblo cubano es totalmente incapaz de alcanzar el nivel de disciplina que exige el régimen comunista.

Luego hablaron brevemente de la fallida invasión de la Bahía de Cochinos, y Kennedy manifestó que esperaba que Castro devolviera los aviones caza que había capturado (cosa que hizo, a cambio de un rescate de cincuenta y tres millones de dólares en alimentos y medicamentos).

—No olvide usted —dijo Matthews —que Castro es de pura sangre española, y muy vengativo.

—Debería estarnos agradecido —replicó el Presidente—. Nos dio una patada en el trasero y eso lo hizo más fuerte que nunca.

Kennedy reconoció haber tomado algunas decisiones políticas erradas respecto de Cuba, así como no ser lo bastante precavido en el control de sus políticas anticomunistas. Sin embargo, reveló que la invasión le enseñó una lección importante:

—De no ser por eso, ahora podríamos estar en Laos, o tal vez azuzando a Chiang —dijo, refiriéndose al líder de la oposición a

Mao en Taiwan, Chiang Kai-shek, quien continuamente amenazaba con volver a invadir la China continental.

A medida que la reputación de Matthews sufría un constante deterioro en los Estados Unidos, aumentaba la notoriedad de la que gozaba en Cuba. *Revolución* publicó un homenaje en su honor, llamándolo "un gran norteamericano". El artículo incluía estas frases: "Heroica fue su escalada de las montañas de Oriente, donde se arriesgó a caer en las emboscadas de las tropas de Batista para gritar al mundo su testimonio de la verdad, refrendada por su cámara certera, proclamando que el héroe del *Granma* no había muerto. ¡Qué espléndido cubano habría sido Herbert Matthews, tan recto y tan justo! ¡Tan sensato y tan sincero!"

Sin embargo, los exiliados cubanos residentes en Miami lo habían declarado su enemigo, comenzando a difundir rumores que rápidamente se abrieron paso hasta los archivos del FBI. No había transcurrido mucho tiempo desde el episodio de la Bahía de Cochinos cuando la oficina del FBI en Miami empezó a entrevistar informantes a fin de confirmar si Matthews se había reunido con Batista a su regreso de la Sierra en 1957. Se dijo que en el supuesto encuentro, Matthews había tratado de arrancarle al dictador una suma que oscilaba entre los trescientos y los quinientos mil dólares a cambio de escribir artículos favorables al régimen. Como Batista rechazó la oferta por considerar que el precio era demasiado alto, Matthews, furioso, se retiró, y escribió loas a Castro mientras lanzaba acusaciones contra Batista.

Estas versiones se basaban en rumores y especulaciones vengativas, pero el FBI asignó agentes en todos los estados, encomendándoles que buscaran a ex funcionarios de Batista y los interrogaran al respecto. A nadie se le ocurrió poner en duda la lógica de estos rumores, ni preguntarse por qué Batista, que había barrido con millones de dólares provenientes de los casinos y de los parquímetros instalados en La Habana, habría de resistirse a pagar una suma relativamente modesta si con ello salvaba su régimen.

Por el contrario, el rumor se tomó por verdad. Poco después de Bahía de Cochinos, Hoover informó al Fiscal General Robert Kennedy del supuesto intento de extorsión llevado a cabo por Matthews. Envió a Kennedy un memo en el que afirmaba que el mismísimo Batista había confirmado que alguien le ofreció publicar en el *Times*, y a través de Matthews, artículos favorables a su gobierno a cambio de una considerable suma de dinero. Aun después de que fuentes del entorno de Batista declararon que Matthews jamás había pedido nada, el FBI continuó con la investigación. Uno de los que negaron el hecho parece haber sido Edmund Chester, el periodista estadounidense que oficiaba de consejero de relaciones públicas de Batista. Chester dijo al FBI que Matthews era "un acérrimo defensor" de Castro y que no lo habría criticado por ningún dinero.

Hoover no sentía pruritos por creer que las acusaciones contra Matthews tenían fundamento. En mayo de 1961, envió un largo memo a la Oficina de Seguridad del Departamento de Estado, repitiendo los cargos que ya había presentado ante el Fiscal General. En esta ocasión agregó una versión del incidente que le fue proporcionada por un ex funcionario de Batista; el hombre alegaba encontrarse del otro lado de la puerta de la oficina del dictador mientras éste hablaba con Matthews. Según dicho funcionario, luego de una reunión de dos horas, un Matthews amostazado salió de la oficina, seguido por Batista, quien echaba pestes y le gritaba "chantajista y gángster".

Los ataques del FBI contra Matthews fueron en aumento. En 1961, Matthews publicó *The Cuban Story*, donde relataba su primer encuentro con Castro en la Sierra y trataba de poner en contexto otros hechos y malos entendidos que habían nublado la percepción de la revolución en los Estados Unidos. El libro habría de convertirse en uno de los más famosos que escribió, a pesar de las críticas de sus detractores, que lo veían como una justificación de sus propios errores. El FBI destinó un agente a "revisarlo", y éste concluyó que "aunque ha pasado mucho tiempo y sucedieron muchas cosas, Matthews continúa defendiendo a Castro. Parece un recluta bisoño del ejército que cree ser el único que lleva bien el paso".

La CIA también tenía el ojo puesto en Matthews. Interceptaban algunos de sus llamados telefónicos a Cuba, y recibían información sobre sus planes de distintas fuentes, incluyendo la oficina del *Times* en Ciudad de México, donde Robert Benjamin, un corresponsal temporario que había prestado servicio en Inteligencia del ejército transmitía información a la Agencia como asunto de rutina. La CIA pensaba que Matthews era "un tanto ingenuo" respecto de Cuba y de los verdaderos objetivos de la revolución de Castro. Matthews "no parece haberse dado cuenta de los problemas a los que se enfrenta Fidel", e inclusive cuando comenzaba a crecer la evidencia de que Castro lo había engañado acerca de sus motivaciones, Matthews "todavía no estaba maduro para admitir el fracaso de la revolución".

En cuanto a Matthews, no era más que el principio de los días oscuros que se avecinaban para cernirse sobre su carrera y su vida.

CAPÍTULO 11

Días oscuros

En los años que vivió en Europa, Matthews se había acostumbrado tanto a dormir la siesta que le costó mucho dejar el hábito cuando regresó a Nueva York para hacerse cargo de su puesto en el Consejo Editorial del periódico en 1949. Luego de una copiosa comida en un restaurante decente, solía regresar a la soledad de su oficina y hacer grandes esfuerzos a fin de que no lo venciera el sueño. Pero a medida que se iba involucrando en la historia de Cuba, los momentos de ocio se volvieron cada vez más escasos, y hacia fines de 1961 ya no tenía mucha oportunidad de echar un sueñecillo, y menos después del viernes 1º de enero, día que Castro eligió para pronunciar un apasionado discurso por televisión. Comenzó a hablar muy tarde en la noche, y antes de que resonaran las últimas palabras, en la madrugada del sábado, ya había convertido la vida de Matthews en un infierno.

Era una de las típicas parrafadas de Castro, divagantes y laberínticas. Duró cinco horas y estaba tan plagada de juegos lingüísticos y golpes retóricos que resultaba particularmente difícil de seguir. Un ex periodista cubano, exiliado en Miami, monitoreó una emisión radiofónica del discurso para la United Press International (UPI). A las dos de la madrugada del sábado, envió a Nueva York, en español, una primera versión de los puntos principales a la sala de redacción de la agencia de noticias. Antes de telegrafiarla a otros lugares del país, uno de los redactores tuvo que traducirla al inglés. Finalmente, la versión fue difundida a las 8 de la mañana de un sábado tranquilo; aunque su contenido no tenía nada de tranquilizador:

"El Primer Ministro cubano, Fidel Castro, declaró hoy que, en realidad, fue un comunista devoto desde sus tiempos de estudiante universitario, pero que había mantenido sus convicciones en secreto para que le fuera más sencillo tomar el poder". Luego decía que Castro había mantenido relaciones cordiales con los Estados Unidos durante un breve lapso posterior al triunfo de la revolución, porque necesitaba tiempo para consolidarse en el poder. El informe confirmaba lo que muchos estadounidenses venían sospechando desde hacía tiempo, y citaba textualmente: "Soy marxista-leninista, y lo seré hasta la muerte". Castro ya había hablado de la esencia socialista de la revolución, pero ahora, según el informe de UPI, llegaba mucho más lejos, jurando lealtad a la doctrina marxista y ubicando el origen de sus convicciones comunistas en los días de su juventud. Estas confesiones contradecían de plano la opinión que Matthews sostenía contra viento y marea: que ni Castro ni su revolución habían entrado a la arena política bajo el signo del comunismo. A lo largo del día, la historia sufrió numerosas revisiones. El resultado final cambió el énfasis sobre algunas cuestiones, pero preservó la idea central: de manera deliberada, Castro había ocultado su verdadera naturaleza hasta esa madrugada.

Matthews pensó que la UPI no había comprendido correctamente el discurso. Más tarde escribió: "Fue una invención, una composición, una construcción política, maquinada para adecuarse a los objetivos de Fidel en un momento especial. Fue lo que quiso que todos creyeran".

Sin embargo, a esta altura, la mayoría de los estadounidenses lo daba por cierto, y volvieron a culpar a Matthews por haberlos llevado a conclusiones erróneas. Los ataques contra su persona cobraron renovados bríos, y esta vez las críticas fueron brutales. Matthews sintió que los días inmediatos al discurso fueron "los peores" de su carrera. Sus detractores gozaban señalando nuevamente que Matthews se había dejado engañar por Castro. Inclusive sus amigos creían en la veracidad del informe transmitido por la UPI, y que el equivocado era él. A Matthews le preocupaba que estaban haciendo trizas de lo que quedaba de su preciosa reputación.

Además de Nancie, una de las pocas personas en quien podía confiar era John, su hermano mayor, con quien mantenía desde hacía décadas una correspondencia semanal con base en cartas dactilografiadas de una redacción impecable. Durante este período doloroso, Matthews le abrió su corazón, revelándole su sensación de inseguridad, que normalmente ocultaba celosamente: "Como imaginarás, la falsa historia de la UPI me hizo pasar un mal trago la semana pasada", escribió a John el 11 de diciembre. "Antes de tener oportunidad de verificarla me encontraba al borde del suicidio, aunque ni Nancie ni yo podíamos creerla. De todos modos, no se va a borrar así nomás, ya que, naturalmente, la UPI no va a admitir haber entendido mal en un caso en que es imposible probar su responsabilidad, y una vez que estas historias empiezan a circular, no hay cómo pararlas, ni siquiera mediante una corrección o una retractación". Matthews asimismo había notado que el director de la UPI a cargo de las decisiones sobre qué publicar no era otro que

Francis L. McCarthy, el mismo que había informado sobre la muerte de Castro en 1956. Pasados los años, se había convertido en director de la sección de asuntos latinoamericanos en la agencia.

Matthews era consciente de que las críticas hacían mella en su persona y en el *New York Times*. Le confió a John que "la gente que no ha leído mi libro o sólo está enterada de mi afirmación de que 'Castro no es comunista, punto", sin registrar que siempre me preocupé de agregar que me refería a que no pertenecía al partido comunista ni obedecía órdenes de Moscú (lo cual todavía es verdad) la pasará en grande atacándonos tanto al *Times* como a mí". Algunas semanas más tarde, al cumplir sesenta y dos años, Matthews se percató de que Castro no le iba a permitir una vejez tranquila: "Es un asunto bastante feo, malo para el *Times* y, por consiguiente, malo para mí. Se ha despertado una especie de psicología del populacho, y el populacho es siempre cruel".

Algunas de las críticas más encarnizadas provenían de otros periodistas. Mucho antes de que Castro pronunciara su discurso, Matthews había aceptado presentar su libro *The Cuban Story*,, recientemente publicado, en el Overseas Press Club de Nueva York. En el texto, dejaba sentado que ni Castro ni su entorno eran comunistas cuando llegaron al poder. La charla estaba programada para el 4 de diciembre, dos días después de la confesión pública de Castro, y Matthews se preparó para lo peor. Obtuvo de sus colegas exactamente lo que esperaba. Comentó luego que "la reunión se había organizado para crucificarlo, lo cual siempre complace al populacho, y que la concurrencia rebalsaba la capacidad del lugar".

En su exposición, Matthews presentó sus primeras objeciones concretas al informe de la UPI. Pocas horas antes de la apertura del acto, obtuvo una transcripción escrita del discurso de Castro, emitida por el Departamento de Estado de los Estados Unidos. Después de leerla, llegó a la conclusión de que, lejos de admitir que había sido comunista desde la primera hora, en realidad Castro se disculpaba, expresando lo apenado que se sentía por no haber analizado lo intrincado del pensamiento marxista-leninista en sus días de estudiante, y por haber tardado tanto en reconocer los valores del marxismo. Ahora, a fines de 1961, no cabía duda de que había abrazado la causa del comunismo internacional. Aún así, el punto crítico residía en saber si había ocultado deliberadamente sus intenciones para engañar a Matthews, al Movimiento 26 de Julio, a sus seguidores cubanos, y al pueblo y gobierno de los Estados Unidos. Se desprendía de la transcripción que Castro había afirmado ser un "analfabeto político" hasta que terminó la educación media. Aunque leyó a Marx y acusó su influencia, no era ni remotamente marxista-leninista cuando se graduó de la Universidad de La Habana. En otra parte del discurso, manifestó que, en 1953, cuando dirigió el ataque a la Moncada, todavía no era un revolucionario hecho y derecho, ni tampoco cuando se apoderó de los destinos de Cuba en enero de 1959. "No", dictaba la transcripción oficial, "podría decirse que en ese entonces estaba en vías de transformarme en un verdadero revolucionario".

Muchos otros aspectos del discurso eran poco inteligibles, quizás intencionalmente oscurecidos por Castro en los fragmentos en que desplegaba las dificultades que había tenido con el partido comunista tradicional de Cuba, así como lo que tenían en común, culminando en su presente adhesión al comunismo. Aparte de su torturado estilo oratorio, también se presentaban dudas respecto del tratamiento dado a la historia por las agencias de noticias. La versión preliminar, enviada en español desde Miami, no contenía las mismas declaraciones tajantes que la que se telegrafió en inglés dentro de los Estados Unidos. Antes bien, comenzaba de la siguiente manera: "En el día de la fecha, Fidel Castro confesó su estatuto de marxista ferviente e incondicional, y reveló que las raíces de su credo político se remontan al pasado lejano, llegando hasta sus tiempos de universitario". Esta frase se parece más a la transcripción provista por el Departamento de Estado que a la versión distribuida por la UPI.

Matthews no fue el único en contradecir a la UPI. El respetado historiador Theodore Draper rechazó la interpretación hecha por la agencia, al igual que lo hicieron la *Columbia Journalism Review* y el *Hispanic American Report*, publicado en la Universidad de Stanford por Ronald Hilton, amigo de Matthews. Todos ellos encontraban que el discurso constituía un ejemplo adicional de la astucia retórica típica de Castro. Aún así, a Matthews le tocó parte de la responsabilidad causada por el colosal malentendido.

"Desde que Herbert Matthews viajó a la Sierra Maestra en febrero de 1957, Castro ha estado jugueteando con intelectuales y periodistas bien dispuestos para con su causa", escribió Draper. Criticó la entrevista original presentado por su amigo, así como los subsiguientes informes sobre la revolución, por su falta de sentido crítico, y acumuló todo en la misma categoría del resto de las percepciones erróneas sobre Cuba que dominaban la época. Escribió, entonces, aludiendo a la serie de Matthews, que "el primero y más famoso artículo basado en los 'informes de un testigo ocular" han establecido un patrón que perdura hasta el presente. No puede tratarse simplemente de una sucesión de aberraciones individuales, puesto que demasiado gente se ha visto envuelta. Antes bien, recuerda a una inmersión masiva en la "inmundicia" romántica, como la llamó George Orwell hace casi dos décadas".

Como fuere, las "aberraciones" tienden a adquirir permanencia y a tomar el lugar de la verdad. A pesar de los esfuerzos de Matthews, Draper, y otros, destinados a corregir la interpretación, lo que quedó registrado en la mente de la gente fue la primera versión, la incorrecta, la que sirvió para inflamar las posturas anticastristas. En las décadas venideras, Castro continuó explicando su evolución política. Cada vez que tocaba el tema, narraba una historia diferente, induciendo a confusión —sin inocencia alguna, por cierto— a quienes intentaban encasillar al personaje y a sus ideas políticas. En el transcurso de un encuentro que sostuvo en Chile con un grupo de estudiantes en 1971, admitió que mientras cursaba la universidad había desarrollado algunas ideas sobre justicia y sociedad, y que su rebelión había echado raíces por entonces. Adoptó lo que llamaba una visión utópica de la sociedad, dándose cuenta más tarde que ello lo habría convertido en un comunista utópico. Pero, como les dijo a los estudiantes chilenos, "todavía no había tenido la buena fortuna de conocer a un comunista ni de leer un documento comunista". Recién comenzó a ver la luz cuando se topó, por casualidad, con una copia del Manifiesto Comunista. Leyó las ideas radicales que desarrollaba acerca de la sociedad y las clases, y los conceptos "me golpearon como un rayo y esas ideas me ganaron para su causa. Y aún así, ¡eso no significaba que fuera ni remotamente comunista!", dijo a su público ocasional, añadiendo que había desarrollado una conciencia revolucionaria mucho antes de adoptar la ideología comunista.

Dondequiera que Matthews fuera y hablara, no podía evitar hacer frente a lo dicho por Castro en el discurso de diciembre. Siempre que ofrecía conferencias en Cuba o concurría a congresos sobre América Latina, le preguntaban cómo había podido afirmar que, en 1959, Castro no era comunista, si el mismísimo Castro había confesado que siempre había profesado el marxismo-leninismo.

A medida que escalaban las confrontaciones de este tipo, también aumentaba el encarnizamiento de los manifestantes. El término "traición" comenzaba a oírse con mayor frecuencia, como expresión generalizada de los sentimientos de muchos cubanos y estadounidenses que contemplaban la transformación de Castro de héroe en villano ante sus ojos. A menudo, sospechaban que se trataba de una superchería instrumentada por un grupo de simpatizantes comunistas —Matthews, entre ellos— que había ayudado a Castro a embaucar a todo el mundo para convencerlo de su estatura heroica. En los días de la Guerra Fría, inundados de espías y sospechas, se trataba de un juego peligroso. Por supuesto, el consenso general sostenía que el principal organizador del espectáculo era Matthews. Sus lectores ya no le enviaban homenajes expresados en canciones y poemas. Ahora el mensaje vehiculizaba el odio, y los lectores no dudaban en hacérselo saber:

Estimado Sr. Matthews:
Si yo hubiera infligido a mi país el daño incalculable que usted le causó, creo que me habría degollado.
—Raymond S. Richmond, San Francisco

Si tanto le gusta el comunista Castro y su revolución, ¿por qué no se muda a Cuba? Quiero que sepa que nosotros, los cubanos libres, que tanto sufrimos, lo detestamos desde el fondo de nuestros corazones por sus estúpidos artículos comunistas en defensa del monstruo. Alguna vez, quizá pronto, recibirá usted lo que merece.
—Marta Hernández [sin dirección]

Un grupo de cubanos exiliados en Venezuela envió una nota, acompañada de un penique estadounidense, que rezaba: "Nuestra contribución al 'Fondo Para Enviar al Herbert Matthews a su Paraíso Comunista en Cuba'. Estamos seguros de que miles de personas se nos unirán para pagar su pasaje de ida de modo que pueda reunirse con Fidel Castro, su verdadero camarada".

Otras cartas con expresiones de odio llegaban al *Times*, dirigidas simplemente al "Camarada Matthews".

Los semanarios continuaban mofándose de Matthews: "La escaramuza más prolongada que afrontó la Revolución Cubana fue la que se produjo entre Herbert L. Matthews, el veterano editorialista y corresponsal del *New York Times*, y un vasto sector de la prensa estadounidense", afirmó *Newsweek* en una crítica a la prensa publicada en octubre de 1961 bajo el título: ¿EL ÚNICO QUE LLEVA EL PASO?. Según el artículo, "bombardeado por las críticas que lo acusan de haberse enamorado permanentemente de Fidel Castro,

Matthews declaró ásperamente que la prensa estadounidense ha hecho un torpe manejo de la historia de principio a fin". Ese mismo mes, *Time* le asestó otro golpe duro: "En su libro *The Cuban Story*, Herbert Matthews escribió: 'De paso, pongamos atención en que ya en 1948, a la edad de veintiún años, Fidel Castro era un agitador anti-yanqui que manifestaba en contra del imperialismo yanqui'. Sin embargo, en su artículo de 1957, y sin refutación alguna de su parte, permitió que Castro declarara: 'No sentimos ninguna animosidad contra los Estados Unidos ni contra su pueblo'".

La agresión más cruenta llegó de la pluma del comentarista conservador William F. Buckley Jr., en cuya opinión Matthews era un simpatizante comunista "que dirigía a los pro-castristas en los Estados Unidos", y cuyo legado consistía en crear una amenaza que atentaba contra la seguridad misma de los Estados Unidos, porque "hizo más que ningún otro para elevar a Fidel Castro al poder". En un artículo publicado en la revista *American Legion*, Buckley acusaba a Matthews de una larga lista de indiscreciones, desde adular la descomunal personalidad de Castro hasta instar a Washington, en 1958, a que interviniera para resolver las diferencias entre Castro y Batista. Pero lo que atacó con mayor virulencia fue "el feroz partidismo" de Matthews. Según Buckley, este rasgo había salido a luz por primera vez en su cobertura de la Italia fascista, y emergido nuevamente en la España de los leales y la Cuba de Castro. Buckley se refirió a ello en los siguientes términos: "Para decirlo suavemente, Matthews quedó pasmado. En una serie de tres artículos que hicieron historia no sólo dentro del periodismo sino en el plano internacional, le informó al mundo que Castro es un idealista valiente, fuerte, dedicado, rebelde, y duro de roer".

Buckley alegó que las consecuencias del hechizo bajo el que cayó Matthews resultaron catastróficas: "Ya es bastante malo que Fidel Castro lograra hipnotizar a Herbert Matthews, pero fue una calamidad que, respecto de Castro, Matthews hipnotizara a tantas otras personas que ocupan cargos de responsabilidad en el poder". El título del artículo de Buckley se transformó en una pulla que persiguió a Matthews hasta la tumba: "'Conseguí Mi Empleo Gracias Al *New York Times*': De cómo la opinión de un hombre, difundida por un periódico influyente, contribuyó a llevar a Castro al poder". Buckley había tomado la frase de una campaña publicitaria que el *Times* estaba realizando a fin de aumentar su circulación a través de la Sección de Clasificados, en la cual quienes buscaban empleo comunicaban su felicidad mediante la frase "Conseguí mi empleo gracias al *New York* Times". Buckley la aprovechó para burlarse del periódico y del corresponsal.

A raíz del fuego cerrado que Matthews soportaba en su propio país, encontró refugio en Cuba, donde era tratado con respeto y, durante un tiempo, ese respeto parecía crecer de manera exponencial, en paralelo con el aumento de las críticas que arreciaban en los Estados Unidos. Matthews apreciaba la actitud de los cubanos. Le hacía bien a su ego saber que, por lo menos en Cuba, honraban su trabajo. "Sí; en verdad, ésta todavía es mi ciudad", escribió a Nancie desde La Habana. Se había convertido en una figura fácilmente reconocible, y los cubanos le dieron una cálida bienvenida. En los anuncios que el Sevilla Biltmore ponía en los periódicos, se jactaba de que ahí se había alojado Matthews antes de la célebre entrevista. Ahora, cuando llamaba al servicio de habitación, el empleado respondía con alegría: "Buenos días, Sr. Matthews. Bienvenido a La Habana".

Les contó a sus colegas de Nueva York que, en ocasiones, los cubanos lo trataban como a un padre fundador* de la Revolución Cubana, a él, el único periodista que, desde el inicio, se había mostrado dispuesto a decir la verdad sobre Cuba.

En aquellos momentos difíciles, Matthews sólo contaba con unos pocos amigos leales. Entre estos se encontraban Ernest y Mary Hemingway, quienes dividían su tiempo entre su granja de Ketchum, en Idaho, y la Finca Vigía de La Habana. Observaron el desarrollo de la revolución con inagotable fascinación, y recurrían a Matthews para que les explicara los sucesos. Por entonces, Hemingway luchaba contra sus propios demonios, los que a la larga lo condujeron al suicidio, pero de todos modos respondía las frecuentes cartas de Matthews y le proporcionaba apoyo moral. En tanto la controversia sobre Cuba hacía estragos, Matthews le escribió: "Me estoy metiendo en problemas con este asunto de Cuba". Le decía, además, que estaba decidido a defenderse y a volver a hacer respetar su nombre: "He pasado casi cuarenta años de mi vida construyendo una reputación de probidad profesional, y no voy a permitir que nadie la manche a estas alturas". Hemingway inflaba el ego de Matthews y azotaba —figurativamente hablando— a sus críticos. En una carta fechada

---

* Los estadounidenses llaman "Founding Fathers" a los próceres que firmaron la Declaración de la Independencia de los Estados Unidos de Norteamérica, la Constitución Nacional, y/o fueron figuras clave en la epopeya patriota que comenzó con la revolución de 1776 [N. de la T.]

en septiembre de 1960, el novelista decía que le habían pedido que escribiera un artículo sobre Cuba para el *Saturday Review*, pero que había rechazado la oferta por encontrarse muy ocupado: "Les contesté por telegrama que mi trabajo no me permitía aceptar, y que consideraba que tú eras la única persona totalmente calificada para escribir lo que pedían. Qué pena que no estábamos en la Finca para verte, y espero que podamos charlar antes de que avance el otoño".

En otra carta dirigida a Hemingway, llena de autocrítica, Matthews admitió estar peleando una batalla perdida: "Cuanto peor se pone la situación con Cuba, más me atacan, y el Director General y otras personas del *Times* son muy criticados por conservar entre ellos a un comunista como yo". Dos meses después de la publicación de *The Cuban Story*, Matthews envió una copia a Ketchum. Mary Hemingway le escribió, diciéndole que el libro era "maravilloso y valiente", pero que corría la suerte de ser ignorado o atacado: "Temo que quizás, a pesar del gran esfuerzo que has realizado, eres una voz clamando en el desierto".

En un mundo atrapado por la locura de la Guerra Fría, nada era inocente ni inviolable. Hasta los firmes admiradores de Matthews en Cuba eran capaces de usarlo para sus fines. El Che Guevara lo consideraba un periodista estadounidense de mente flexible en quien se podía confiar para que presentara al régimen en una luz favorable. Pero a medida que la reputación de Matthews en los Estados Unidos se iba deteriorando, disminuyó su utilidad, e inclusive Castro comenzó a distanciarse de él, aunque nunca abandonó por completo al corresponsal que le había prestado tantos servicios. No obstante, en cierto momento exclamó [refiriéndose a Matthews]:

—Estoy harto del viejo ése que se cree mi padre. No hace más que darme consejos.

Cuando viajó a Nueva York en 1959, Castro, a sabiendas, puso a Matthews en una situación embarazosa, y cuando Matthews volaba a La Habana para hablar con él, muchas veces lo hacía esperar días antes de recibirlo. Hacer sentir incómodos a quienes lo habían ayudado alguna vez resultó ser uno de los rasgos que daban indicios del carácter de Castro.

A pesar de la indignidad que significaba verse forzado a 'bajar la cresta', finalmente Matthews conseguía ver a Castro, amén de conservar acceso especial a toda la alta jerarquía cubana hasta que se retiró del periodismo. Por otra parte, ningún otro periodista estadounidense pasó tanto tiempo con Castro; los funcionarios del gobierno siempre atendían sus llamados, y sus fuentes en La Habana seguían siendo confiables. No podía ponerse en cuestión que gozaba de una posición privilegiada y que desempeñaba un papel importante en el imaginario de la Revolución Cubana. Distintas eran las cosas en su patria. Las dudas sobre sus lealtades continuaban, siempre inventadas por los críticos que avivaban el fuego. Rápidamente se estaba convirtiendo en el tipo de periodista que más compasión despierta: el que se ve amordazado por la empresa que lo emplea.

El 30 de enero de 1962, Orvil E. Dryfoos, el nuevo Director General del *Times*, envió un memo sucinto y brutalmente sincero a John B. Oakes, jefe de Matthews en el Consejo Editorial. Ocurrió algunas semanas antes del discurso en el que Castro se declaró marxista-leninista, y al comienzo de un año que resultaría decisivo en las ya muy deterioradas relaciones entre los Estados Unidos y Cuba.

> *John:*
> *Espero que Herbert Matthews*
>   *1) se mantenga apartado de las noticias*
>   *2) y no escriba para la Sección de Noticias*
> *O.E.D.*

La creciente controversia acerca de la parcialidad de Matthews se estaba tornando intolerable, mientras que el apoyo del que aún gozaba en el periódico se derrumbaba. Ya no le era posible acudir a su viejo amigo Arthur Hays Sulzberger y, bajo el aluvión de críticas que se colaban desde fuera del edificio, a Matthews se le hacía cada vez más difícil continuar con la historia de Cuba, pero también le resultaba más frustrante aún verse separado de ella. Aunque tenía prohibido escribir noticias sobre Cuba en el *Times*, todavía redactaba editoriales sin firma. En algunos editoriales criticaba a Castro, pero de modo tal que se traslucía el deseo del autor por el triunfo de la revolución. Para alguien como Matthews, que necesitaba creer en Castro, no resultaba fácil observar los infinitos errores garrafales que se cometían a uno y otro lado.

Matthews era demasiado obcecado como para aceptar las limitaciones impuestas sobre su escritura sin dar pelea. En los largos años que había trabajado para el *Times*, había gratificado su ego y obtenido ingresos adicionales colaborando con revistas y otras publicaciones. A medida que se le reconocía como experto en asuntos cubanos, las publicaciones académicas lo convocaban. En 1960, de regreso de un viaje a Cuba, trajo consigo varias páginas de notas que consideraba revelaciones importantes sobre la revolución castrista. El *Times* se rehusó a publicarlas; entonces, Matthews acudió al Profesor Ronald Hilton, catedrático de Stanford y notable especialista en cuestiones latinoamericanas, a quien había conocido en 1954, durante las celebraciones del bicentenario de la Universidad de Columbia. En 1959, Hilton lo invitó a Stanford, donde se desempeñó como uno de los principales expositores en un congreso sobre América Latina, y luego le pidió que integrara la Comisión Asesora Internacional del *Hispanic American Report*. Allí publicó un artículo confeccionado con base en las notas.

Puso el énfasis en que la revolución constituía un punto de referencia, y rechazó de plano que se debiera a un "accidente histórico". Volvió a repetir sus severas críticas a las interpretaciones de la prensa y al lamentable cuerpo diplomático que trataba los asuntos latinoamericanos desde Washington. Culpaba a todos ellos por alentar la sensación de traición que los estadounidenses experimentaban respecto de Cuba, y declinó toda responsabilidad de su parte en el problema: "En este país, el sentido de amistad y admiración por Fidel Castro se basó en la ingenua creencia de que Castro se limitaría a expulsar al dictador Fulgencio Batista, a lavar la corrupción del establo de Augias*, llamar a elecciones, dejar intacta la estructura económica, incluida su dependencia de los Estados Unidos, y que todo seguiría como antes". Matthews explicaba que la revolución evolucionaba de manera desordenada hacia una estructura totalitaria centralizada, con Castro en su núcleo. Culpaba a la prensa estadounidense por iniciar una profecía autocumplida al acusar a Castro de comunista. "La prensa estadounidense, la radio, la televisión, el Congreso, y numerosos diplomáticos y hombres de negocios estadounidenses les dieron la victoria a los comunistas mucho antes de que ganaran la batalla", acusó.

Sin embargo, Matthews todavía no estaba dispuesto a dar a Castro credencial de comunista en este artículo. En cambio, construyó una definición apenas comprensible que de nada servía para acallar a sus detractores: "Si es necesario etiquetarlo de algún modo, digamos

---

* Uno de los Doce Trabajos de Hércules. Los establos —pues eran más de uno— no se habían limpiado jamás, y era tal la acumulación de estiércol a través de los años que realmente parecía una tarea imposible. Hércules la resolvió desviando el curso de los ríos Alfeo y Peneo, que confluyeron en torrente sobre la inmundicia y arrastraron la suciedad hasta dejarlos relucientes [N. de la T.]

que Castro es un socialista utópico pre-científico, no un socialista marxista". En cuanto a su evaluación de un aspecto fundamental de la naturaleza del líder y del impacto que su personalidad habría de causar sobre las relaciones hemisféricas, fue verdaderamente profético. Matthews afirmó que la revolución castrista era, antes que nada, una "rebelión de la juventud", por lo cual tenía un carácter impulsivo y probablemente se quedaría por bastante tiempo. Caracterizaba a Castro como a "un joven formidable. No retrocederá ni se rendirá fácilmente, y sería prudente que los estadounidenses enfrenten el hecho de que les espera una lucha larga y difícil si, como parece, Estados Unidos se propone derrocar al gobierno castrista". El *Hispanic American Report* tomó a Matthews bajo su protección e intentó defenderlo de las críticas que lo acusaban de haber contribuido a que Castro asumiera el poder. "Es tan absurdo", decía la publicación, "como responsabilizar a un meteorólogo cuando se produce una tormenta".

No sólo Stanford le ofreció a Matthews un puerto seguro. Muchos campus estadounidenses le prestaron su oído receptivo, puesto que las universidades juzgaban a la Revolución Cubana según criterios más liberales. Aquellos profesores y estudiantes que se oponían al desempeño de los Estados Unidos en Vietnam apoyaban la revolución socialista de Cuba. En mayo de 1961, Matthews aceptó una invitación para disertar en la Universidad de Michigan, y dijo al público que "una vez que el régimen de Fidel Castro fue tildado de comunista, a los periodistas estadounidenses se les hizo prácticamente imposible ir a contracorriente de la opinión pública, aunque la reacción hostil fue producto de la prensa —al igual que el monstruo de Frankenstein".

Ese mismo año, aceptó honorarios por la suma de quinientos dólares a instancias de Frank Horn, historiador liberal de City College en Nueva York y erudito influyente en temas de nacionalismo, para participar entre los disertantes distinguidos de ese año. En la primera de sus tres ponencias, Matthews utilizó una de sus descripciones más enigmáticas de Castro, con el propósito de defender tanto al líder como a sí mismo. Declaró que "no se podía declarar legalmente insano a Castro; no es fascista, y es poco probable que haya sido —o sea hoy— comunista. Él es él mismo, y no encaja en ninguna categoría, aunque ayuda un tanto saber que es de ascendencia gallega española, cubano por nacimiento y crianza, y una criatura de nuestra época —una criatura muy salvaje. Afirmando su derecho al título del estadounidense mejor versado sobre Castro, Matthews compartió con sus benévolos oyentes el pesar que le provocaban los avatares de las relaciones entre Estados Unidos y Cuba: "No es posible evitar una profunda sensación de desilusión al ver que las cosas han resultado de este modo, que la Guerra Fría llegó al hemisferio, que Fidel Castro se ha convertido en el enemigo más peligroso que América Latina jamás opusiera a los Estados Unidos". Trató de poner distancia entre su persona y la "forma actual" de la Revolución Cubana, y sin embargo alentó al público a verla a través de sus ojos e intentar comprender, tanto desde el punto de vista de la Historia como del pueblo cubano, lo que se desarrollaba allí: "Si lo comprenden, condenarán y condonarán. Acusarán y se compadecerán. Verán que mucho es bueno, y que otro tanto es malo".

Matthews se sentía a sus anchas en los campus universitarios, y nunca dejó de preguntarse cómo habría sido su vida si hubiera elegido la carrera docente en lugar de convertirse en corresponsal. Pero los exiliados cubanos y los estudiantes cubano-estadounidenses contrarios a Castro comenzaron a acosarlo. En varias ocasiones le fue imposible concluir sus exposiciones, y una vez, en la Universidad de Nueva México, en Albuquerque, a la mitad de su discurso alguien le alcanzó una nota en la que se le advertía: "Debe terminar de hablar, ya". La policía había sido alertada de que alguien planeaba detonar una bomba, y las mil personas presentes en el Edificio del Centro de Estudiantes debieron ser evacuadas.

A los dos años y meses después de hacerse cargo de la Dirección General, y a consecuencia de la tensión y agotamiento de tener que gerenciar el periódico en medio de una huelga destructiva, Orvil Dryfoos sufrió un colapso y falleció. Había hecho el esfuerzo de ocultar la gravedad de su dolencia cardíaca ante sus colegas, incluyendo a Arthur Ochs Sulzberger, su cuñado, quien lo reemplazaría en el cargo. Éste era apodado "Punch" desde la niñez, y el sobrenombre evocaba un juego de palabras surgido del hecho de que su hermana se llamaba Judith*. Muchos dudaban de que el flamante Director, de sólo treinta y seis años, estuviera preparado para hacerse cargo de la responsabilidad de administrar el periódico, pero Sulzberger demostró que estaban equivocados. Para Matthews, se trataba de una nueva pérdida de apoyo, pues aunque el nuevo Director llevaba el

---

* Los "Punch and Judy shows" son antiguos espectáculos tradicionales de marionetas de origen italiano que, según se cree, fueron introducidos en Inglaterra en el siglo XVII. De ahí el juego de palabras al que alude el autor [N. de la T.]

mismo nombre de su padre, no compartía el afecto de Arthur Hays Sulzberger por Matthews. Éste era mucho mayor y más experimentado que el nuevo Director, y a veces tenía la sensación de que Ochs Sulzberger no llegaba a aprehender las complejidades del periódico ni de Cuba. Los choques entre ambos eran frecuentes.

Matthews había llegado a ser uno de los reporteros estadounidenses más conocidos, y uno de los periodistas menos populares. Era atacado con regularidad en las reuniones de la Sociedad Estadounidense de Directores de Periódicos y de la Asociación Interamericana de Prensa (I.A.P.A., por sus siglás en inglés), cuyo directorio integraba. Durante una sesión, varios exiliados cubanos instaron a la entidad a emitir un voto de censura en su contra, porque había escrito un editorial en el que declaraba que la Asociación se había politizado a raíz de la cuestión cubana. "No es verdad, como se ha sugerido y dicho aquí con todas las palabras, que hemos justificado a Fidel Castro o a sus actos", expresó Matthews en su defensa. "No lo apoyamos; nos oponemos a él. Ello no significa que debamos estar de acuerdo con todo lo que sobre el régimen dicen y creen los opositores exiliados, ni la mayoría de la I.A.P.A. En conclusión, deseo que quede muy claro que ni yo ni el *New York Times* podemos aceptar que se nos acuse de favorecer el régimen de Castro ni el comunismo". Los directivos de la Asociación no sometieron la mención de censura a votación, pero era evidente que la permanencia de Matthews constituía un factor de perturbación. Al poco tiempo dejó de integrar la Comisión Directiva, y fue reemplazado por Marian Sulzberger, la viuda de Dryfoos y una de las tres hermanas de Punch Sulzberger.

Hacia 1962, las intenciones de la Unión Soviética de utilizar a Cuba como una cuña de la Guerra Fría en el hemisferio occidental eran tan claras como la decisión de Washington de impedirlo. Parecía inevitable que se produjera una confrontación entre las dos superpotencias. Los soviéticos, envalentonados por el público fracaso de la Bahía de Cochinos protagonizado por Kennedy, avanzaron agresivamente con sus planes de convertir a Cuba en un estratégico puesto de avanzada que estuviera a la altura de los puestos estadounidenses ubicados dentro del radio de alcance de las armas soviéticas. Castro recibió con beneplácito tropas y pertrechos bélicos de procedencia soviética. Estaba seguro de que Kennedy trataría de compensar los errores cometidos en Bahía de Cochinos mediante un nuevo intento de invasión a Cuba. Hacía algún tiempo que Cuba se hallaba en proceso de reunir una concentración militar cuando un avión espía tomó unas alarmantes fotografías de varias bases de lanzamiento de misiles ubicadas en emplazamientos remotos. La apuesta se había elevado considerablemente: había comenzado el juego de la espera. Khrushchev había planeado instalar y alistar misiles de alcance medio e intermedio con ojivas nucleares capaces de alcanzar territorio estadounidense antes de que Washington se enterara de lo que ocurría, pero las fotografías expusieron el peligroso gambito. Castro hizo un llamamiento a los cubanos para que se prepararan a rechazar una nueva invasión. El 22 de octubre, el Presidente Kennedy, preocupado, anunció un bloqueo naval y ordenó la concentración de tropas en la Florida. Todos las miradas estaban puestas en Cuba, y Matthews no era la excepción.

A pesar de la crítica externa y de las advertencias recibidas en el *Times*, Matthews se hallaba empeñado en regresar a Cuba, que no visitaba desde 1960. Sentía que era un intervalo peligroso, durante el cual la ventaja sustancial del *Times* sobre otros medios de comunicación se había disipado porque Ruby Phillips, su única corresponsal en la isla, se había visto obligada a marcharse después del episodio de Bahía de Cochinos. En el otoño de 1962, Matthews llevó a Nancie de gira por diez países latinoamericanos, en parte de vacaciones, y en parte, trabajo de campo. Aunque le estaba vedado escribir artículos acerca de Cuba, todavía redactaba editoriales sobre el tema, y contaba con la autorización del Director General para viajar a Cuba a recoger información. Debería haber sido el final del recorrido, y Matthews había obtenido las visas correspondientes antes de abandonar Nueva York. Mencionó su itinerario al Presidente Kennedy durante la charla en el Salón Oval, y éste le pidió que regresara a la Casa Blanca a su regreso para informar sobre los resultados de su viaje. Al momento de estallar la crisis de los misiles, se encontraba en Ciudad de México, y ya tenía reservaciones para lo que resultó ser el último vuelo de Cubana de Aviación al que le fue permitido aterrizar en Cuba antes del bloqueo.

Matthews se dio cuenta de que, una vez más, se las había compuesto para estar en el lugar correcto en el momento apropiado. Creía estar al borde de otra primicia sensacional, equivalente a la entrevista en la Sierra, si sólo lograba llegar a La Habana y ver, con sus propios ojos, cómo manejaba Castro el desarrollo de la crisis. Sentía que quizás podría, una vez más, jugar un papel en la Historia, asegurándose de que el Presidente Kennedy y sus asesores contaran con un relato preciso de los hechos vistos desde el interior de Cuba; un relato que sólo él, Matthews, podía proporcionar. Pasó por la Embajada de los Estados Unidos en México para hablar con el Embajador Thomas C. Mann, y entregarle en mano una nota detallando los arreglos que había hecho para encontrarse en Cuba en el momento crítico. También tenía presente su reputación vapuleada, y deseaba asegurarse de que ni él ni el periódico fueran acusados de una renovada complicidad con Castro.

"Me dirijo a usted a fin de comunicarle nuestra intención de seguir adelante con el viaje a Cuba a pesar de los acontecimientos registrados en las últimas veinticuatro horas. No deseo que mis motivos sean malinterpretados por usted u otros miembros del gobierno".

Matthews le confió a Mann que el hablar con Castro y otros líderes cubanos le permitiría obtener una perspectiva única del enemigo. Treinta años después, Peter Arnett, corresponsal de la CNN, recurrió al mismo argumento cuando permaneció en Bagdad durante la Operación Tormenta del Desierto. Matthews asimismo ofreció a Mann un trato especial, quizás con la esperanza de mejorar sus posibilidades de ingresar a Cuba, o tal vez, simplemente, porque estaba ansioso de asumir un nuevo rol: no limitarse a explicar el mundo, sino también intentar cambiarlo.

Deseo hacer constar en forma anticipada que, en vista de las circunstancias de nuestra relación con Cuba, estoy dispuesto a romper una regla propia de mi profesión, levantando la confidencialidad de lo que se me diga o lo que vea en Cuba. Si el viaje resulta tal cual fue planeado, me pondré a disposición de cualquier autoridad del gobierno de los Estados Unidos que desee saber lo que vi y escuché.

Mann se sintió complacido, e inclusive ofreció a Matthews reunirse con el agente de la CIA residente en la Embajada para instruirlo antes de su partida. Todo parecía estar pronto, pero el día anterior al viaje, Matthews recibió un llamado de su jefe, John Oakes. Fue una conversación penosa. Oakes le aclaró que las órdenes que le transmitía provenían directamente del Director Editorial y del Secretario de Redacción. Sin importar qué arreglos especiales hubiera hecho, Cuba le estaba absolutamente prohibida. Matthews enfureció, pero obedeció las órdenes. Permitió que la oportunidad histórica se le escurriera de entre los dedos, aunque no ocultó la amargura que le provocaba la decisión de mantenerlo engrillado como a un prisionero.

En los memos que envió a Nueva York, alegó que se había ganado la confianza del Departamento de Estado, de la Casa Blanca, y del Presidente. Aparentemente, no ocurría lo mismo con el periódico para el cual trabajaba.

"El *Times* podría haber dejado constancia fehaciente de que cooperábamos con la Casa Blanca, el Departamento de Estado, y la CIA, aun cuando no se habría podido divulgar de inmediato", escribió en un memo a los directores a su regreso. "Y esto al margen de la primicia periodística que le habría significado al periódico; una primicia que ningún otro corresponsal de los Estados Unidos —ni de cualquier otro país, de hecho— habría conseguido". Matthews no ignoraba que tanto él como el *Times* habrían sido blanco de las críticas si hubiera volado a La Habana ese día, y que les habría costado muy caro si se filtraba la noticia del trato que había hecho respecto de compartir información con el gobierno. Pero también estaba convencido de que las críticas se habrían olvidado rápidamente y que su presencia en el lugar de la crisis habría aportado datos invalorables por su importancia histórica y diplomática, si bien Castro le dijo más tarde que si se hubiera encontrado trabajando en Cuba en el punto álgido de la crisis, cuando más se temía un ataque militar, probablemente habría sido arrestado y detenido.

Durante la crisis de los misiles, Matthews le escribió a su hermano, expresando la grave preocupación que le causaba el manejo de la situación. Por un momento, la gravedad de los hechos fue más fuerte que su enojo por el maltrato que había sufrido a manos de sus jefes. Le dijo a John: "No tienes idea de cómo me siento sobre el asunto de Cuba. Estoy de acuerdo con que, dadas las circunstancias, Kennedy no podía hacer otra cosa, ni hacer menos, aunque el momento elegido es un tanto sospechoso. No puedo entender por qué los rusos y Fidel tomaron esta vía". Le preocupaba enormemente la dureza con la que Kennedy había exigido que se desmantelaran las instalaciones misilísticas, puesto que, teniendo en cuenta el carácter de Castro, temía que semejante exigencia llevara al cubano a mantenerse en sus trece y a pelear sin tener en cuenta el costo. "No creo que Fidel lo acepte. Por lo tanto, estoy persuadido de que esto se resolverá con un ataque militar por parte de los Estados Unidos. No veo otra salida, aunque no puedo predecir cuándo ocurrirá".

Matthews estaba en lo cierto respecto de Castro, pero se equivocaba en cuanto al ataque. Años después de la crisis, Castro confesó que había alentado a Khrushchev a no echarse atrás, y él, por su parte, estaba preparado para desatar la guerra contra los Estados

Unidos, decisión que, sin duda, habría sacrificado un tendal de vidas cubanas. Finalmente fue Khrushchev quien cedió, al darse cuenta de que Estados Unidos jamás aceptaría la presencia permanente de sus misiles en Cuba. Mantenerlos allí conduciría a ambas potencias a la guerra total, y Khrushchev decidió que no se hallaba preparado para llegar a ese extremo. La promesa de que Estados Unidos no intentaría invadir Cuba le proporcionó la excusa que necesitaba para retirarse salvando las apariencias. Luego de una tensa semana al borde del abismo, el mundo exhaló un suspiro de alivio. Castro, que ansiaba la lucha, fue uno de los pocos que se sintió decepcionado cuando se rompió el empate. Puso mala cara, sintiendo que los soviéticos lo habían marginado y traicionado la revolución. Pocos días después del fin de la crisis, les dijo a los estudiantes de la Universidad de La Habana que Khrushchev no tenía cojones.

Matthews estaba decidido a completar el último tramo de su recorrido por América Latina. Nancie y él volvieron a tramitar sus respectivas visas a Cuba, pero luego tuvieron que posponer el viaje varias veces a causa de la mala salud de Nancie. Finalmente, partieron hacia la isla un año más tarde, en 1963. Matthews había prometido limitarse a buscar información fáctica para el Consejo Editorial. La intransigencia demostrada por Castro durante la crisis de los misiles, sumada a la alianza con la Unión Soviética, despertaba muchos interrogantes que Matthews necesitaba analizar para la página editorial, pero no para las columnas de noticias. Hasta ahí, todo había quedado claro, y él sabía que el Director General y otros directivos importantes estarían pendientes de lo que hacía en Cuba. De lo que no estaba enterado era de que también el FBI y la CIA le seguían los pasos.

El FBI venía observando los viajes de Matthews desde poco después del final de la crisis de los misiles. El Buró había registrado que Matthews le había avisado a la Oficina de Pasaportes que se había visto forzado a renunciar al tan bien planeado viaje a Cuba en 1962, pero que se proponía realizarlo en otro momento, quizás en enero o febrero del año siguiente. Por la manera en que se dieron las cosas, pudo concretarlo recién en octubre de 1963. El agente de la CIA que residía en la Embajada de México había recibido una advertencia encubierta acerca de la fecha elegida por Matthews para viajar, pero no necesitó explotar sus habilidades detestivescas para averiguar lo que se traía entre manos. *Prensa Latina*, el servicio estatal cubano de noticias, cubrió la visita en todo detalle, desde que llegaron hasta que partieron. A Matthews se le otorgó un recibimiento de héroe;

los cubanos los fueron a buscar al aeropuerto a la 1:30 de la madrugada y, en lugar de llevarlos al Hotel Habana Libre, donde tenían reservaciones, escamotearon a la aturdida pareja en dirección de una mansión de La Habana que había sido confiscada a sus propietarios. Pensando que la hora estaba demasiado avanzada para iniciar una discusión, Matthews y su esposa pasaron allí la noche, aunque a la mañana siguiente insistieron en ser trasladados al hotel. Matthews presintió que era importante enterar a Catledge del episodio, así como de otras prebendas que le proporcionaron los cubanos. Pusieron auto y chófer a su disposición, un helicóptero para que inspeccionara las zonas afectadas por una tormenta reciente, y el mismísimo avión particular de Castro, un Ilyushin de fabricación soviética.

Faustino Pérez, uno de los jóvenes rebeldes que en 1957 había conducido a Matthews a la Sierra, ocupaba ahora el puesto de Director del Instituto Nacional de Recursos Hidráulicos. Una vez más, llevó al visitante a la Provincia de Oriente, pero en esta ocasión, el motivo era la evaluación de los daños causados por el huracán Flora. Al citar las palabras de Matthews, la prensa cubana lo hacía sonar como un funcionario soviético en función oficial: "Gran trabajo", dijo, alabando el proyecto educativo.

Durante su estancia en Cuba, Matthews recibió una consulta de Lester Markel, el poderoso director de la edición dominical del *Times*. Le preguntaba si le sería posible redactar un artículo para la revista del domingo. Markel se daba perfecta cuenta de que Matthews se encontraba en la posición ideal para hacerlo. Era uno de los pocos corresponsales extranjeros en Cuba, y el único con acceso asegurado a Castro. Había vuelto a entrevistarlo en esos días, formulándole una pregunta crucial: ¿De quién había sido la idea de instalar misiles soviéticos en Cuba? ¿De Castro o de Khrushchev? Finalizada la entrevista, Matthews creía haber conseguido una historia tan importante que acabaría por invalidar las restricciones que el periódico le había impuesto. En el viaje de regreso, hizo escala en Ciudad de México, desde donde envió otro larguísimo memo en el que describía su conversación con Castro, junto con otras noticias exclusivas que había reunido. Envió copias a los directores, y una extensa nota a Markel con los lineamientos generales de la nota que pensaba escribir para la revista, tal como éste se lo había pedido. Al recibir la respuesta telegráfica de Markel, Matthews se sintió sorprendido y enojado. Markel se despachó con la frase "Situación delicada como se dará cuenta", y pospuso el tratamiento del tema para el retorno de Matthews a Nueva York.

Éste entró en sospechas. En una nota dirigida a Markel, respondió: "Conozco mejor que nadie lo 'delicado', como usted lo expone, del problema de escribir sobre Cuba, aunque creo que se trata de una exageración por debajo de la dignidad del *Times*. No entraba en mis proyectos escribir nada, pero ahora creo que deberíamos hacerlo, y me ocuparé de ello con gusto. Lo que me molesta es que se me trate como a un paria". Más adelante, Matthews se enteró de que Markel había comenzado a sentirse incómodo acerca del artículo que él mismo había propuesto cuando llegó a sus oídos que, en medio de un discurso ofrecido por Castro en el Palacio Presidencial, había hecho una breve mención del nombre del periodista. Frente a la multitud reunida para escucharlo, Castro dijo: "Hablamos recientemente con un hombre de prensa honesto y objetivo. No me refiero a un periodista marxista-leninista, sino a un hombre de ideas liberales: el periodista Herbert Matthews".

Castro jugueteaba con el nombre de Matthews, introduciéndolo en su discurso a fin de subrayar los logros de su revolución. Pero estas referencias como al pasar exacerbaban las aprensiones de los directores, siempre temerosos de que Matthews estuviera demasiado cerca de la revolución.

Regresó a Nueva York preparado para librar nuevas batallas en la sala de redacción. Descartando acuerdos anteriores, alegó que necesitaba aprobación para escribir un análisis exhaustivo de las noticias para la edición dominical o, si ello no era posible, presentar el material bajo el formato de una entrevista a Castro. Material y ambición, le sobraban. Pero después de haber presentado las extensas notas a Markel, todo lo que obtuvo fue una respuesta lacónica: "He leído el artículo, y no me parece que arroje nueva luz sobre la situación de Cuba, de modo que opino que no debe imprimirse". De modo similar, el director de la Sección de Asuntos Extranjeros, Marty Freedman, rechazó el ofrecimiento de Matthews de redactar noticias: "Puesto que quedó entendido, antes del viaje del Sr. Matthews a Cuba, que no iba a realizar ningún trabajo para la Sección de Noticias, no veo por qué estamos discutiendo el tema", escribió en un memo dirigido a Turner Catledge, agregando: "ni nos cabe responsabilidad alguna por cualquier dificultad que se le haya presentado con el Sr. Markel respecto de material para la revista".

Hacer a un lado a Matthews colocaba a los directores en una posición difícil, ya que sabían que habían perdido la oportunidad de informar acerca de una de las cuestiones más candentes del momento por temor a la reputación de Matthews. El intento de deshacer el daño sólo logró empeorar las cosas. El Presidente Kennedy acababa de ser asesinado, y muchos dedos acusadores se alzaban en dirección a Castro y Cuba. Cualquier atisbo del círculo íntimo del líder era noticia, y Matthews se había introducido mucho más adentro de ese entorno que cualquier otro corresponsal estadounidense. De todos modos, los directores decidieron publicar un artículo del periodista francés Jean Daniel, Director de la Sección de Asuntos Extranjeros de *L'Express*, y que ya había aparecido en la revista *New Republic*. No era frecuente que el periódico recurriera a un periodista independiente para cubrir una historia de tal importancia, pero en este caso optaron por el artículo de Daniel... semanas después de lo que hubiera llevado publicar el de Matthews.

Daniel había entrevistado a Kennedy a fines de octubre, precisamente después del primer aniversario de la crisis de los misiles. A las tres semanas, entrevistó a Castro, y quiso la casualidad que estuviera con él el 22 de noviembre, lo que le permitió registrar su primera reacción ante la noticia del asesinato. Castro repitió tres veces: "Es una mala noticia", según el informe de Daniel. Pero la entrevista no se había centrado en ese tema, sino en la crisis de los misiles. Según Daniel, Castro declaró que la razón principal que había llevado a emplazar los misiles era defender a Cuba de una inminente invasión estadounidense. En la entrevista, y refiriéndose a Khrushchev, Castro dijo:

—Nos preguntó qué necesitábamos.

—Que le haga comprender a los Estados Unidos que atacar a Cuba equivale a atacar a la Unión Soviética —le respondimos.

Y el resultado fue que Khrushchev decidió traer los misiles. Pero cuando Castro habló con Matthews, le dijo que la idea de instalar misiles nucleares en Cuba para desalentar la invasión había sido sólo suya, no de los rusos...

Sencillamente, los directores no habían confiado en Matthews; por lo tanto retuvieron esta importante información varias semanas. La razón de Freedman para preferir el trabajo de Daniel al de Matthews era simple: "Se resume en una sola palabra: credibilidad. En este país, el Sr. Daniel no es conocido como simpatizante de Castro".

Al día siguiente de esta demostración de fe en el artículo de Daniel, el *Times* tomó distancia. Desde Washington, un informe de Max Frankel desacreditó la versión ofrecida por Daniel en cuanto a los orígenes de la crisis de los misiles, diciendo que, en la versión de Daniel, los comentarios vertidos por Castro "fascinaron a muchos en nuestro país, pero convencieron a pocos". Frankel afirmó que la mayoría de los que participaban de los círculos del poder en Washington sospechaban que Khrushchev especulaba con la instalación de misiles nucleares en Cuba a fin de vencer la desventaja soviética en la carera armamentista, pues una posición en la isla le proporcionaba una ventaja estratégica que Estados Unidos no podía igualar. No sonaba lógico que los misiles fueran defensivos, en tanto poseían el alcance necesario para caer en Nueva York, Chicago, y Washington. (Cuando se abrieron los archivos soviéticos, los documentos encontrados demostraron que la instalación de los misiles había sido idea de Khrushchev).

La cobardía de los directores enfureció a Matthews, y endureció su determinación de publicar lo que sabía. "Lo que quiero que conste ahora, aunque me sienta humillado por haberlo hecho, es que durante cinco semanas guardé el secreto de esta y otras noticias sobre Cuba, importantes e interesantes, con el único propósito de proteger al *New York Times*", le escribió a Catledge el día en que se publicó el artículo de Daniel. Matthews no objetó en forma directa a que se hubiera preferido la otra historia, pero en verdad se sentía herido. "Lo mínimo que podría haber hecho el *Times* era omitir el pasaje del relato de Daniel en el que Fidel dice: 'Existe una cuestión sobre la que deseo proporcionarle nueva información de inmediato'. La queja de Matthews se refería a la revelación relacionada con los misiles. "Como usted sabe, de la lectura de mi informe se desprende que Fidel me había transmitido la misma información cinco semanas antes".

Excluido del periódico y humillado por los directores, Matthews se volvió nuevamente al *Hispanic American Report* de Stanford, el cual accedió a publicar su extenso artículo como una separata, dándole amplia difusión. I.F. Stone, el iconoclasta editor y columnista, la llamó "El Informe Sobre Cuba que el *New York Times* Tuvo Miedo de Publicar". En el *I. F. Stone's Weekly*, Stone escribió: "Considerando la escasez de noticias sobre Cuba, añadido a la naturaleza sensacional de la historia que trajo el Sr. Matthews y el peso que tiene su opinión, es alarmante que *The New York Times* no la haya publicado".

Se jugaba mucho más que una mera primicia. Lo que se veía amenazado era la credibilidad del periódico, ese vínculo que lo une a sus lectores como una hebra de telaraña mediante la cual unas onzas de papel y tinta se transforman en la fuente de información de confianza. Tanto Matthews como la jerarquía del periódico creían defender esa confianza con su conducta. En una nota dirigida a Oakes, su leal amigo, Matthews expresaba su indignación ante los esfuerzos que el periódico realizaba para amordazarlo. "Debería ser evidente que no puedo llegar al fin de mis días sin hablar ni escribir de Cuba y de lo que allí aprendí". Explicó que había decidido publicar el artículo en otra parte solo luego de haber agotado todas las posibilidades de persuadir al *New York Times* que lo aceptara. Creía que no haberlo publicado en *The Report* "habría resultado en la supresión de información de considerable valor e interés histórico y académico", y establecido "un ejemplo asombroso e inédito de censura y omisión de la información en el *New York Times*".

Oakes envió una copa del memorándum al Director Sulzberger, quien lo recibió con la serenidad que lo caracterizaba y que habría de dejar a sus detractores sumidos en la confusión en todos los largos años que permaneció al frente del periódico, pues era imposible adivinar lo que pensaba. "Creo que le debo una explicación respecto de lo que nos hace vacilar aquí, en el piso 14", escribió a Matthews, aludiendo al área del *Times* que albergaba las oficinas de la Dirección. Sulzberger reiteraba su confianza en Matthews y le expresaba su apoyo en lo referente a que los editorialistas viajaran libremente por los países sobre los que escribían. "No me cabía duda de que iba usted a toparse con algunas nuevas historias. Sin embargo, el propósito de su viaje era —y sigue siendo, en mi opinión— el de recopilar información de base, en el claro entendimiento de que no era usted quien iba a redactar el artículo resultante para el *New York Times*". Decía que no le parecía justo que Matthews hubiera hecho valer su derecho de ofrecer a otra publicación un artículo rechazado, por más que las reglas del periódico así lo permitían. La publicación del artículo en *The Report* bajo su propio nombre no había hecho más que avivar las críticas que ya pesaban sobre el periódico, dando la impresión de que Matthews había sido censurado, y no, como había quedado acordado antes de su viaje, de que no se suponía que iba a producir un escrito destinado a las páginas de noticias. Con tristeza, Sulzberger señalaba: "Comprendo que el material que fue a Stanford no volverá, pero para su futuro gobierno desearía que recordara que ese viaje estuvo signado por características muy especiales, y que el *Times* se habría visto favorecido si usted se hubiera atenido a los propósitos que se pretendían: recopilar información".

La disputa no terminó ahí. En 1964, Matthews publicó un largo ensayo sobre Cuba y América Latina en la revista británica *Encounter*. Comenzaba diciendo: "En los Estados Unidos, no es fácil ser disidente", y luego pasaba a relatar los problemas que le había acarreado la historia de Cuba. Sentía que le había tocado en suerte desempeñar el papel de la voz de la razón ahogada por los bramidos de una tormenta reaccionaria. Tal como no se había dejado amilanar por la censura de Batista en la época de la insurrección, también se rebeló contra la censura injustificable que le impuso el *Times*, y la sociedad estadounidense en general. Ahora apelaba a la objetividad de los lectores de *Encounter*, de un público compuesto por académicos e intelectuales británicos, y esta certeza le permitía mostrarse más sincero que en otras ocasiones. En el artículo se retrataba a sí mismo como a un mártir de la verdad, un incomprendido por el pueblo estadounidense, un pueblo obsesionado por la Guerra Fría y paranoico por temor al comunismo.

Matthews se dirigía a un público que, según creía, estaba menos afectado por la cuestión cubana que los lectores estadounidenses. Así, defendió sus actos, se abstuvo de pedir disculpas, y arremetió contra la postura de otros periodistas de su país. Criticó al historiador Theodore Draper y a otros que se atrevían a llamarse conocedores de Castro sin haberlo visto jamás. Afirmó ser el único que podía afirmar, hasta cierto punto, qué pensamientos cruzaban por la mente del hombre de la barba, presentando la relación especial que los unía como la fuente de su comprensión de los hechos y también de los problemas que afrontaba. "Cualquiera que conozca a Fidel Castro encontraría casi ridículo que la ingenua sociedad estadounidense se trague la idea de que es un comunista calculador, entrenado, y sometido, dedicado a aplicar científicamente la doctrina marxista", escribió Matthews. Estaba convencido de que Castro y su entorno no eran comunistas al principio, sino que habían conducido a Cuba y su revolución al campo comunista "mucho después".

El periodista reconocía que su enfoque de la cuestión era puramente académico, lo cual no agradaba al público estadounidense, sediento de respuestas que no dieran lugar a medias tintas. Matthews pensaba que el persistir en este tipo de análisis lo había convertido en disidente; que no se trataba sólo de "haber cometido el crimen de inventar a Fidel Castro". Tomaba debida nota de que otros hombres de prensa que alguna vez habían quedado prendados de Castro, ahora lo atacaban. Jules Dubois, del *Chicago Tribune*, fue uno de los últimos grandes periodistas en adherir al mito de Castro inicialmente desplegado por Matthews. Dubois fue el primer estadounidense que entrevistó a Castro durante su marcha de 'Flautista de Hamelin' a través de Cuba, luego de la huida de Batista. En aquel entonces estaba hipnotizado por la personalidad del líder, pero en cuanto comenzaron las ejecuciones, intuyó que había cometido un error. Inmediatamente escribió una biografía titulada *Fidel Castro: Rebel-Liberator or Dictator* (Fidel Castro: Rebelde-libertador o dictador), publicada por New Bobbs-Merrill Company en 1959. Allí sugería que, para Cuba, Castro podía ser peor que Batista. Hacia 1960, Dubois y muchos otros reporteros estadounidenses se hallaban persuadidos de que Castro había ocultado su ideología comunista, engañando deliberadamente a todos en los primeros tiempos. Sin embargo, Matthews se mantuvo firme. Al aceptar una explicación más compleja de la revolución, irritaba a la comunidad cubana en el exilio, despertaba las sospechas del FBI, y se causaba problemas a sí mismo en el ámbito del *Times*.

Este artículo, junto con el intercambio de correspondencia que suscitó, derivó en un nuevo conflicto con el *Times*. Sulzberger se molestó mucho cuando se enteró de que Matthews había publicado otro artículo sobre Cuba. En el verano de 1964, le escribió: "Herbert, si bien comprendo su determinación de defender sus ideas, resulta imposible desde todo punto de vista separar su imagen de la del periódico. Continuar el debate de la cuestión cubana, como lo ha hecho en los números de julio y agosto de *Encounter*, es algo que nos perjudica. Para bien suyo y del periódico, hace ya tiempo que cicatrizaron las heridas provocadas por esta situación. Mucho apreciaría que reflexionara sobre ello tan seriamente como lo hago yo, y que diera al tiempo la oportunidad de hacer el resto". Con su estilo calmado pero firme, Sulzberger lo estaba amonestando, y diciéndole que por favor se callara la boca. El frustrado viaje de Matthews a Cuba en 1962, la reprogramación del mismo para 1963, la condición de no poder publicar nada sobre el tema, la discusión acerca del artículo que la revista finalmente declinó, y los cambios de palabras con la Sección de Noticias por artículos rechazados, el número del *Hispanic American Report* que contenía material desechado por el *Times*, y las críticas que llovían sobre el periódico a causa del constante tira y afloja con Matthews, le provocaban al Director una enorme irritación, y la gota que rebasó la copa fue el artículo publicado en el *Encounter*.

Matthews se rehusó a dejar las cosas como estaban. Días después, respondió la carta en un tono mucho más agresivo del que jamás había usado con Sulzberger padre. Su respuesta fue cinco veces más larga que la nota del Director, y analizó punto por punto lo que consideraba como graves errores conceptuales. Sulzberger lo acusaba de escribir el artículo del *Encounter* para prolongar el debate sobre Cuba: no había sido ése su propósito. Por el contrario,

Matthews lo había redactado en 1963 para una antología de ensayos sobre América Latina a la que fue invitado a contribuir. Cuando el proyecto fracasó, él buscó otro destino para su artículo y, a principios de 1964, lo presentó a *Encounter*. Los editores británicos lo retuvieron seis meses, pero una vez que se supo que el *Times* se negaba a publicar el material que Matthews había traído de Cuba, la revista decidió que había llegado la hora de publicar su nota sobre el disenso, y Matthews estuvo de acuerdo.

En un párrafo de la carta, decía que "El *Times* no tiene de qué avergonzarse, ni debe temer a la Revolución Cubana. Yo desempeñé un papel periodístico muy especial en dicha revolución, y todos nuestros especialistas en estudios latinoamericanos leen ávidamente mis escritos, que luego se vuelven parte del registro general de la Historia". A Matthews le molestaba muchísimo que el Director creyera que se había apartado del periódico a fin de defender sus ideas y su persona, puesto que no había necesidad de hacerlo. A la larga, los esfuerzos de Sulzberger por silenciarlo terminarían causando mayor daño al periódico que cualquier cosa que Matthews escribiera. "La verdad es que el *Times* está muy malherido cuando se rehusa a publicar noticias importantes provistas por uno de sus miembros, y quedaría gravemente dañado si amordazara a un miembro que tiene algo importante que decir y elige la manera más digna y menos comercial de hacerlo".

En algún momento, Matthews le mostró a Oakes el intercambio de correspondencia, con una nota en la que decía: "Cuando Punch me escribió después de que mi artículo se publicara en Stanford, me impresionó su incomprensión de la situación, pero decidí no iniciar una discusión. Esta vez estoy indignado, porque realmente no ha entendido nada —cero— y sentí que tenía que contestarle y poner las cosas en su punto".

Oakes apeló a la diplomacia y se abstuvo de intervenir. Sobre la misma hoja en la que Matthews le había escrito, garabateó: "Muy interesante. Gracias por mostrármelo".

***

Matthews estaba seguro de que su teléfono había sido intervenido, y creía que los agentes del FBI vigilaban el edificio donde vivía en el Upper East Side de Manhattan. Todo el tiempo le llegaban amenazas de muerte por correo, y él no les prestaba atención. Pero una tarde de septiembre de 1964 Oakes lo citó en su oficina. Allí le presentó a un joven agente del FBI llamado James Kenny, quien le dijo que poseía cierta información inquietante. Las fuentes del Buró habían informado que un grupo de exiliados residentes en Miami le había puesto precio a su cabeza. Los archivos del FBI indican que el complot se encontraba en la etapa embrionaria y que, básicamente, sólo se había realizado una reunión en cuyo transcurso los cubanos decidieron que había que hacer algo para acabar con Matthews. Oakes llamó a Sulzberger, y éste ofreció contratar un guardaespaldas, pero Matthews no aceptó; prefería esperar que se notificara a la policía. Los guardias de seguridad del edificio del *Times* fueron avisados, y la policía instruyó al portero de los apartamentos. Esta situación se mantuvo unos tres meses. Cerca de fin de año, no había nuevos indicios de que los exiliados fueran a llevar a cabo sus amenazas. Matthews llamó al agente del FBI una última vez para preguntar por los progresos de la investigación.

—No parece que vaya a pasar nada por el momento —respondió el agente Kenny.

—¿Eso significa que han desistido? —inquirió Matthews.

—No puedo asegurar que nadie vaya a intentar algo en el futuro —le advirtió Kenny—. Pero usted debería dejar de pensar en ello.

A Matthews no le resultó difícil quitárselo de la cabeza. Tenía muchas otras cosas de qué preocuparse, en especial de las consecuencias de los ataques verbales y de los intentos de destruir su reputación que se venían produciendo desde hacía años en las salas de audiencias del Senado. La investigación sobre Matthews y su relación con la cuestión de Cuba cesó en 1962, pero sus secuelas habrían de persistir durante largo tiempo.

CAPÍTULO 12

La larga lista de nombres

A principios de la década de los cincuenta, la frenética caza de brujas iniciada por el Senador McCarthy para exponer ante la opinión pública la amenaza que el comunismo representaba para los Estados Unidos había caído en el descrédito. Sin embargo, varios senadores de derecha, infectados por la paranoia macartista, no renunciaron a levantar sus banderas, continuando la búsqueda a partir del punto donde él se vio obligado a abandonarla. Inclusive profundizaron las investigaciones, y prolongaron la cacería de los Rojos hasta bien entrada la década siguiente. Herbert Matthews se distinguía como uno de los blancos más visibles, una piñata de maldad comunista en potencia. Los senadores pensaban que, por su intermedio, podrían llegar indirectamente al objetivo final: el mismísimo *New York Times*.

Este no fue el primer caso en que los cazarecompensas del Senado, deseosos de apoderarse de comunistas a modo de trofeo, intentaron coger en la trampa al periódico y sus directores. A principios de los cincuenta, James O. Eastland, un senador demócrata conservador por el estado de Mississippi, se había sentido molesto por la firme posición adoptada por el periódico a favor de la desegración educativa. Eastland respondió con una serie de audiencias que trasladaron la cacería a las salas de redacción de los periódicos. Buscaba —y encontró— evidencia, bien que poco sólida, de que existía un cierto grado de infiltración comunista dentro de la prensa estadounidense. Treinta y ocho empleados de los medios, veinticuatro de ellos pertenecientes a las huestes del *Times*, fueron citados a declarar.

Las acusaciones carecían de bases sólidas, pero bastaron para crear gran desazón en el periódico. La mayor parte de los nombres fue proporcionada por un solo individuo, Harvey Matusow, quien admitió haberse afiliado al partido comunista local en su juventud. De excéntrico ex soldado raso, Matusow pasó a desempeñar funciones de informante del gobierno a sueldo, y ocupaba el cargo de telefonista en el cuartel general del partido comunista, situado en la calle 12 este de Manhattan... hasta que se desilusionó del comunismo. Cuando fue convocado a testificar ante la subcomisión presidida por Eastman, acusó al gremio de trabajadores de prensa de albergar en su seno a centenares de comunistas. Señaló específicamente al *New York Times*, aduciendo que había allí "mucho más de cien miembros del partido comunista que hacían contribuciones en metálico". Dos días después, durante una conferencia en Montana, confirmó sus dichos, pero en esta ocasión cambió los números: ahora, y contando sólo los de la edición dominical del *Times*, "había ciento veintiséis comunistas que aportaban dinero al partido". El periódico lo refutó diciendo que la totalidad de su personal no pasaba las cien personas.

Para peor de males, en 1954 el programa televisivo conducido por Walter Winchell reveló que un reportero del *Times*, ex miembro del partido, continuaba trabajando en la oficina que el periódico mantenía en Washington y que estaba a cargo, nada menos, que de la cobertura de las audiencias presididas por el Senador McCarthy. Llamado a dar explicaciones, el reportero Clayton Knowles admitió ante el Director del periódico que se había unido al partido en 1937, cuando trabajaba en el *Long Island Daily Press*, pero que se había desafiliado al ingresar a la planta del *Times* seis años después. Knowles se disculpó con Sulzberger por no haber revelado sus inclinaciones políticas con anterioridad, y estuvo de acuerdo en presentarse ante la subcomisión Eastland para dar a conocer los nombres de otros colegas que pertenecían al partido.

En 1955, se volvió a requerir la comparecencia de Matusow. Le fue permitido reiterar sus acusaciones contra los empleados del periódico, ante lo cual Sulzberger ordenó una investigación interna a cuyo frente puso a Louis Loeb, jefe del equipo de abogados del *Times*. Convencido de que Eastman había escogido su periódico como blanco, Sulzberger contraatacó con un editorial desafiantemente agresivo, escrito por Charles Merz, jefe de Matthews en la Sección Editorial, que se lanzó a fondo contra las tácticas de difamación y defendió el buen nombre del periódico: "Tenemos una fe inconmovible en que mucho tiempo después de que el Senador Eastman y su subcomisión hayan entrado en el olvido, mucho tiempo después de que la segregación haya perdido su última batalla en el Sur, mucho tiempo después de lo que se conoció bajo el nombre de macartismo se haya convertido en un recuerdo borroso y desagradable, mucho tiempo después de que la Comisión del Congreso haya aprendido que no puede interferir impunemente con la prensa libre, el *New York Times* continuará hablando en nombre de quienes lo integran, y sólo en nombre de quienes lo integran, diciendo la verdad, tal como la ve, sin temor ni favoritismos".

Algunos años más tarde, los ataques de la subcomisión Eastman se centraron sobre Matthews, y a medida que las acusaciones se acumulaban sobre su cabeza, el *Times* no publicó ningún editorial llamativo, ni hizo ninguna declaración osada o desafiante en su defensa. Los directores guardaron silencio, aunque pasado el momento se preguntaron si habían obrado correctamente y si, teniendo en cuenta que se trataba de un representante de la tradición independiente que distinguía al periódico, le habían brindado todo el apoyo que merecía mientras se encontraba bajo ataque. Por su parte, Matthews no pensaba que habían demostrado suficiente entusiasmo en salir a la palestra, pero no lo hizo público hasta mucho después.

El primer intento realizado por la subcomisión Eastman para atrapar a Matthews se produjo en 1959, exactamente seis meses después de la victoria de Castro. Uno de los objetivos principales del Senador Eastman consistía en investigar si el gobierno de los Estados Unidos, tal y como se sospechaba, había ayudado a Castro y a los comunistas a tomar el poder. A tal efecto citó a Spruille Braden, ex Secretario Adjunto de Estado y Embajador de los Estados Unidos en Cuba en la década de los cuarenta. Braden declaró que Cuba había sido arrollada "por el reino del terror comunista". Testificó que no estaba cien por ciento seguro de que Fidel fuera comunista, pero sí de que su hermano y el entorno lo eran.

Con actitud de hastío, proporcionó a la subcomisión su versión de la amenaza comunista en el Caribe, y no perdió tiempo en dirigir sus cañones al centro del blanco.

—Estuve conversando con Herbert Matthews y *The New York Times* —manifestó—. Creo que se trata de algo muy perturbador. Sin duda, habrán leído ustedes su artículo de ayer, en el que defiende la presente situación cubana. En mi opinión, todo el artículo muestra el grado de infiltración que hemos soportado en este país. Cuando el *New York Times* publica en su portada un artículo donde se afirma que Castro no es comunista, y que se trata de puro sentimentalismo, pero que todo marcha bien por allá y, por si no fuera bastante, ayer por la mañana, mientras me vestía, oí dos veces que la radio del *New York Times* en Nueva York anunciaba a gritos, "Lea la edición del *New York Times* de hoy. Matthews le cuenta todo sobre Cuba, y que Castro no es comunista..."

Interrumpiendo esta catarata, Julien G. Sourwine, el abogado principal de la subcomisión y su inquisidor más perverso, amén de su condición de ex periodista que no podía ocultar la antipatía que le despertaba la dupla Castro-Matthews, rápidamente llegó al meollo de la cuestión. Le preguntó a Braden si creía que el pueblo estadounidense había sido engañado.

La respuesta de Braden fue determinante.

—No me cabe duda —respondió. Ayer por la mañana tuve prueba de ello. Como síndico del Dry Dock Savings Bank, asistí a una reunión del comité de bienes raíces. El vicepresidente de mayor antigüedad me dijo: "Dios mío, ese artículo de Matthews que salió anteayer; qué cosa terrible". Le pregunté: "¿Qué tiene de particular? ¿Qué le hace pensar que es tan terrible?" Y él me contestó: "Anteanoche vinieron a visitarme unos amigos. Todos estaban a favor de Castro, y yo les dije que no estaba bien, que era comunista, y les dije lo que usted me había contado. Ahora van a abrir el diario y leer esto en el *Times*. Si no piensan que soy un mentiroso, van a creer que soy tonto."

A lo largo de los seis años siguientes, el Senado condujo más de diez audiencias acerca del comunismo en el Caribe, y el nombre de Matthews se mencionó en todas ellas. Al principio, guardó silencio y no refutó los cargos, ejerciendo gran dominio de sí mismo. Pero su paciencia se agotó cuando la subcomisión presentó a su super-estrella: el diplomático estadounidense con quien Matthews había sostenido la relación más tormentosa —el ex Embajador Arthur Gardner. Tanto los cubanos como los estadounidenses pensaban que Gardner había estado embarazosamente cerca de Batista antes de la revolución. Gardner guardaba la impresión de que no había sido reasignado a la Embajada por culpa de los tres primeros artículos de Matthews.

Cuando se realizaron las audiencias, Gardner estaba demasiado enfermo para viajar a Washington. Varios integrantes de la subcomisión, entre quienes se contaba Thomas J. Dodd, senador por Connecticut, lo visitaron en su casa de Watch Hill, en Rhode Island, para tomar su testimonio. Dodd tenía motivos para creer que la versión que Gardner les iba a proporcionar acerca de lo acontecido en Cuba bien merecía emprender el largo viaje al norte. Aunque la sesión fue secreta, no transcurrió mucho tiempo antes de que lo dicho por Gardner se hiciera público. El ex embajador simbolizaba una época marchita en el contexto de las relaciones bilaterales entre ambos países, una figura del tiempo en que los estadounidenses se encontraban casi tan cómodos en Cuba como en su propia patria. En opinión de Gardner, cubanos y estadounidenses se sentían unidos por un vínculo especial, y los primeros le estaban agradecidos al Tío Sam por haberlos liberado de la dominación española. Este punto de vista no gozaba de gran popularidad en Cuba, excepto entre los ricos y poderosos, con quienes Gardner interactuaba socialmente. "Nunca escuché a nadie usar la palabra '*gringo*', ni decir '¡fuera de aquí!', ni 'fuera los yanquis'", testificó. Dijo que Estados Unidos "no había tenido mejor amigo" que Batista, pero "le soltamos la mano al borde del precipicio". Atribuyó su derrocamiento a los aduladores del Departamento de Estado y a la mal informada opinión pública, pero insistió en que a ningún grupo o individuo le cabía mayor responsabilidad por lo sucedido en Cuba que a Herbert Matthews y al *Times*.

—Herbert Matthews es uno de esos 'asistencialistas', esos 'benefactores de la humanidad', que en cuanto alguien menciona que hay un dictador en alguna parte, no para hasta arruinarlo —dijo Gardner desdeñosamente.

En su mente, Matthews era el responsable directo de la ruina de un régimen amigo y de la entrada en escena de una taimada banda de agitadores que causaron más problemas a los Estados Unidos de lo que valían sus vidas.

—Sr. Gardner, se ha dicho que en 1957 usted hizo referencia al "culto a Castro" en el Departamento de Estado. ¿De qué hablaba, exactamente? —preguntó el Senador Dodd.

—Bueno, ¿leyó usted el artículo de Matthews después de la entrevista con Castro en las colinas? —quiso saber Gardner.

—Así es —respondió Dodd.

—Matthews escribió un artículo al estilo de Richard Harding Davis, e hizo que Castro pareciera un Robin Hood, un salvador de la patria.

—Sí, pero el Sr. Herbert Matthews no formaba parte del Departamento de Estado.

—No, pero en realidad... ponía al tanto de la situación a Earl Smith...

—Su sucesor en la Embajada de Cuba, ¿también recibía información de Herbert Matthews?

—Sí, correcto.

Tres días más tarde, Smith subió al estrado y describió sus encuentros con Matthews. Rechazó la insinuación de Gardner de que Matthews lo había cegado a la realidad, pero Gardner todavía no había acabado con Matthews. El Senador Dodd le proporcionó amplia oportunidad de denigrar tanto sus escritos como sus inclinaciones políticas.

—¿Cuál cree usted que fue el papel de Matthews, si es que tuvo alguno, en el ascenso de Castro al poder?

—No creo que haya realizado ninguna acción física —respondió Gardner—. Pero el tono de sus artículos alimentó los prejuicios contra Batista.

—¿Y a favor de Castro?

—Decididamente a favor de Castro.

—Cuando usted era embajador en Cuba, ¿Matthews se le acercó alguna vez para...?

—Me esforcé al máximo, y me reuní con él incontables veces, tratando de ganarme su amistad, porque él y otro, de nombre Dubois, un periodista que trabajaba para un periódico de Chicago —bueno, a ambos los considerábamos muy radicalizados. Inclusive le conseguí entrevistas. Y fue gracias a mí que Herbert Matthews pudo hacer su entrevista, porque lo consultó conmigo.

Luego Gardner tejió una historia que los senadores aceptaron como cierta, aunque carecía de toda base lógica o fundamento real. Declaró haber intercedido ante Batista para que Matthews pudiera entrevistar a Castro en 1957. (Años más tarde, Richard Cushing, quien había sido el enlace de prensa de Gardner, reclamó para sí el mérito de haber ayudado a Matthews en su excursión a la montaña).

Gardner se jactó de su intimidad con Batista, y habló de lo receloso que éste se había mostrado en lo tocante a permitir el viaje de Matthews. Inclusive afirmó que Batista sabía, sin duda alguna, que Castro estaba vivo y dónde encontrarlo, contradiciendo lo que el dictador narraba en sus memorias. Dijo también que Batista no quería arrastrarlo fuera de su escondite, vivo o muerto, por temor a convertirlo en un mártir, y que él, Gardner, lo había convencido de que permitir que Matthews lo entrevistara no causaría ningún daño porque Matthews le había prometido visitarlo en la Embajada a su regreso y revelarle lo que había averiguado.

—¿Prometió regresar a contarle de qué había hablado con Castro? —preguntó Dodd.

—Así es —respondió Gardner—. Y todavía lo estoy esperando.

Antes de concluir su testimonio, que duró una hora, Gardner asestó a Matthews un último golpe demoledor. Dodd le preguntó sin ambages si, en su opinión, Matthews había influido sobre el modo en que, al principio, los estadounidenses habían evaluado a Castro.

—No me cabe duda alguna al respecto —respondió Gardner —Creo que casi todos los periódicos del país quedaron hipnotizados con su historia.

Pasados seis meses de la audiencia, se publicó una versión del testimonio de Gardner. A Matthews le afligió leer que quien había sido el más alto representante de los Estados Unidos ante un país como Cuba, tan vital para los intereses estratégicos de la nación, hubiera mentido deliberadamente a una subcomisión senatorial, amén de haber atacado directamente la reputación de Matthews y minado hasta los cimientos la verdad de su histórica entrevista con Castro.

Años después, Matthews escribió: "Fue lo más increíble y, a su modo, lo peor que me ocurrió en mi larga carrera. Arthur Gardner tiene motivos para felicitarse y regocijarse: obtuvo su venganza".

No podía hacer oídos sordos a estas declaraciones. Escribió una columna tildándolo de mentiroso redomado, pero no la publicó en el *Times*; la envió al *Daily News* de Washington. William F. Ryan, Diputado por Nueva York que conocía a Matthews, la leyó en el *Congressional Record*. Matthews deseaba ser citado a fin de tener la oportunidad de refutar personalmente las acusaciones de Gardner. El Diputado Ryan se mostró dispuesto a pedirle a la subcomisión Eastland que lo llamara a testificar; antes, el periodista consultó con Louis Loeb, jefe del equipo de abogados del *Times*, quien le aconsejó que no lo hiciera. Si Matthews hubiera sido convocado, habría refutado el testimonio de Gardner, que había sido prestado bajo juramento, como también lo sería el de Matthews. Enfrentada a versiones contradictorias de los mismos hechos, la subcomisión iba a tener que asumir que una era falsa, y que uno de los testigos había cometido perjurio. Matthews pensaba que no fue citado porque su versión habría dado por tierra con el testimonio de Gardner, desviando así el curso de toda la investigación, que terminaría viéndose obligada a probar el acto de perjurio en lugar de desenmascarar comunistas. Gardner nunca demandó judicialmente a Matthews por llamarlo mentiroso en letras de molde, pero la reputación de Matthews ya había sido severamente dañada.

El ex Embajador Earl Smith también cuestionó los motivos de Matthews. La subcomisión se hallaba decidida a presentar las dos horas y media de reunión informativa entre ambos como una ruptura del protocolo; como un intento de los funcionarios que se oponían a Batista dentro del Departamento de Estado para adoctrinar al nuevo embajador antes de que asumiera el cargo. Una vez más, Julien Sourwine se puso al frente del interrogatorio, y pidió a Smith que relatara los detalles más significativos de su conversación con Matthews.

—No creía que el gobierno de Batista fuera a durar mucho, y sí que su caída iba a producirse relativamente rápido —dijo Smith.

—¿Qué dijo específicamente sobre Castro? —preguntó Sourwine.

—En febrero de 1957, Herbert L. Matthews escribió tres artículos sobre Fidel Castro, que se publicaron en la portada del *New York Times*. En ellos elogiaba a Castro y lo presentaba como al Robin Hood de la política. Yo diría que repitió estas ideas durante nuestra conversación.

(Sólo dos de los tres artículos se publicaron en primera plana, y no se hizo mención de Robin Hood).

Smith había entrado en funciones en La Habana muy poco después de la publicación de la serie, y declaró ante la subcomisión que había podido observar en forma directa el impacto causado en Cuba por los artículos. Habían "servido para darle a Castro envergadura y reconocimiento mundial. Hasta ese momento, Castro era sólo un bandido más de las montañas de Oriente, acompañado de un puñado de seguidores que aterrorizaban a los campesinos". Según el testimonio de Smith, los informes de Matthews eran pura hagiografía: "Después de los artículos de Matthews, publicados a continuación de una entrevista exclusiva realizada por el editorialista del *Times* en el escondite de Castro en las montañas, y en la que lo comparaba con Abraham Lincoln, Castro pudo recaudar fondos tanto en Cuba como en los Estados Unidos. A partir de entonces, abundaron las armas, el dinero, y los aventureros. Gran parte de la prensa estadounidense comenzó a pintar a Castro como a un Robin Hood de la política".

A decir de Smith, los escritos de Matthews habían ejercido una enorme influencia sobre el rumbo de los acontecimientos en Cuba. Afirmó que "el rol de cruzado que la prensa y la radio otorgaron al rebelde barbado impidieron que la gente viera la filosofía política de izquierda que ya en ese tiempo profesaba oficialmente". Y lo que a los ojos de Smith resultó aún más nocivo fue "que no se pudo evitar que la actitud del gobierno de los Estados Unidos se viera influenciada por el pro-castrismo de la prensa y de la radio; hubo congresistas que recogieron la antorcha de sus manos".

Smith criticó a Matthews con la misma virulencia que Gardner: "Sin los Estados Unidos, hoy Castro no estaría en el poder. Se lo digo así de claro, caballero". Era evidente que, enojado por lo que había ocurrido en Cuba, Smith intentaba crear un vínculo poderoso entre Matthews y el Departamento de Estado, repartiendo las culpas por igual. Refiriéndose a Matthews, dijo: "No creo que fuera asesor del Departamento de Estado, ni que jamás haya sido siquiera empleado por ellos. Sí creo, sin embargo, que hubo una relación muy estrecha entre Matthews y el Departamento de Asuntos Latinoamericanos".

La subcomisión esperaba que William Wieland, el director del Departamento del Caribe que había indicado a Smith que se reuniera con Matthews, apoyara los dichos de Smith en cuanto a la influencia que los escritos del primero habían ejercido sobre el Departamento de Estado. Pero cuando Wieland fue citado a testificar, dijo que sólo había visto a Matthews un par de veces y que solían estar en desacuerdo respecto de las políticas estadounidenses.

—En las conversaciones que recuerdo haber tenido con el Sr. Matthews, siempre criticó nuestro manejo de las cuestiones cubanas. No sé en qué se basa el Embajador Smith para afirmar que el Sr. Matthews estaba mejor enterado que él, nuestro propio embajador, de lo que el Departamento de Estado pensaba sobre Cuba.

Matthews sentía poco respeto por Smith. Su enemistad se remontaba a los agitados días vividos en Cuba. Se habían encontrado dos veces antes de la huelga general de 1958. Smith escribió sobre uno de estos encuentros: "Él [Matthews] dijo que la Embajada había intervenido en los asuntos cubanos tratando de ayudar a que las elecciones fueran libres y abiertas. El comentario me hizo gracia, porque no pude evitar pensar cuánto había intervenido él en los asuntos de Cuba". Matthews pensaba que Smith era tan inexperto como Gardner, y que ambos hacían un pobre papel como diplomáticos. Al respecto, dijo: "Smith nunca comprendió el valor de un sencillo axioma del mundo diplomático: uno no apoya ostensiblemente al partido perdedor".

Aunque Matthews y el *Times* se encontraban entre los blancos selectos de la subcomisión, otros periodistas también fueron objeto de escrutinio. Durante varios meses, en 1960 y 1961, el Senado investigó el Comité de Juego Limpio para Cuba, fundado con la ayuda Robert Taber, el documentarista de la CBS que había viajado al Pico Turquino. Al igual que Matthews, Taber había quedado muy impresionado por Castro luego de haberlo conocido personalmente en las montañas. Escribió un libro sobre la revolución y se involucró tanto que perdió su empleo en la CBS. Creía que la prensa estadounidense presentaba una visión distorsionada de la Revolución Cubana, y que la obsesión por averiguar si Castro era o no comunista en 1959 había impedido a los reporteros concentrar la mirada en un momento realmente importante de la historia del hemisferio occidental. En un artículo publicado en *Nation* en 1960, Taber escribió: "Hemos sido testigos de una campaña de prensa virulenta, tramada con ignorancia, verdades a medias, insultos, información errónea y connotativa y franca invención, y todo ello para perjudicar la primera imagen prístina de la revolución y desacreditar a su liderazgo".

Taber estaba demasiado involucrado emocionalmente con la situación de Cuba para darse cuenta de que se estaba cavando su propia tumba. El Comité de Juego Limpio para Cuba contaba con el apoyo de escritores con inclinaciones izquierdistas: James Baldwin, Norman Mailer, Truman Capote, Jean-Paul Sartre. Los anuncios que publicaba en periódicos de todo el país alentaban la solidaridad y la comprensión de lo que Castro intentaba lograr en Cuba. La subcomisión Eastland obligó a Taber a reconocer que había viajado a Cuba varias veces después de producida la revolución, en vuelos organizados y pagados por el gobierno cubano. De ello se infirió que había dejado de lado su rol periodístico y ahora actuaba desde una postura partidaria.

Comparado con Matthews, Taber era una presa insignificante. Se requirió la comparecencia de testigo tras testigo para que declararan de qué manera Estados Unidos había manejado mal la insurrección castrista, y en todos los casos, el nombre de Matthews salió a luz. En junio de 1961, le tocó el turno de golpear duro a Robert C. Hill, ex embajador de los Estados Unidos en México. Hill testificó que "Herbert Matthews fue siempre un entusiasta de Castro, y no cree que el movimiento responda a motivaciones comunistas". Para julio de 1962, un año después de Bahía de Cochinos y algunos meses antes de la crisis de los misiles, Whiting Willauer, ex embajador de los Estados Unidos en Costa Rica, cristalizó los problemas que se presentaban a Washington respecto de Castro y Matthews, leyendo durante su deposición un documento de su autoría, titulado "La crisis de los intereses estadounidenses en el Caribe", en el que desplegaba una perspectiva histórica reveladora de la profunda paranoia de la época: "Hoy, los Edgar Snows del comunismo chino han sido reemplazados por los Herbert Matthews [sic] del comunismo caribeño".

Snow era corresponsal de una revista que había entrevistado a Mao Tse-Tung cuando su ejército rebelde todavía se esforzaba por sobrevivir en el nordeste de China. Mao le ofreció su amistad, y le proporcionó acceso extraordinario a las altas jerarquías del partido comunista chino, que Snow aprovechó y utilizó para pintar un retrato positivo de la revolución. Era inevitable notar las similitudes con el caso Castro-Matthews. "Ni los Snows ni los Matthews [sic] son comunistas, y se puede decir con razón que detestan la ideología... siempre y cuando la reconozcan. El problema con este tipo de periodismo consiste en que porta el estandarte de una causa y, en su odio por las dictaduras, no es capaz de percibir la naturaleza de las fuerzas del comunismo infiltradas dentro de las fuerzas revolucionarias legítimas".

El Senador Dodd, uno de los principales acusadores de Matthews, mostró claramente que había dado por ciertas las versiones de los Embajadores Gardner, Smith, y Hill. En 1962, afirmó: "Desafortunadamente, algunos miembros del Departamento de Estado tendían a aceptar como la verdad del Evangelio la evaluación del movimiento castrista que se abrió paso hasta las columnas serias del *New York Times* a través de la pluma del Sr. Herbert Matthews, quien le aseguró al pueblo de nuestro país que Castro no era comunista y que su movimiento no estaba dominada por dicha ideología". Luego, en una única reflexión, sintetizó las percepciones erróneas de varios testigos a quienes había interrogado en los años que duró la investigación, cada uno de los cuales había aportado su propia interpretación equivocada de los escritos de Matthews sobre Castro. Para entonces, las palabras exactas escogidas por Matthews habían sido olvidadas, pero los errores de percepción que produjeron perduraron. Dodd concluyó que "Matthews, sobre la base de Castro, construyó una figura heroica, en la cual se fundían todas las virtudes de Robin Hood y Thomas Jefferson, de George Washington y de Abraham Lincoln".

En una época de mentiras y concepciones erróneas, la verdad misma se torna maleable. Acusadores y acusado deseaban creer que la imagen era menos importante que la realidad. La política estaba distorsionada por las percepciones, mientras que las percepciones adoptaban la forma de las emociones. Tanto el gobierno como el periodismo sufrían terribles presiones, y ambos se vieron forzados a realizar importantes cambios en la relación que los unía.

Durante el resto de su vida, Matthews fue acusado de solidarizarse con Castro y de ayudar a la infiltración comunista en el hemisferio occidental. La crítica constante puso a prueba su adhesión al proverbio de los Estoicos: "Soportar y contenerse", que había adoptado mucho antes como su lema moral. Pero las cosas habrían de ponerse infinitamente peor después de una nueva visita a Cuba en 1966, seguida de la última confrontación con los directores del *Times*.

CAPÍTULO 13

Lealtad

A principios de 1964, cuando Matthews llegó a la Casa Blanca para hablar con McGeorge Bundy, hacía ya cinco años que era blanco de ataques por su postura respecto de Cuba. A pesar de lo despiadado de los golpes a su reputación, rara vez admitía haberse equivocado. Aceptaba haber cometido un error de cálculo respecto del número de hombres y armas con los que Castro contaba al principio de la guerra y, a la larga, reconoció que el líder cubano se había pasado al campo soviético. Pero se mantuvo firme en su certeza de que Castro no se comprometió a una alianza con los soviéticos antes de 1960, y sostuvo su opinión de que para Fidel, el comunismo no constituía una cuestión fundamental de convicción política sino la oportunidad práctica de asegurarse el control sobre Cuba. Más allá de cualquier otra consideración, creía que los Estados Unidos no veía la Revolución Cubana como una compleja convulsión social, tan radical, a su modo, como lo fue la Revolución Francesa. Castro había hecho mucho más que eliminar el viejo régimen: se abocó al reordenamiento del orden social de Cuba. No percatarse de la magnitud del cambio que forjó fue un error de Washington, y lo pagó muy caro. Y Matthews se hallaba persuadido de que si Washington se mantenía en la misma tesitura, la situación terminaría en un desastre.

"La respuesta no puede ser una política tan estúpida que pretenda regresar las cosas al estado en que se encontraban antes de la revolución, que es lo que Estados Unidos intentó mediante la invasión de abril de 1961", escribió inmediatamente después de que el episodio de Bahía de Cochinos revelara lo poco que Washington había comprendido acerca de la mística castrista, eso que Matthews y otros llamaban el *fidelismo*. La doctrina más arraigada en la isla no fue importada de la Unión Soviética ni tomada de los escritos de Karl Marx. Se trataba de la fe en Fidel, nacida y alimentada en la isla, y de la voluntad de los cubanos de seguirlo a pesar de sus defectos, y de alinearse con él para apoyar su enfrentamiento con los Estados Unidos. Matthews estaba persuadido de que los cubanos jamás resignarían el *fidelismo* y que Estados Unidos se vería obligado a aceptar que la revolución era un hecho irreversible.

Escribió que "seguramente, se espera que la Revolución Cuba siga un rumbo tal que los cubanos obtengan beneficios sociales y económicos, y que hasta que ese momento llegue, Cuba puede quedar aislada. Cuba es un país pequeño, pobre, y débil, al que se le puede permitir resolver su propio destino sin importar que tenga un gobierno socialista o comunista. Si Estados Unidos aplica políticas prudentes y sensatas, Cuba no va a subvertir a otros países ni al hemisferio".

Eran precisamente esas políticas las que Matthews quería discutir con Bundy, por entonces asistente especial del Presidente Lyndon B. Johnson, el mismo puesto que había desempeñado junto al Presidente Kennedy la última vez que Matthews fue invitado a la Casa Blanca. Habían transcurrido algunos meses desde la muerte de Kennedy, y el periodista acababa de regresar de La Habana. Todavía estaba empeñado en una controversia con el Director y sus jefes a causa de los materiales que había traído. Aunque no escribía artículos de noticias sobre Cuba, continuaba redactando editoriales sobre América Latina, Vietnam, y otros puntos de interés estratégico para los Estados Unidos.

Bundy tenía una opinión negativa de Matthews y del *Times* que se remontaba a un pasado lejano. Le habían caído muy mal ciertos editoriales que desaprobaban el golpe reciente que había depuesto a João Goulart, el presidente izquierdista de Brasil. Si bien los editoriales no llevaban firma, Bundy no dudaba de que eran obra de Matthews. En ellos se insinuaba que el apresuramiento con el que Estados Unidos reconoció al nuevo régimen daba la sensación de que Washington había estado involucrado en el levantamiento.

El día en que Matthews lo visitó, Bundy estaba enojado otra vez. Comenzó la entrevista criticando la posición editorial del *Times* respecto de los asuntos latinoamericanos. Matthews replicó que quizás Bundy no coincidía con las posturas asumidas por el periódico porque el Consejo Editorial se inclinaba decididamente por los objetivos de América Latina.

No, insistió Bundy, no tenía que ver con que los editoriales fueran pro-latinoamericanistas. Dijo que le disgustaban porque se basaban en información falsa y llegaba a conclusiones erróneas que causaban un sinfín de problemas. La entrevista se transformó en una discusión en la que Matthews defendió ardientemente sus puntos de vista. Llegado cierto punto, Bundy se hartó.

—Mire usted —dijo—. Lleva aquí una hora y diez minutos: usted ha hablado una hora, y yo, diez minutos. Mi impresión era que venía a entrevistarme.

Bundy no era el único en sentir que Matthews se mostraba más interesado en sus propias opiniones que en las de las personas que entrevistaba. Del principio al fin del conflicto con Cuba, mantuvo una fe absoluta en su capacidad, con tal seguridad de sí mismo que rayaba en el orgullo. Inclusive al enfrentarse con sus críticos más impiadosos, conservaba un sereno sentido de autocontrol. Había desarrollado su independencia de pensamiento durante su juventud en Nueva York, y el paso de los años había aumentado su obstinación. La confianza en sí mismos y el ingenio eran cualidades propias de los soldados de fortuna descritos en los libros de Richard Harding Davis. Matthews esperaba encontrar idénticas características en los dirigentes de las naciones, incluyendo a quienes conducían los destinos de los Estados Unidos, y sobre quienes escribía. Al conocer a Castro, finalmente se había encontrado cara a cara con alguien que no sólo poseía esas cualidades, sino cuya confianza en sí mismo superaba la de Matthews. Así lo había demostrado la entrevista de la Sierra Maestra, y la sensación de ese momento no había disminuido. Castro nunca admitía sus errores, ni siquiera cuando implicaban poner a su pueblo en riesgo. Con eso, Matthews podía identificarse.

Las batallas entre Matthews y Ruby Phillips terminaron sólo cuando ella se vio forzada a partir de Cuba después de la invasión de Bahía de Cochinos. Luego de un breve período de descanso, fue trasladada a la Sección de Asuntos Nacionales y asignada a la oficina de Miami, donde cubriría el sur de la Florida. Tenía autorización para hacer alguno que otro viaje al Caribe, pero los directores pensaban que "en las presentes circunstancias Cuba le estaba vedada".

A Phillips le costaba ejercer su oficio fuera de Cuba por primera vez en su vida. Hacia 1963 trató de volver a escribir sobre el país que mejor conocía, pero todos sus artículos sobre eran sistemáticamente rechazados. La cuestión cubana se había complicado demasiado para dejarla en sus manos y, al trabajar en Miami, había quedado aislada de la mayoría de sus fuentes. Manny Friedman, el Director de Asuntos Extranjeros, rechazó varios de los artículos por encontrarlos "demasiado flojos". También desechó uno de sus últimos escritos sobre las relaciones diplomáticas entre Cuba y los Estados Unidos sin más comentario que las palabras "no parece muy logrado", garabateadas en el margen superior de la copia. Antes de fines de 1963, Phillips renunció al *Times* y comenzó a trabajar para *Newsday*, cuyo Director General, Harry Guggenheim, la conocía desde los años treinta, época en la que se había desempeñado como Embajador de los Estados Unidos en Cuba. El último asiento en el dossier de Phillips en el

Times es una nota de la Sección de Asuntos Nacionales, fechada el 23 de octubre de 1963, que reza "Favor de eliminar a RHP de todos nuestros libros". En *Newsday* volvió a encargarse de la cobertura de América Latina, pero ya tenía 63 años y no podía producir el tipo de historia que la publicación esperaba. Al poco tiempo se jubiló.

Libre de Phillips, Matthews volvió a la carga con sus críticas a la cobertura que el *Times* prestaba a Cuba, sin concesiones para nadie. En más de una ocasión, Tad Szulc, quien se había convertido en uno de los periodistas estrella del periódico, fue víctima de las amonestaciones editoriales de Matthews. Ambos eran reporteros tenaces y escritores prodigiosos, con estilos tan diferentes como el día y la noche. Matthews se encontraba a sus anchas vistiendo trajes a rayas; Szulc rara vez usaba corbata. En 1964, Matthews escribió una larga nota dirigida a la Sección de Asuntos Extranjeros, en la que criticaba el trabajo de Szulc. Decía que "nos estamos aficionando al *modo* en el que Tad escribe sin fijarnos en *qué* escribe". Insinuaba que las fuentes de Szulc en Cuba no podían compararse con las suyas, las cuales —le recordaba a la Sección— habían proporcionado información de valor casi histórico que el *Times* se había negado a publicar. Decía, además: "Se me ocurre que debería ser obvio que Tad fabrica una historia poco menos que del aire". Friedman acusó recibo de la nota, pero todo siguió como antes. Los artículos de Szulc sobre Cuba continuaron publicándose, no así los de Matthews. En la biografía de Castro que escribió en 1986, Szulc se tomó la revancha narrando cómo Castro había embaucado a Matthews en 1957. "Hoy en día, nadie recuerda a Matthews en Cuba", escribió, aunque la apreciación era incorrecta. De todos modos, sentía que así había logrado un empate.

Durante la mayor parte del siglo XX, el edificio central del *Times* estuvo ubicado sobre una calle lateral, a metros de Times Square, que debe su nombre al periódico. Los turistas suelen tener dificultades para encontrarlo; no así los manifestantes, que saben perfectamente dónde queda. En ocasiones, inclusive logran averiguar las fechas en que el Consejo Editorial recibirá la visita de dirigentes políticos nacionales o extranjeros, y estrechan filas ante las puertas a fin de hacer oír sus protestas. Algunas veces, el blanco de las protestas es el periódico en sí.

Matthews recordaba que, en una soleada tarde de junio de 1957, alrededor de cuatrocientos cubanos habían localizado el edificio sin dificultad, manifestándose con pancartas laudatorias que lo alababan a él y al *Times*: ¿A QUIÉN LE IMPORTA [sic] LO QUE

DIGA EL DICTADOR? CONFIAMOS EN USTEDES. NOS GUSTA EL SR. MATTHEWS. Pero un día glacial de febrero de 1964, un grupo diferente de manifestantes portaba un mensaje mucho menos amistoso. Unos cuarenta cubanos, organizados por el Frente Revolucionario de Trabajadores Cubanos, alzaba pancartas con frases denigrantes hacia la cobertura de la revolución. Una de ellas, por ejemplo, ostentaba esta consigna: MATTHEWS ENEMIGO NÚMERO 1 DE LA LIBERTAD DE CUBA.

En aquellos tiempos, los nombres de Matthews y Castro estaban indisolublemente ligados. Las audiencias del Senado habían dejado la impresión de que Matthews no encontraba nada criticable en el comunismo, y sí mucho positivo. En otro cartel se leía: ABAJO MATTHEWS Y TODOS LOS COMUNISTAS DEL NEW YORK TIMES. Parte de la misma gente que había invitado a Matthews a disertar en reuniones de opositores a Batista, o que había elogiado su coraje, demostrado al burlar la censura del ex dictador, ahora exigía su cabeza. La comunidad cubana exiliada en los Estados Unidos responsabilizaban a Matthews y al *New York Times* por los problemas de Cuba. La frase "Desde que Matthews..." se había convertido en una muletilla que los enemigos de Castro habrían de repetir durante décadas, ya fuese en Cuba o en los Estados Unidos. Las tres palabras compendiaban una compleja maraña de supuestos acerca del periodista y del periódico, en muchos casos originados por conclusiones erróneas o por la ira apuntada al objetivo equivocado. Diversas variantes de la frase —"Desde que Matthews convirtió a Castro en un héroe"; "Desde que Matthews se dejó embaucar por Castro", y otras— iniciaron interminables discusiones en Miami y Union City, en Nueva Jersey, y dondequiera que los cubanos se reunieran a llorar la tragedia que asolaba su país. La frase perduró en el tiempo, igual que Castro.

Desde su oficina del décimo piso, Matthews no podía oír lo que gritaban los manifestantes, pero sin duda sabía que cubrían las aceras.

Por otra parte, el FBI sabía dónde estaba y qué hacía. En el Buró, su legajo engrosaba, gracias al constante fluir de información salaz provista por sus detractores. J. Edgar Hoover no descreía de nada, especialmente cuando la información provenía de fuentes como William Randolph Hearst Jr., el empresario periodístico. En una nota dirigida a Hoover, Hearst acusó a Matthews de pertenecer al partido comunista. El Buró llevó a cabo una investigación y, aunque no arrojó resultados afirmativos, la idea encajaba perfectamente con lo que el FBI suponía. Cuando Castro invitó a dos docenas de periódicos estadounidenses a enviar reporteros para presenciar las celebraciones del 26 de julio, con los gastos pagos por el gobierno cubano, el interés del Buró se activó nuevamente, a pesar de que el *Times* no fue invitado. Al pie del legajo, Hoover garabateó: "Apuesto a que Matthews tuvo que ver con esto", del mismo modo en que había puesto en marcha las investigaciones iniciadas por el Buró en 1957 con otra nota en la que preguntaba qué se sabía de Matthews. En 1965, la respuesta era: bastante.

Con el propósito de asegurarse de que el Índice Reservado —la lista maestra que incluía a las personas consideradas peligrosas para la seguridad nacional— se mantuviera actualizado, el Buró repasaba los nombres todos los años. En 1965, el FBI creía firmemente que el complot contra la vida de Matthews no le había hecho variar de actitud hacia Cuba. Si bien los asiduos contactos con sus informantes no arrojaban "novedades preocupantes", el Buró no pensaba borrar su nombre del Índice. Se le había informado de la amenaza de muerte que pesaba sobre él, pero por temor a que escribiera algo que dejara al Buró mal parado, no fue citado para sostener una entrevista de seguridad, como sí había ocurrido con otras personas cuyos nombres figuraban en la lista. Además, no parecía haber dudas de cuál era su ideología. El Buró llegó a la conclusión de que "no se produjeron cambios en la conducta pro-castrista del sujeto", y el nombre de Matthews se mantuvo en el Índice "a causa de la persistente lealtad del sujeto al régimen de Castro y la regularidad de sus escritos a favor de la Revolución Cubana".

Y sin embargo ninguno de los mentados escritos había sido publicado en las columnas del *Times* desde hacía años, a pesar de la insistencia de Matthews y de sus repetidos intentos de volver a retomar la historia. En 1966, realizó una nueva visita a Cuba, y trató una vez más de escribir sobre la revolución para las páginas de noticias. Voló a La Habana a mediados de abril, y permaneció allí tres semanas, recorriendo las oficinas de los funcionarios e intentando entrevistar a Castro, quien no había recibido a ningún corresponsal —ni del *Times* ni de ningún otro periódico— en los últimos seis meses. Castro no se lo hizo fácil. Lo tuvo esperando varios días hasta que, finalmente, con Matthews a punto de abandonar la isla, accedió a verlo. Luego Matthews tipeó páginas y páginas de notas, y cuando hubo terminado, se encontró con que había escrito más de veinticinco mil palabras, que envió a Abe Raskin, actual asistente de Oakes y ex reportero de asuntos laborales. Las instrucciones eran hacer una copia y pasarla a los demás miembros del Consejo Editorial y a la Sección de Noticias.

Entusiasmado por la excitación de volver a encontrarse en Cuba, donde se lo trataba como a un visitante distinguido y no como a un paria, un Matthews rebosante de optimismo envió un editorial describiendo la situación del país. Juzgaba que su escrito era equilibrado, crítico donde era necesario, pero en líneas generales favorable a las condiciones de vida impresionantes que había observado. Escribió: "Los hechos del caso cubano —y me refiero a hechos, no a opiniones— se reducen a que el régimen de Castro y la Revolución Cubana jamás han sido más sólidos, ni han estado más unidos, ni —desde su punto de vista— se han sentido más esperanzados".

En cuanto el editorial cayó en manos de Sulzberger, murió.

Al día siguiente, cuando Matthews telefoneó a Raskin, no lo sabía. No había tenido noticias de la oficina central respecto de sus notas ni del editorial. No tardó mucho en darse cuenta de que su optimismo era un espejismo; de que su capacidad de persuadir a Nueva York que considerara el valor histórico de sus informes sobre Cuba, o la validez de sus opiniones sobre la revolución, había llegado a su fin. No existía interés alguno en publicar el editorial ni, para el caso, noticia alguna. El doble fracaso de su empresa le hizo darse cuenta de que había llegado al final de sus posibilidades en cuanto a publicar sobre Cuba en el *Times*. La sensación le resultaba dolorosamente perturbadora, pero no inesperada. Tres décadas atrás, había experimentado una desilusión similar. Matthews envió a Oakes una nota personal, adjuntando una copia de una de las páginas de *The Education of a Correspondent*, en la que describía cómo se había sentido cuando, al enviar su último informe desde España, se percató de que había estado defendiendo una causa perdida.

En el caso de España, escribió: "Pero aprendí la lección. Parecían valer la pena. Aún entonces, cundo me sentía deprimido y descorazonado, algo dentro de mí cantaba. Al igual que los españoles, yo había peleado mi guerra y perdido, pero nadie me convencería de haber dado un mal ejemplo..."

Luego, en una nota dirigida a Oakes, Matthews le hizo saber que "cuando telefoneó a Oakes desde La Habana al día siguiente de enviar una columna plena de esperanzas para la edición del lunes, su mente recordó aquella página lejana, lo que le permitió experimentar una irónica sensación de comodidad". En su mente, el temor había sido más fuerte que el coraje; el decoro había vencido a la integridad, y lo único que restaba hacer era aceptar la realidad. "Doy por terminado mi compromiso con el *Times* acerca de Cuba a menos, por supuesto, que se me soliciten editoriales, si bien el último sufrió tantas mutilaciones que preferiría no haberlo escrito. Envío esta nota simplemente como un modo de dejar sentado que el incidente está cerrado".

Lo cierto es que, mientras Matthews redactaba la nota, ya tenía otros planes para un proyecto que sabía podía desencadenar un útimo enfrentamiento con Sulzberger. El Director de Publicaciones de Penguin Books lo había contactado para pedirle que escribiera una biografía de Castro para integrarla a una serie de figuras contemporáneas de renombre que su editorial estaba publicando. Penguin realizó un excelente trabajo de persuasión, diciéndole a Matthews que "estaba especialmente dotado para escribir la biografía, gracias a la combinación de su amplia experiencia del tema con sus dones de escritor, todo ello sumado a haber presenciado los acontecimientos de Cuba durante la época de la guerrilla y a su relación personal con Castro".

Matthews coincidía con esta evaluación de sus méritos. Como de costumbre, tomó en cuenta los aspectos financieros del proyecto. Una biografía de Castro, si alcanzaba la popularidad, le proporcionaría el dinero que tanto necesitaba para saldar las deudas que él y Nancie habían acumulado desde su regreso a Nueva York. Pero aquí se jugaba algo más que unos cuantos miles de dólares. Escribió a Oakes: "No dudo de que me creerás si te digo que no me mueve sólo el aspecto profesional y económico, sino el registro histórico de los temas contemporáneos, que ha sido un factor tan decisivo en mi vida".

Le dijo a Oakes que, aunque tenía varios años por delante para cumplir con el plazo de entrega, se hallaba ansioso por comenzar, poniendo el viaje de 1966 como punto de partida. Concluía la carta con una dejo de fingida esperanza: "Supongo que el *Times* no se opondrá".

Fueron días difíciles para Matthews. Se sentía aislado, excluido por sus colegas, estigmatizado por la prohibición de firmar cualquier cosa relacionada con Cuba, sintiendo el avance de los años, la acumulación de los insultos sobre su persona. Un día, caminando por Times Square en compañía del fotógrafo Bernard Dietrich, un viejo amigo, Matthews le señaló un club exclusivo del que era miembro y le comentó: "Ya no soy bienvenido allí". Le inquietaba haberse convertido en objeto de lástima. Gay Talese, quien había comenzado su labor de investigación sobre el *Times* para un libro que se publicó bajo el nombre de *The Kingdom and the Power*, vio, en la adversidad que perseguía a Matthews, un ejemplo claro de la hipocresía del periódico. Rápido para condenar la censura donde y cuando la detectara, el *Times* le había dado la espalda a Matthews y se había rehusado a publicar lo que escribió sobre Cuba. Talese retrató a Matthews sentado "silenciosamente en la oficina 1048", entre otros editorialistas muy atareados en hacer eruditas declaraciones sobre una infinidad de temas, mientras que Matthews, tantas veces desdeñado por la Sección de Noticias, casi carecía de trabajo, excepto escribir "anónimamente para la página editorial de asuntos latinoamericanos, incluyendo los de Cuba. Puede decirse que a menudo se ha mostrado crítico respecto de estos últimos. Por lo que hace al resto de sus ocupaciones, se dedica a sus libros y a la convicción de que finalmente la Historia lo absolverá. A la edad de sesenta y seis años, no espera ser perdonado en vida".

Con posterioridad a la publicación de la viñeta anterior, Talese temió haber dificultado aún más la vida de Matthews, y le escribió para disculparse. Él le respondió desechando la idea de que lo había escrito lo lastimaba: después de desempeñarse en la planta permanente del periódico durante más de cuarenta y cinco años, sentía que era parte del inventario del periódico, lo mismo que las rotativas. Sin embargo, amonestó a Talese con el mismo tono que había utilizado para dirigir sus reproches a Punch Sulzberger después de la publicación de su artículo sobre Cuba en las páginas de *Encounter*: "De todos modos, su carta demuestra una incomprensión absoluta de mi posición en el periódico". Insistía en que no era objeto de castigo, y que no abrigaba resentimientos, aunque sus palabras y actos sugirieran lo contrario. Escribió que "en el caso de la cuestión cubana, expresé con voz firme y alta mi desacuerdo con la política del *Times*, y lo seguiré haciendo, lo cual no significa que mi actitud hacia el periódico, o la de ellos para conmigo, haya cambiado a causa de Cuba".

A principios de 1967, unos seis meses después de la última discusión que sostuvo con el periódico por el caso de Cuba, y un día antes de su cumpleaños número sesenta y siete, Matthews renunció a su puesto. En una nota dirigida a Oakes, explicaba que su salud debilitada no le permitía otra salida. Su tuberculosis recurrente obraba efectos en su estado general, y debía cuidarse mucho a partir de la dolencia cardíaca que se le había declarado en 1949. Otras enfermedades y achaques se combinaban para debilitarlo considerablemente. Lo que la carta callaba era hasta qué punto se había cansado de su nuevo papel de paria; cuánto le molestaba reconocer que el periódico se había mostrado débil, no en su falta de voluntad para defenderlo a él —eso podía manejarlo y aún así continuar avanzando. Pero estaba convencido de que el periódico no se había alzado en defensa de la verdad y del registro histórico. Sabía que ningún otro periódico estadounidense habría soportado tanto, conservando a alguien como él en el equipo a pesar de todo. Pero al mismo tiempo sentía que lo habían defraudado y, peor aún, habían defraudado a los lectores: "Habría sido inexcusable que el *Times* hiciera menos; personalmente, creo que debería haber hecho mucho más".

Por cierto, no iba a sacar a relucir nada de ello en su carta de renuncia. Antes bien, se trataba de una redacción tan directa e impersonal que bien podría haber sido escrita por el joven Matthews que ingresó cuarenta cinco años atrás si jamás hubiera sido promovido del cargo de secretario en el Departamento Comercial que desempeñaba entonces. "Lamento tener que comunicar mi renuncia", escribió. "Si no tienen inconveniente, cesaré en mis funciones a partir del 1º de mayo". En realidad planeaba sumergirse de lleno en la biografía de Castro. Había también otros libros que deseaba escribir, pero sentía que "ya no le alcanzaban las fuerzas para cumplir con la jornada laboral y, además, escribir libros. En estos días, me siento muy fatigado cuando me retiro de la oficina". La única concesión al sentimentalismo que se permitió se encontraba encerrada en una frase breve y sutil: "Fue una larga trayectoria —para cuando me retire, quedarán seis semanas antes de cumplir mis cuarenta y cinco años con ustedes— pero todo llega a su fin". Hizo un solo pedido, en total consonancia con su personalidad, descripta por John Oakes como "tercamente individualista, melancólicamente profética, y severamente observadora". Cuando llegara su último día en el único periódico donde había trabajado, sólo deseaba "marcharse en silencio; es decir, nada de fiestas de despedida, alboroto, ni bandejas de plata con los nombres de todos ustedes grabados en ellas. No deseo nada. Que la naturaleza siga su curso".

Oakes le pidió que reconsiderara su renuncia, asegurándole que el puesto en el Consejo Editorial le pertenecía durante todo el tiempo que quisiera, pero Matthews no cambió de idea. En una nota manuscrita dirigida a su jefe, le decía: "Sufi es sufi". Oakes logró persuadirlo de que se quedara hasta septiembre, y se las compuso para que el *Times* hiciera lugar al pedido de Matthews de partir con perfil bajo y, aún así, destacar su renuncia con cierta formalidad. La página editorial publicó cuatro artículos en los que Matthews compendiaba su carrera. Fue una proeza de escritura concisa y poderosa, a la vez que de agudas opiniones. Cada uno de los artículos se centraba en un lugar diferente del mundo, terminando con América Latina y, ni que hablar, Cuba. El último artículo comenzaba con estas palabras: "Para los Estados Unidos, Fidel Castro y la Revolución Cubana devolvieron la vida a América Latina después de un largo período de indiferencia y descuido. Cuando el Jefe Máximo de Cuba y su gobierno se volvieron comunistas y luego casi hacen estallar una guerra nuclear, era necesario culpar a alguien. Se me acusó a mí". Todavía no había dejado de admirar a Castro, quien ostentaba "una carrera más brillante que la de cualquier otro líder en la historia de la independencia de América Latina". Se jactó de que la entrevista de 1957 había lanzado la fase más importante de la carrera de Castro. Luego hizo conocer su verdadero pensamiento como jamás lo había hecho antes. Evocando las fabulosas historias relatadas en *Real Soldiers of Fortune*, y recordando la vida de Richard Harding Davis, Matthews reunió a los periodistas de su tipo en la equívoca compañía de los rebeldes y los bandidos. "Guerrillero, agitador político, periodista —todos arriesgan algo, ya se trate de la vida, la libertad, o el respeto del sistema y de las mayorías.

Luego, en el resumen final de sus controvertidos años en el *Times*, Matthews se describía a sí mismo como un simple hombre de prensa, su término favorito, y concluía con una frase que bien pudo haber constituido el encomio de sí mismo: "El periodista anda con los grandes de muchas tierras, pero debe continuar su propio camino… hasta el final del sendero".

El trayecto en dirección al final no habría de ser pacífico, como tampoco lo había sido ningún tramo de su vida. Cuando los lectores se enteraron de la renuncia de Matthews, algunos se negaron a permitirle olvidar los conflictos que había causado.

El 31 de agosto de 1967, al dorso de una tarjeta postal de cuatro centavos, Murray Gladstone, residente de Greenwich Village, escribió lo siguiente:

> Estimado Señor:
> Observo con gran satisfacción que ha llegado el final de su desastrosa carrera.
> Muy al contrario de lo que piensan sus pomposos colegas del *New York Times*, usted será recordado por el apoyo que prestó a la sangrienta República Española de 1937 hasta [sic] el humanitario Fidel Castro de 1957 sólo como
> Herbert L. Matthews
> Un Tonto en Quien los Tontos Confiaron

Matthews conservó esta postal junto con otras acusaciones que recibió a lo largo de los años. Creía que formaban parte de la historia, y que pertenecían a los registros históricos. También constituían evidencia, si es que se necesitaba alguna, de que había realizado bien su trabajo como hombre de prensa.

Años después, escribió: "Una de las funciones más útiles de un hombre de prensa consiste en alterar la paz, acicatear a la humanidad en su interminable camino hacia el conflicto y la contradicción, desafiar las ideas y principios establecidos si los considera desgastados o inútiles".

El 30 de septiembre de 1967, Matthews el empleado atravesó por última vez las puertas del edificio del *Times*. En compañía de Nancie, se dirigió a una villa que había alquilado en la Riviera francesa, donde se dedicaría a trabajar en la biografía de Castro. Y, durante lo que le quedaba de vida, habría de continuar alterando la paz.

CAPÍTULO 14

Un testigo cordial

Antibes, 23 de abril de 1968.

Querido John:
[...] hay más de una razón para que nos quedemos aquí: el libro. Por lo demás, no hemos hecho un buen negocio, y ha sido una de las experiencias más extrañas de nuestra vida: seis meses aislados del mundo, en una casa desprovista de comodidades, sin una sola silla o mesa confortables, temperaturas constantemente frías o glaciales, y nada que hacer ni dónde ir, salvo almorzar en Cannes una o dos veces por semana. ¡Y todo es carísimo! Además de los elevados alquileres y del costo de la calefacción, Francia es el país más caro de Europa. Nos hemos venido arreglando porque el Times pagó un bono equivalente al salario de tres meses y porque tuvimos suerte con los precios que obtuvimos por los objetos que sacamos a remate.

Cariños a ambos,
HLM

La correspondencia semanal con su hermano John y su cuñada fue siempre un punto de referencia en la vida de Herbert Matthews, y ahora más que nunca, después de haberse retirado del *Times* con una mezcla de excitación y preocupación que abarcaba su salud, el estado de sus finanzas, y el deseo de recuperar su reputación. A menudo le decía a John que el hecho de escribir la biografía de Castro le daba la sensación de estar agitando un trapo rojo en las narices de sus críticos. Pero avanzaba osadamente, convencido de poseer una historia y una autoridad sobre el tema con las que nadie podía competir.

Encaramada sobre la Riviera francesa, la vieja Antibes resultaba un lugar poco común para escribir sobre Cuba. Los Matthews habían llegado en noviembre de 1967, unas semanas después de su retiro del *Times*. Era temporada baja, y la ciudad balnearia se preparaba para el largo receso invernal. Herbert y Nancie esperaban recuperar los recuerdos de los viejos buenos tiempos que habían pasado en Europa en las décadas de los treinta y los cuarenta, a pesar de la atmósfera amenazante que se vivía en aquellos años. Residir en la Riviera no estaba exento de un cierto esnobismo, de glorias desvaídas que, en cierto modo, se asemejaban a su propia vida. A diferencia de lo que Matthews esperaba, la villa que habían alquilado no se encontraba cerca de la playa, sino a varias cuadras, sobre una calle ajetreada que quedaba lejos de todo, inclusive de la tienda a la que se dirigían todas las mañanas para comprar el periódico. Si bien la ciudad estaba vacía de turistas, los precios eran apenas tolerables, y el matrimonio pasaba la mayor parte del tiempo en soledad, sin amigos, ni apoyo, ni material de consulta, salvo el que habían traído consigo. Cuando necesitaba ayuda para buscar información, Herbert le escribía a John, unos años mayor que él, también jubilado, y deseoso de colaborar.

Matthews bien podía despreciar a Antibes, llamándola "poco atractiva y provinciana", pero la quietud y el silencio que allí encontró le proporcionaron las mejores condiciones para desarrollar su trabajo.

Antibes, lunes 17 de marzo

Querido John:
[...] Nuestro aislamiento, sin nada que hacer, me permite trabajar entre seis y siete horas por día de lunes a lunes, mientras Nancie, generosamente, se mantiene al día en la monótona tarea de pasar a máquina lo que calculo serán unas quinientas páginas. Dentro de una semana voy a enviarte una lista de libros que cito para que me averigües los nombres de las editoriales y su fecha de publicación; son para la bibliografía que incluyo al final del manuscrito.

Cariños a ambos,
HLM

Lejos de sus detractores y del yugo del *Times*, Matthews inició una rutina académica. Su vida había alcanzado finalmente el grado de previsibilidad que siempre había creído poder obtener de haberse dedicado a la docencia o investigación universitaria. Se deleitaba con la sencillez y seriedad de sus horarios: por la mañana, salía en busca del diario y de pan recién horneado; luego, regresaba a trabajar en su manuscrito, redactando un primer borrador a mano en un bloc de hojas amarillas, mientras Nancy pasaba a máquina el material del día anterior. Hacían una pausa para almorzar en algún restaurante cercano: ésta era su principal comida del día, y casi el único lujo que se daban. Matthews le escribió a su hermano: "Todo el mundo se considera tan bueno como el que más; no hay conciencia de clase. Tal vez sea la consecuencia de la Revolución Francesa". Después del almuerzo, regresaban al trabajo, y continuaban hasta que las fuerzas dejaban de responderles. Nancie, que luchaba contra sus numerosos problemas de salud, jamás cocinaba. Así, Matthews se apropió de la cocina, donde preparaba cenas sencillas: ensaladas, tostadas con queso, y un vaso de vino. Durante la sobremesa jugaban al dominó o miraban la televisión francesa hasta que daban por concluido el día.

La biografía era el primer libro de Matthews desde 1964, año en el que aceptó escribir sobre Cuba para una serie destinada a jóvenes lectores publicada por Macmillan. Quizá con el recuerdo de la influencia que los libros de Harding Davis habían ejercido en su infancia, se había esforzado por retratar a Castro de manera simple y clara. Incapaz de disfrazar el verdadero carácter del líder bajo capas de explicaciones, se había visto esforzado a utilizar un estilo despojado. Este método le permitió moldear algunas de sus descripciones más agudas de la Revolución Cubana, revelando igualmente una sinceridad admirable respecto de la personalidad de Castro: "De ninguna manera puede decirse que Castro sea un modelo a seguir o admirar con los ojos vendados; si se le juzga por la vara normal, no es buena persona. Aunque ha hecho mucho bien, también causó mucho daño. Es el enemigo más peligroso que jamás se enfrentó a los Estados Unidos dentro del hemisferio occidental. E invitar a los rusos a instalar misiles nucleares en Cuba en el verano del 62, arriesgando los horrores de una guerra que podía acabar con el mundo, es algo inexcusable. A pesar de todo esto, no deja de ser verdad que Castro es una criatura extraordinaria, convencida de que lo que hace está bien. Se trata de una persona muy confundida, pero no malvada".

En la extensa biografía en la trabajaba en 1968, Matthews desarrolló muchos de los mismos puntos, volviendo sobre los momentos más controvertidos de los primeros años de la revolución. Moviéndose a través de sus documentos y archivos personales, tropezó con la firma que Castro le había regalado en la montaña. Aún entonces, antes de escribir una sola palabra sobre el líder o su sueño revolucionario, ya había anticipado que habría incrédulos. Se suponía que el trozo de papel, cubierto con la elaborada firma, iba a vencer las quejas de los censores y las objeciones de los cínicos, pero no resultaron así las cosas. Ahí residía precisamente el principio de las dudas sobre el trabajo que Matthews había hecho en Cuba. Ahora, pasada más de una década, todavía se sentía perseguido por aquellas dudas. Matthews aceptaba que había fracasado en convencer a sus críticos estadounidenses de que no había pretendido deliberadamente plantar conceptos erróneos. Sabía también que había fracasado en persuadir a sus simpatizantes cubanos de no había participado de la revolución, ni de haberla apoyado, sino que había sido un simple periodista informando sobre la verdad de los hechos hasta donde alcanzaba su capacidad. El proyecto de Antibes constituía un nuevo intento de hacer lo mismo.

Hacia fines de marzo, sin otra perspectiva que su escritura, Matthews completó el manuscrito. No habían transcurrido aún seis meses de su retiro. El y su esposa celebraron con media botella de champán y lo enviaron para su publicación.

Antibes, 10 de abril de 1968.

Querido John:
[...] En el plano personal, la gran noticia es que, hace unos días, recibí una carta muy alentadora de Penguin. Decía que "se leía con entusiasmo y deleite, que mantenía el interés y la calidad, que era un logro magnífico, y felicitaciones [...]". Naturalmente, yo me sentí encantado, y Nancie también... uno nunca está seguro de las cualidades de lo que ha escrito, o por lo menos no hasta que ha tomado distancia y puede mirarlo desde otro lugar [...]

Cariños a ambos,
HLM

En 1969, Simon and Schuster publicó *Fidel Castro* en los Estados Unidos. Habían transcurrido doce años desde que Matthews se había acuclillado junto a Castro en las orillas boscosas de la Sierra, pero su pasión por el rebelde y su revolución no se habían desvanecido, del mismo modo en que la crítica constante a la que se había visto sometido en la década anterior tampoco enfrió su entusiasmo por la historia de Cuba. En el libro, Matthews no comparaba a Castro con Robin Hood, pero sí con Oliver Cromwell y John Brown, diciendo que Castro era el tipo de "revolucionario romántico" que surge una y otra vez en la Historia. Lo describía así: "Fidel es uno de los hombres más extraordinarios de nuestros tiempos, ni santo ni demonio. Esencialmente, hay que tomarlo como es". Respecto de la cuestión central —Castro y el comunismo— Matthews no cedió un ápice, insistiendo en que la revolución no había sido digitada desde Moscú, ni había adquirido necesariamente un tinte comunista hasta que no quedó otra salida: "Como ya he dicho, Fidel utiliza el comunismo; le resulta valioso, pero ello no equivale a creer en la ideología comunista".

Esperaba reseñas mordaces, y en verdad lo fueron. Los comentaristas opinaron que, lejos de ser una biografía objetiva, el libro daba la impresión de una larga carta escrita por un admirador, o un retorcido ejercicio lógico. *Newsweek*, que no era amante de Matthews, dijo que "con firmeza, intenta explicar a Fidel a través de sus actos antes que por su retórica". Pero los comentarios más hirientes y el punto álgido de las críticas se centraban en la persona de Matthews. Los críticos tenían la sensación de que su enamoramiento de Cuba y Castro se desprendían de cada una de las páginas. A Matthews las críticas no lo tomaron totalmente desprevenido. Al partir de Antibes, él y Nancie volaron a Londres, donde esperaron otros comentarios que John les envió. "Con seguridad, debe haber muchísimos críticos que no están de acuerdo conmigo y que, atacando despiadadamente el tema; es decir, a Fidel y la revolución, destrozan el libro con un tiro por elevación. El único tipo de crítica que me molestaría es que me señalaran errores serios en el campo de los *hechos*. Soy consciente de haber cometido algunas equivocaciones menores, y seguramente habrá otras en un texto que contiene miles de hechos".

Ni siquiera las reseñas más duras lograron encontrar errores graves. Antes bien, se trataba de volver a pelear todas las viejas batallas, y Matthews sabía que no podía sino perder. Lo que en verdad lo sorprendió fue el ataque sin concesiones del *Times*: "*Fidel Castro* es su segundo libro sobre un tema que lo obsesiona", escribió John Leonard en la correspondiente reseña. "No acabamos de acostumbrarnos a la idea de que, igual que Niels Bohr revolviendo los quanta en su laboratorio de Copenhague, los medios son capaces de alterar los fenómenos que describen por el solo hecho de observarlos. Ahora debemos vérnoslas con un posible corolario del concepto vertido anteriormente: los fenómenos son capaces de alterar (o hipnotizar) al observador, por neutral que éste se crea".

Cuando John le envió una copia de la reseña del *Times*, Matthews se encontraba en Canberra (Australia), visitando a su hijo Eric, entomólogo de profesión, que vivía allí. El recorte del periódico transformó la primera visita de Matthews a Australia en una pesadilla, y sembró en su mente la idea de que el cronista "por alguna razón que desconozco, me la tiene jurada".

Canberra, Hotel Embassy
Lunes 19 de mayo de 1969

Querido John:
[...] Ayer llegó el recorte del Times, y lo sentí como una canallada. Ningún otro —y ya habré leído unas diez reseñas— toma semejante enfoque. Lo malo es su ataque salvaje, realmente despiadado, contra mi persona y contra el libro. Llega a extremos tales que, a los ojos de los lectores informados, logra un efecto diametralmente opuesto al que se propone. Lamentablemente, no son muchos los lectores informados. Yo podría mencionar cualquier cantidad de disparates, por ejemplo, que "no puede dejar la historia en paz", como si la Revolución Cubana hubiera terminado, Fidel no existiera, y pudiéramos olvidar todo el asunto, además del hecho que podría habérsele ocurrido que quizá se me pidió que escribiera el libro. ¿No resulta irónico que esta única (por el momento) reseña demoledora provenga de mi propio periódico?
Cariños a ambos,
HLM

Seguro de sí mismo como de costumbre, Matthews rehusó hacer a sus críticos la más mínima concesión. Sentía que la biografía de Castro era un éxito literario, aunque no popular ni económico. Años más tarde, al releerlo mientras preparaba sus memorias, continuaba pensando lo mismo: "Admito que, en algunas partes, expresa abiertamente mi entusiasmo y que defiende a Castro sin necesidad. Hay algunos errores inexcusables, pero no importantes". Pensaba que, a la larga, iba a perdurar más tiempo que los libros que el historiador Theodore Draper y otros autores habían escrito sobre Fidel. "Creo que el mío se seguirá leyendo cuando todos los demás estén juntando polvo en las estanterías, pero quienes lo lean tendrán que ser indulgentes con mi parcialidad".

Matthews había creado un patrón viable para soportar la inactividad periodística. Se afincaba temporariamente en algún lugar atractivo y relativamente barato, donde producía abultados manuscritos que Nancie pasaba a máquina. Pensaba que sus libros eran instrumentos que servirían para establecer la verdad de los hechos, pero desde el principio de su carrera nunca había abandonado la esperanza de que le proporcionaran una entrada económica adicional. Sin embargo, el dinero se iba en el minuto que ingresaba. Él y Nancie se desplazaban de Francia a Londres, y de Londres a Australia, y luego hacían el camino inverso, alquilando apartamentos por pocos meses, y buscando el tipo de alojamiento que les permitiera mantener al menos la apariencia del estilo de vida al que estaban acostumbrados, y que excedía lo que podían permitirse viviendo de una magra jubilación y de los intereses de/ adjudicación de treinta y seis acciones de la New York Times Company por año durante diez años a partir de su retiro. Finalmente, tuvo que vender los aguafuertes de Goya que había adquirido en 1938 en España por doscientos veinticinco dólares. Se subastaron en Sotheby's de Londres en 1974 por la suma de cuatro mil cien libras, dejándoles un beneficio neto de siete mil setecientos dólares.

Cada reseña negativa hecha a sus libro era una herida narcisista, y volvían a asaltarlo las preocupaciones económicas. Aún así, las reacciones adversas de los críticos no le impedían continuar escribiendo. A medida que pasaban los años, Matthews mantuvo su ritmo ambicioso, preparando los primeros borradores de sus manuscritos a mano, y sin dejar de leer una amplia variedad de literatura clásica y contemporánea a pesar de sus migrañas recurrentes y de la acumulación de sus dolencias. Realizó dos viajes más a Cuba con propósitos de investigación. El primero tenía por objetivo sus memorias —*A World in Revolution* —, escritas en 1971. Las reseñas fueron atroces. Era como si, una vez más, Matthews hubiera sido arrojado ante la Asociación Interamericana de Prensa y dejado librado a la ferocidad de sus enemigos, o —y esto era más doloroso aún— aquellos que consideraba sus amigos le hubieran aserrado el piso bajo los pies. John Chamberlain, del *National Review*, escribió: "El siempre romántico Herbert Matthews nunca ha podido lograr que el simpatizante partidario que lo habita se subordine al reportero que hay en él". Chamberlain afirmaba poseer una intuición especial del carácter de Matthews por encontrarse trabajando en el *Times* cuando Matthews era un recién llegado. "En el City Room se comentaba que Matthews quería viajar al exterior y convertirse en una versión moderna de Lawrence de Arabia", escribió Chamberlain acerca de sus años de formación, a fines de la década de los veinte y comienzos de los treinta. Ahora, en 1972, Chamberlain escribía que Matthews no había cambiado mucho desde entonces: "Habla de sí mismo como de un liberal decimonónico, devoto de John Stuart Mill, pero su adicción a las causas y su propensión a quedar deslumbrado por los poderosos a menudo le han puesto anteojeras". Otros cronistas hicieron comentarios similares; Matthews se irritó particularmente con el *Chicago Tribune*, por considerar que había tratado a su libro como su "guerra con el *Times*".

Luego, Matthews se embarcó en una versión actualizada de *Half of Spain Died*, su obra sobre la Guerra Civil Española. El *Times* la ignoró, y le informó a John desde Roma que se habían vendido menos de mil novecientas copias, "lo que refleja la falta de una reseña por parte del *Times*, aunque, por supuesto, si la hubieran reseñado, podría haber sido una de esas críticas demoledoras lo cual habría sido peor que nada". A Matthews le parecía que el periódico se había propuesto sabotear el libro, y sentía que no era bueno que John Leonard, quien había apaleado su biografía de Castro, fuera ahora el director de *Book Review*.

En 1972, Matthews suscribió un contrato con Charles Scribner's Sons para replantear toda la cuestión cubana. Recibió un adelanto de cinco mil dólares por un libro que llevaba el título de *Sunrise in Cuba: An Essay in Understanding*. Sin embargo, el editor insistió en cambiarlo por otro más llamativo y menos optimista. Al momento de publicarse, se llamó *Revolution in Cuba*, y la cubierta rezaba "Una nueva mirada sobre la Cuba de Castro por su principal conocedor estadounidense". "An Essay in Understanding" se mantuvo en la página en la que figuraban el título y el autor.

A fin de prepararse para lo que suponía habría de constituir su última oportunidad de aclarar la situación de Cuba y la suya propia, Matthews voló a la isla en 1972. Era su décima visita desde 1959. Imaginaba que muchas de las promesas poco realistas que se habían formulado en los comienzos de la revolución se habrían desvanecido, especialmente después del fracaso de la fanática campaña en demanda de una zafra de diez millones de toneladas de azúcar para 1970. La revolución avanzaba, pero Matthews no podía asegurar en qué dirección. Tampoco sabía cómo lo recibirían Castro y los cubanos. ¡Había transcurrido tanto tiempo, y mediaban tantos rencores entre Cuba y los Estados Unidos! Mientras aguardaba su visa, escribió a su hermano, haciéndolo partícipe de sus preocupaciones:

30 de abril de 1972

Querido John:
[...] Dudo que sea posible mantener una actitud optimista frente a la revolución. La situación económica es espantosa. Fidel ha cometido —y sigue cometiendo— tantos errores, sumados a promesas imposibles de cumplir. Reina una confusión total. Espero sentirme mejor cuando lo vea con mis propios ojos... si es que me lo permiten.

Cariños a todos,
HLM

Como de costumbre, Matthews comprendía la importancia de ser testigo presencial, de ver la verdad por sí mismo. A su arribo a La Habana, en medio de un calor abrasador, tenía setenta y dos años y estaba delicado de salud. La idea de la muerte le pesaba, y esto lo debieron notar quienes hablaron con él, puesto que lo trataron con un respeto que no le habían demostrado en sus últimos viajes. En esta ocasión, todos se mostraron deseosos de recibirlo, inclusive Raúl Castro, quien se presentó con su esposa y su hijo mayor. Matthews se percató de que el niño cumplía años el 17 de febrero, "el mismo día en que me encontré con Fidel y los demás en la Sierra".

Ahora, en septiembre de 1972, sostuvo una larga entrevista con Castro en el Palacio Presidencial. Ambos sabían que ésta habría de ser la última vez que se vieran. Conversaron sentados en sillones hamaca; por momentos, Castro se mecía vigorosamente, inclinándose hacia adelante para subrayar alguna frase apoyando la mano en la rodilla de Matthews, o acercándose lo suficiente para, de así quererlo, poder susurrar en su oído, como lo había hecho en el primer encuentro. Estaban tan próximos el uno al otro que Matthews observó algunas canas en la famosa barba del líder, que ya contaba cuarenta y seis años.

—Oh, sí, tengo algunas —dijo Castro.

Como de costumbre, Matthews aprovechó al máximo su acceso a Castro, así como la importancia de su propia participación en los eventos importantes de la revolución. En el libro, escribió: "Siento que viví con la Revolución Cubana desde su nacimiento hasta la presente robustez de su adolescencia. Fidel, su hermano Raúl, y la mayoría de los otros líderes no me ven como a un extraño. Me doy acabada cuenta de los obstáculos y las ventajas que nuestra relación conlleva. Para mí, la Revolución Cubana no es objeto, sino sujeto".

Esta visita postrera parecía insuflarle una ráfaga de vitalidad, como si reviviera todos los conflictos y triunfos que se habían sucedido a partir de 1957. No cesaba de comparar su vida antes de Cuba con lo que había ocurrido después. En las cartas que escribía a Nancie se mostraba alegre, afirmando que "para mí, Cuba es el lugar más acogedor de la tierra", así como una encantada tierra mítica. Al partir, con destino a México, entabló conversación con un joven inglés con quien había intercambiado unas palabras en el consulado de México en Cuba. Mucho menor que Matthews, el joven, como muchos otros en aquellos días, estaba fascinado por los aspectos aventureros y románticos de la Revolución Cubana, y tenía una vaga idea del rol que Matthews había desempeñado en sus orígenes. Pero la línea divisoria entre el mito y la historia es flexible, y Matthews quedó atónito ante una pregunta del muchacho:

—¿Es verdad —preguntó durante el cruce del Mar Caribe— que Errol Flynn ascendió a la Sierra con usted?

Flynn no se había hallado presente, aunque se había sentido cautivado por la descripción que Matthews hizo de Castro —la de un héroe de capa y espada— y demostró abiertamente su simpatía por la revolución. Años después de la publicación de la entrevista, Flynn viajó a Sierra y filmó un seudo-documental sobre los rebeldes, al que tituló *Cuban Story*. Por esta razón se encontraba en el campamento de Castro la noche en que Batista huyó.

La historia deshilvanada del joven pasajero ponía una nota de humor en los tonos sombríos de la carta que Matthews escribió a Nancie (cuya enfermedad le había impedido acompañarlo) hablándole de un momento crucial en sus vidas. En lo tocante a Cuba, Matthews estaba llegando al final del camino. En los tiempos en que había soportado las críticas más severas, se había aferrado a la creencia de que, a la larga, la Historia lo reivindicaría. Era bien conocida la declaración de Castro: "La Historia me absolverá", que era lo mismo que Matthews sentía acerca de sí mismo. Desvanecidas la histeria y la malicia, se convenció de que la gente reconocería que había informado sobre las vueltas y revueltas de la revolución de manera más exhaustiva y perceptiva que ningún otro reportero. Llegado el fin, creía que la Historia afirmaría que, al fin al cabo, la razón estaba de su parte.

Ciudad de México, 16 de septiembre de 1972.

Querida Nancie:
[...] Es real, y no un producto de mi mente febril, que mis conocimientos sobre la Revolución Cubana superan a los de cualquier otra persona. ¿Pero quién va a creerme, o a interesarse por ello? Por supuesto, puedo escribir todo en el libro, y ciertamente lo haré, y podría incluir estas mismas preguntas [...]

El viaje acabó por devolver a Matthews la fe en que la revolución redundaría en beneficio de los cubanos. Ya eran visibles los logros obtenidos en los campos de la salud y la educación y, a pesar de la inexistencia de la democracia, detectó progresos prometedores en temas de igualdad racial y justicia económica. No obstante sus graves defectos de carácter, Castro había cambiado el rumbo de la Historia. Matthews le confesó a Nancie que había días en los que verdaderamente creía haber creado a un monstruo, pero lo que vio en ese último viaje tranquilizó su conciencia.

Viví largos años de ansiedad, ensombrecidos por el pensamiento de que quizás había hecho algo muy perjudicial, y me asaltaron terribles dudas acerca de la revolución. Pero ahora estoy convencido de que han luchado por algo que es bueno para Cuba; algo que por fin está alcanzando el éxito. Me siento casi como un boy scout que, en lugar de realizar su buena acción diaria, ha hecho sólo una buena acción en toda su vida. Todo lo cual, por cierto, puede resultar en una ensoñación de Walter Mitty*, aunque por lo que parece, no creo que así sea.

Cariños a Priscilla,
HLM

Revolution in Cuba fue publicado por Charles Scribner's Sons en 1975. Esta vez, Matthews se hallaba dispuesto a pasar por alto

---

* *The Secret Life of Walter Mitty*, cuento del humorista James Thurber, publicado por primera vez en *The New Yorker* en 1939. Narra la vida de un hombre a quien propios y extraños tienen en menos, pero que compensa el fracaso de su realidad embarcándose en ensoñaciones fantásticas en las que él siempre personifica al héroe, desatadas por ruidos o palabras que surgen del ambiente. [N. de la T.]

las reseñas negativas porque sentía que finalmente le tocaba algo de suerte en el sorteo de lo que consideraba más importante. El *Sunday Book Review* del *New York Times* había encomendado la reseña al Profesor Kalman A. Silvert, especialista prominente en cuestiones latinoamericanas y politólogo con quien Matthews había intercambiado correspondencia. Cuando leyó la reseña de Silvert, lo inundó una sensación de éxtasis, y se sintió compensado por los insultos que el *Times* había derramado sobre sus libros anteriores. La reseña se ocupaba tanto de su persona como del libro. Sintió que por fin alguien comprendía lo que intentaba decir, y que lo expresaba con vigor. Silvert escribió: "Matthews no apoya el comunismo, sino la actividad de personas que considera esencialmente honestas en sus intentos por crear una sociedad realmente soberana y dueña de su propio destino".

En marzo, Matthews continuaba quejándose a su hermano de la lentitud con que se vendía su libro. "El pasado agosto, cuando se publicó *Revolution in Cuba*, ya se habían aflojado las presiones sobre Fidel, había esperanzas de un acercamiento entre Cuba y los Estados Unidos, se había reconocido el éxito económico y la estabilidad política del gobierno revolucionario: en suma, una pequeña aceptación de que yo tenía razón. Ahora volvemos a estar como al principio, con Fidel en el rol de Enemigo Público No 1, y yo, su 'apologista', de nuevo caído en desgracia". Castro había enviado un contingente militar compuesto por treinta y siete mil cubanos a ayudar a que el Movimiento por la Liberación de Angola (MPLA) asumiera el control de gran parte de la recientemente independizada nación del Africa Occidental. Hasta Matthews tenía dificultades para comprender lo que se proponía. Escribió a su hermano: "¿Cómo puede Fidel tratarlos como si fueran criaturas y pensar que se va a salir con la suya? Por primera vez, me encuentro envuelto en serias dudas, y me hago preguntas. A su manera, ¿Fidel repite lo que hizo Mussolini en Abisinia y España? ¿Se está volviendo megalómano?"

Sin percatarse de ello, Matthews iba descubriendo la verdad esencial sobre Castro: su capacidad de reinventarse constantemente, y de crear mitos sobre su persona y sus convicciones. Se había convertido en un camaleón político con la habilidad de mistificar a amigos y enemigos. Matthews había visto algún indicio de esto; al fin y al cabo, había visto a Castro en la montaña, prácticamente sin saber qué hacer respecto de la economía ni de la política y, a través de los años, Matthews había informado acerca de las incongruencias de sus políticas de estado. Sin embargo, lo que el periodista no podía ver era que no se trataba simplemente de un aspecto más entre los que conformaban su carácter volcánico, sino que la verdadera naturaleza de Castro residía en su inestabilidad: ella lo constituía, y por eso resultaba tan impredecible tratar con él. Impulsado por su propio ego a afirmar que, de todos los escritores estadounidenses, sólo él conocía al verdadero Castro, a Matthews se le hacía imposible reconocer el hecho ineludible de que Castro era incognoscible, en tanto no dejaba de mudar de piel para acomodarse a las circunstancias. Admitir la verdad habría rebajado la importancia de Matthews, y éste había atravesado demasiadas circunstancias amargas como para avenirse a esta realidad.

Aunque la Guerra Fría ya no despertaba las mismas sospechas que la crisis de los misiles, la ansiedad no se había disipado por completo. Matthews se dio cuenta de que mostraba su entusiasmo por Castro y Cuba sin la más mínima reserva, pero también sabía que los críticos de la revolución abrigaban sentimientos más exaltados que los suyos. Cada uno de sus intentos de presentar a Castro como el líder más extraordinario de la Historia de Latinoamérica era contrarrestado por la acusación de que el hombre era un megalómano traicionero, empeñado en diseminar el comunismo por el mundo. Para muchos estadounidenses, la parálisis de la situación en el Caribe constituía una señal de la Guerra Fría, una manera de recordarles la naturaleza delicada del equilibrio entre las potencias mundiales y la facilidad con que la vida normal podía tornarse una pesadilla. La cuestión de Cuba pasaba a segundo plano sólo cuando era eclipsada por Vietnam. Entonces Castro aprovechaba la oportunidad para causar estragos en otra parte: en Angola, o en Grenada, y entonces toda la atención volvía a quedar fija en el frente comunista situado a noventa millas de los Estados Unidos. Se repetían las mismas preguntas: ¿Quién permitió que esto sucediera? ¿Cuál sería el próximo país en caer? Y, una vez más, el nombre de Matthews salía a la luz.

Él y Nancie trataban de llevar una vida de gente sofisticada y pudiente con los escasos medios de los que disponían. Cada una de las cartas que enviaban a John, o a Rosalie, su hermana que residía en México, describía el estado inquietante de sus finanzas. Matthews se quejaba del lastimoso rendimiento de sus acciones de la New York Times Company, y del elevado costo de casi todo. Buscando el lugar más barato para instalarse, terminaron, literalmente, en el extremo del mundo, al decidirse a vivir en Australia del Sur, cerca de su hijo. Eric Matthews se dedicaba a investigar un solo espécimen, el escarabajo estercolero, especializándose en sus costumbres. Se creía que el insecto resultaba útil para reducir el número de moscas, algo a lo que Matthews era particularmente sensible: a menudo había escrito y dicho que la peor parte de la labor de un corresponsal de guerra era soportar las moscas.

Matthews visitó Australia por primera vez en 1969, y no la encontró interesante. Pero luego, a medida que su dinero menguaba y su salud entraba en franco deterioro, se dio cuenta de que era lógico vivir ahí. Así estaba cerca de sus nietos Christopher y Leslie, aunque no podía evitar sentirse aislado, en un lugar atrasado. Si bien nunca había intimado demasiado con sus propios hijos, Matthews adoraba a sus nietos, y esperaba un futuro en el que sería exculpado. Comprendía que lo que había escrito sobre Cuba, España, y Etiopía —mirándolo de adelante hacia atrás— presentaba imágenes e información que contradecían abiertamente lo que el público deseaba creer en cada uno de esos momentos, y le había costado muy caro. Sentía que cumplía con su deber de reportero: perturbar la paz y ayudar a que los lectores comprendieran el mundo que los rodeaba. La parcialidad que no tenía inconveniente en reconocer no interfería con la verdad, y alguna vez, la Historia lo vería.

Matthews imaginaba un futuro, pasados cincuenta años o más, en el que se reconsideraría el papel que había desempeñado en los orígenes de la Revolución Cubana, describiéndolo como lo que había sido en realidad: el trabajo honesto de un veterano de la prensa, testigo de grandes acontecimientos. Sus palabras habían influido sobre quienes decidían las políticas en Washington en un momento en el que no tenían la menor idea de lo que sucedía a noventa millas de sus costas. Cuando se sosegara la histeria, y se acabaran las acusaciones, creía que quedaría claro que había relatado la verdad tal cual la había visto desfilar ante sus ojos.

Por esa razón atesoró una dedicatoria de puño y letra del Che Guevara, escrita para él en su libro *Pasajes de la Guerra Revolucionaria*:

Para H. Matthews, enemigo ideológico en toda ocasión y amigo nuestro desde los días Luminosos de la Sierra Maestra, como testigo cordial de la Comprensión entre hombres que hablan idiomas diferentes.
                        Che
                        La Habana, 3 de noviembre de 1963

Matthews insertó esta dedicatoria en la penúltima página de *Revolution in Cuba*. No objetaba que el Che lo llamara "un testigo cordial". Si bien criticaba a Castro por aceptar riesgos increíbles, como lo había hecho durante la crisis de los misiles, o por cometer errores onerosos, como cuando pretendió la imposible zafra de diez millones de toneladas de azúcar en 1970, Matthews lo reprendía con suavidad. Siempre trataba de equilibrar la crítica con el elogio, lo cual arrojaba un saldo final a favor de Castro. El Che entendió el valor de la parcialidad de Matthews desde el comienzo —y Castro no le fue en zaga— porque los dos líderes eran maestros en la difusión de propaganda y manipulación de la imagen. En este sentido, eran mucho más perceptivos que Matthews. Explotaban sus simpatías, mientras que él nunca aceptó haber creado un cuadro distorsionado de la realidad que, durante un tiempo, se confundió con la realidad misma. Durante su retiro, evocaba los primeros tiempos de la revolución y evaluaba su papel con mayor sinceridad.

Sólo que, para entonces, el mundo veía a Castro como a un villano, y a Matthews también. Y esta visión se mantendría hasta el final, aunque sus caminos no volvieron a cruzarse.

CAPÍTULO 15

Una buena pelea

Escribir *Revolution in Cuba* purificó mucho del enojo y la frustración que Matthews llevaba consigo cuando se trasladó a Australia. Tenía unos setenta y cinco años, y no gozaba de buena salud, pero su mente y su voluntad conservaban la fuerza de siempre. Él y Nancie encontraron una casa en la localidad de Glenelg, cercana a la playa, aunque rara vez se aventuraban en el mar. Llevaban una vida muy recluida, a excepción de alguna salida ocasional a un restaurante en la medida en que su magro presupuesto lo permitía, o visitaban a la familia que había formado su hijo Eric, quien habitaba no lejos de allí. Matthews y su hijo nunca habían mantenido una relación estrecha; ahora, construyeron un vínculo frágil. En realidad, se parecían mucho: ambos se enfrascaban en su trabajo y, en uno y otro caso se sentían más cómodos rodeados de libros o escarabajos que de otros seres humanos. Eric no demostraba gran interés por el periodismo, que había mantenido a su padre alejado de la familia durante tantos años, y Matthews veía, en la intensidad con la que su hijo estudiaba el escarabajo estercolero, un rasgo de excentricidad cuyo único valor residía en la posibilidad de contener la plaga de moscas negras que se sumaba a las razones por las cuales le disgustaba vivir en Australia.

Si bien ninguno de los dos se interesaba mucho por la especialidad del otro, la ciencia les ofrecía un punto de convergencia. Aún con la vista debilitada, Matthews era consciente de los grandes progresos que se desarrollaban a su alrededor, particularmente en el campo de la biología, y pensaba que desentrañar los misterios del mundo físico podían abrir la puerta a los del alma humana. Influenciado por su hijo, abandonó la lectura de novelas policíacas —su hobby de toda la vida— y se sumergió en el estudio de la ciencia y la religión, con la esperanza de encontrar una manera de conectar los cabos sueltos de su propia existencia. Ambos campos se completaban del modo en que lo hacían Matthews y Eric. La religión constituía una búsqueda del significado de la vida, mientras que la ciencia explicaba sus procesos. Juntas, lograban que el tránsito por el mundo fuera manejable. Sin embargo, Matthews abordaba los —para él— novedosos campos de conocimiento sin involucrarse en ellos emocionalmente, como si se tratara de una investigación académica. Estudió religión, pero no se volvió religioso; leyó las obras científicas recomendadas por su hijo, pero no confiaba plenamente en el método científico.

Antes bien, conservaba su papel de observador, vehemente como de costumbre acerca de sus conclusiones. Recopiló el producto de sus meditaciones en un manuscrito final, escrito a mano en los acostumbrados bloques de hojas amarillas que Nancie pasaba a máquina. Este libro no trataba de Cuba o Castro, aunque revelaba algunos de los sentimientos que la controversia habían despertado en Matthews. En un principio, pensó titularlo *La educación de un redactor*, haciendo eco a *The Education of a Correspondent* (1964), al que siempre había considerado su mejor libro. Finalmente, tachó el título y, melancólicamente, optó por llamarlo *Valediction: Random Thoughts on an Approaching End**. La improbabilidad de que ningún editor fuera a aceptarlo no enfrió su entusiasmo por el proyecto. Continuó escribiendo apasionadamente, con múltiples voces, ofreciendo consejos que pretendían provenir de la sabiduría popular acerca de la etapa de la vida en que uno se ha retirado, mezclados con observaciones acerca de la existencia que desafiaban al más aguzado intelecto.

No obstante, Matthews parecía empeñado en encontrar una validación para sus escritos más controvertidos. Permanecía activo en la cruzada que había iniciado en 1957, y se proponía demostrar la imposibilidad de que un escritor filtrara sus inclinaciones o prejuicios por completo para lograr una obra impoluta. Creía que se trataba de un proceso tan predecible como cualquier proceso biológico, y que su argumento respondía a la misma lógica que cualquier argumento filosófico. En su manuscrito inédito, y recurriendo a sus estudios de ciencias modernas para mirarse en su espejo, escribió: "Los físicos nos dicen que las partículas que componen el cuerpo se encuentran en continuo movimiento. En el sentido de las ciencias físicas, el hombre que comenzó a escribir este párrafo es, literalmente, un hombre diferente del que ahora lo cierra. Debemos aceptar la afirmación de Kant de que "excede por mucho nuestras posibilidades el explicar que yo, el sujeto pensante, soy mi propio objeto de percepción, capaz de distinguirme a mí mismo de mí mismo". En lenguaje común, uno

---

* Si bien no solemos traducir títulos, esta traductora entiende que la comprensión de la elección de Matthews dice mucho acerca de su estado de ánimo, por lo cual hace aquí una excepción. La frase significa: "Despedida: pensamientos al azar sobre el fin que se aproxima". [N. de la T.]

no puede salirse de sí mismo, ni yo intento hacerlo. Por el contrario, este es *mi* progreso del peregrino* —la recta final".

A Matthews, este período de lectura y reflexión le resultó tan liberador como un posgrado. Anotó el día en que concluyó la relectura de *La Divina Comedia* de Dante —el 11 de noviembre de 1975— utilizando el mismo ejemplar que había leído durante sus estudios de pregrado en Columbia en 1921. Los cincuenta y cuatro años transcurridos desde entonces habían contribuido a intensificar el placer que le producía la obra, desde los primeros versos, en los que encontraba claros indicios del devenir de su propia vida: "En mitad del camino de la vida errante me encontré por selva oscura", hasta el final, en el éxtasis de la visión divina: "el amor que al sol mueve y las estrellas". Volvió a examinar su temprana adhesión al socialismo como filosofía por la cual regir su vida. Quedaba claro que había seguido el ejemplo de los estoicos, quienes "apuntaban a una vida virtuosa, dependiendo de sí mismos, sin esperanzas de escapar de este mundo perverso ni de ser recompensados en el otro. Creían que la intención lo era todo, y que los logros tenían poca o ninguna importancia". Hacía ya tiempo que Matthews había tomado a Farinata degli Uberti, uno de los personajes de *La Divina Comedia*, como modelo de estoicismo. Farinata era un líder florentino quien, en el poema, había sufrido la condena eterna al Sexto Círculo del Infierno, reservado a los herejes, por expresar una verdad que nadie quería oír, lo que le valió una acusación de herejía. Matthews se identificaba con Farinata, cuyo único pecado había sido cumplir el rol de un mensajero honesto.

Matthews leyó la Nueva Versión Inglesa de la Biblia de principio a fin. Para compensar la deslucida y excesiva simplificación del texto, volvió a leer la Versión Autorizada. Releyó a Trollope, Dostoyevsky, y Jane Austen, saboreando las sutilezas de estos autores, pero no quiso leer a Saul Bellow, Patrick White, Anthony Burgess, ni a ningún otro contemporáneo. Tomó afición a releer la poesía romántica de la que se había alimentado en su juventud: Robert Burns, Byron, Shelley, Keats, Browning, y Tennyson. Admitía que, en cierto modo, había construido su vida sobre erradas ilusiones de juventud. Escribió que, en una época, se había sentido fascinado por las Cruzadas,

---

* Alusión a *The Pilgrim's Progress*, título por el que se conoce abreviadamente la obra de John Bunyan *The Pilgrim's Progress from This World to That Which is to Come*, publicada en 1678. Dicho brevemente, se trata de una alegoría que habla del peregrinaje desde esta vida hacia la otra, y que asegura que todo hombre está en condiciones de ser un peregrino valeroso. [N. de la T.]

sin percibir la crueldad de las matanzas desencadenadas por los cruzados en nombre de la religión. En cierto momento, veneró a Ricardo Corazón de León, pero ahora lo consideraba "un espadachín estúpido e insensible". Sus cuarenta y cinco años de periodista y corresponsal lo habían convencido que el hombre es violento por naturaleza, y de nunca llegaría la "era de la paz" como no fuera "la paz de los cementerios resultantes de una guerra nuclear". Aceptaba que, inclusive cuando lo asaltaban los pensamientos más sombríos y pesimistas, no encontraba solaz en la religión establecida, de la que hacía mucho había renegado.

Aunque de raíces judías, no hay indicios de que Matthews haya concurrido a la sinagoga en su vida adulta, y sus hijos sabían poco y nada de su ascendencia. Nancie era protestante, y Eric y Priscilla habían sido confirmados en la Iglesia Anglicana. En la década de los cincuenta, Priscilla le comunicó a su padre que estaba comprometida para casarse con un judío, y le preocupaba que éste pusiera objeciones. Fue ésa la primera vez que le oyó decir: "Nosotros también somos judíos".

De todos modos, Matthews se consideraba un "no creyente religioso", igual que Einstein. No creía en Dios ni en la vida después de la muerte, pero sentía que la ética y la moral eran importantes y que, en última instancia, lo que cuenta es cómo se ha vivido. Sus experiencias como corresponsal no habían contribuido a su fe en la capacidad moral de los gobiernos. Aún así, no negaba la posibilidad de los hombres de luchar por un futuro mejor, dentro de los límites del sistema político, aunque no tenía claro cuál de los sistemas ofrecía mejores oportunidades para ello.

Sus opiniones políticas no habían variado. Se sentía más cómodo con una filosofía política liberal, y había contemplado el mundo desde esa óptica durante la mayor parte de su vida adulta. En el manuscrito titulado *Valediction*, escribió: [...] pero todos deben reconocer la enorme importancia histórica y económica del marxismo bajo todas sus formas, y respetar el poder ejercido por los líderes y gobiernos socialistas del mundo". Luego de reevaluar los puntos fuertes y débiles del marxismo y el formidable alboroto que provocó, resolvió que, en cuanto a sistema político, todavía representaba ventajas para muchos: "En lo económico, el capitalismo funciona mejor, pero (escribiendo estas líneas a mediados de 1977), el mundo capitalista, con sus años de elevada inflación, altas tasas de desempleo, y crisis recurrentes, no se encuentra en posición de arrojar la primera piedra al mundo socialista".

Aunque se declaraba agnóstico en política tanto como en religión, Matthews siempre había apoyado las ideas liberales, y aceptaba que el comunismo, debidamente controlado, podía constituir una fuerza benéfica. Dijo que "nunca sintió la más remota tentación de convertirse al comunismo", pero que veía en él rasgos que, a su juicio, "eran genuinamente democráticos dentro de un sistema de características autoritarias". De ello se desprendía que, para muchas personas, el comunismo representaba la oportunidad de mejorar considerablemente su modo de vida. Pero escribió también: "Por cierto, es discutible si los rusos, chinos, y cubanos viven mejor bajo regímenes comunistas que bajo los que tenían anteriormente". Este fue un cambio brusco respecto de su posición frente al comunismo en los momentos más críticos de la Guerra Fría. Se había opuesto públicamente a la gran mayoría de los aspectos doctrinarios del sistema, sin duda para contrarrestar las acusaciones de que lo apoyaba. En *The Cuban Story*, Matthews se había sentido obligado a incluir una declaración de principios al mejor estilo de la era macartista: "Nunca pertenecí a ningún grupo o partido comunista. Me considero un liberal, y el liberalismo es el peor enemigo del comunismo, no el fascismo, ni el macartismo, ni las ideas de John Birch, ni lo que el Senador Fullbright llama "radicalismo de derecha".

Nunca se consideró enemigo de Cuba ni de Castro. Los dos habían recorrido senderos similares desde su primer encuentro, vistos primero como héroes y luego como villanos. Mucho tiempo compartieron la sensación de tener la razón mientras todos los demás se equivocaban. A ambos les preocupaba el veredicto de la Historia; en los últimos meses de su vida, Matthews persistía en sus intentos de aclarar los tantos. El manuscrito final no contenía revelaciones sorprendentes, pues ello habría estado en desacuerdo con su visión de sí mismo: un observador veraz que no se había guardado nada para sí. Mencionaba algunos errores que nunca antes había admitido en público. Le preocupaba no haber concedido suficiente atención a la posibilidad de que Mussolini hubiera utilizado gases tóxicos en Abisinia, y también creía que debería haber puesto menos énfasis en las felonías cometidas por los comunistas españoles y rusos durante la Guerra Civil Española. Pero, decía, "lo importante no es cometer errores sino no persistir en ellos". Y agregaba, en una nota: "Y no enmendarlos".

Ahora que han transcurrido cincuenta años desde el encuentro entre Matthews y Castro en las montañas, es posible realizar una evaluación más equitativa de lo que transmitió al mundo. Respecto de los interrogantes mayores, aquellos referidos a la ideología comunista de Castro, la implosión de la Unión Soviética y el final de la Guerra Fría sugieren que Castro siempre obedeció a su ambición de poder antes que a la ideología. No hubo ocasión en que no se mostrara dispuesto a explotar cualquier situación con tal de preservar el poder. Inclusive resultó ser un seguidor menos fiel de la doctrina comunista de lo que Matthews había previsto. Ante la disolución de la Unión Soviética, la Cuba de Castro no desapareció. Impulsado por la necesidad, de mala gana accedió a tibias incursiones en el campo de la libre empresa y dio la bienvenida a inversiones en dólares provenientes de Canadá, Italia, y España, como consecuencia de las cuales se construyeron hoteles de turismos más lujosos de lo que Batista jamás se hubiera soñado. Castro inclusive tragó saliva y, durante algunos años, permitió a los cubanos el uso del dólar estadounidense, aqul que encontraba tan infame. Cuba se transformó en una aberración, en una versión torcida del comunismo, en un batiburrillo que no aceptaba órdenes de ninguna organización internacional.

La disposición de sacar partido de los hechos en provecho propio fue uno de los aspectos de Castro que Matthews intentó comunicar en sus artículos pos-revolucionarios, pero el mensaje resultaba demasiado complicado para un mundo que pedía a voces respuestas simples. En tanto los ideales socialistas del Che Guevara quedaron claros desde la primera hora, mientras que los jugueteos de Raúl Castro con el comunismo databan de su adolescencia, la evolución de la raigambre ideológica de Fidel Castro fue mucho más difícil de rastrear. A la huida de Batista y habiendo asumido el control total con mucha mayor facilidad de lo que imaginara, Castro necesitaba desarrollar un sistema político que le permitiera afirmarse en el poder. Hubo muchas señales confusas sembradas a lo largo del camino, y no resultaron predecibles para Matthews, ni para ningún funcionario, académico, o periodista rival. En su biografía de Castro, Matthews escribió: "El comunismo no fue la causa de la Revolución Cubana, sino su resultado. No fueron el pequeño, inepto, y torpe partido socialista popular cubano, ni la Unión Soviética, cautelosa, tímida, pero generalmente conforme los que impulsaron a Cuba al comunismo, sino los problemas y acontecimientos a los que debió enfrentarse la isla".

Las preguntas sobre Castro y su ideología política torturaron, en lo que va del régimen, a diez presidentes de los Estados Unidos y a legiones de diplomáticos y funcionarios del Departamento de Estado. En su primer libro sobre Cuba, allá por 1961, Matthews escribió: "Dudo que los historiadores lleguen a ponerse de acuerdo respecto de si el régimen castrista se adhirió al comunismo por voluntad propia o si se trató de un matrimonio a punta de pistola". Se siguen escribiendo biografías sobre Castro, y el dictamen final no ha variado: "Castro jamás fue lo que se dice un verdadero comunista", según la biografía escrita en 1991 por la columnista estadounidense Anne Geyer, especialista en asuntos extranjeros. "La novedad que Castro introdujo en la Historia consistió en destruir el partido comunista y crear su propio partido fidelista, al que llamó comunista a fin de enfrentar a los Estados Unidos, ganar apoyo, y tomar prestado el poder que le garantizaba la Unión Soviética. Por primera vez en la Historia, un líder nacional reconvirtió el partido comunista en provecho propio". En 2003, en el quincuagésimo aniversario del ataque a la Moncada, Leycester Coltman, ex Embajador Británico en Cuba, llegó a una conclusión similar en su biografía de Castro. Durante décadas, todos los escritos acerca de Castro, con excepción de los más radicalizados, se han dedicado a poner en la balanza su idealismo y extraordinaria habilidad de supervivencia y a medirlos contra las características implacables de su gobierno dictatorial. Las gentes de todo el planeta lo ven como el símbolo ardiente de un desafío al matón hegemónico, por lo que despierta admiración tanto en las cafeterías de Canadá como en las tambaleantes ciudades del África. A lo largo de cincuenta años, los funcionarios del gobierno de los Estados Unidos no pudieron averiguar el próximo paso de Castro, y ni siquiera llegar a un consenso sobre quién es o qué desea realmente.

Cualquier escritor lo suficientemente osado para intentar explicar la Revolución Cubana se arriesga a una andanada de críticas. Sufrirá ataques por parte de los exiliados que odian a Castro, de los cubanos, y de sus simpatizantes liberales nativos de los Estados Unidos. El peor error de Matthews fue presentar a Castro bajo una luz que nadie quería ver o, tal vez, persistir en mostrarlo como un idealista mucho después de que se hubiera vuelto un demagogo. Matthews no era un subversivo, ni pretendía distorsionar la verdad a sabiendas. Simplemente, continuaba informando lo que veía y lo que sinceramente creía la verdad, sin tomar en cuenta el prisma de su propia parcialidad. Al obrar así, se convirtió en el predecesor de una raza de periodistas cuyo poder creció inmensamente a principios del siglo XXI. Hoy la parcialidad constituye una insignia de honor en las transmisiones radiales, telenoticiarios, y el en sesgo que adoptan algunos periódicos. Los comentaristas conservadores de los programas radiales que se ocupan de la actualidad política creen, como lo hizo Matthews, que cierta parcialidad es inevitable, y que se encuentra tan imbricada en el periodismo como el hecho de formular preguntas. Arrastrados por la ideología, declaran que su presentación de las noticias es justa y equilibrada porque no ocultan hacia qué lado se inclinan. Al igual que Matthews, no aceptan que sea posible informar sin apelar a la pasión, y que los prejuicios —a favor o en contra— pueden sujetarse a reglas estrictas de equidad.

El verdadero peligro del prejuicio —ya sea que se declare abiertamente o que no se controle lo suficiente— reside en su limitación de la verdad. En *The Education of a Correspondent*, Matthews escribió: "En mis veintitrés años de carrera periodística, me jacto de una sola cosa: nunca escribí nada de cuya veracidad dudara". Y sin embargo, mucho de lo que escribió resultó ser falso, empezando por las motivaciones de los fascistas en África. Cuando Ruby Phillips y él enviaban informes contradictorios sobre Cuba, antes y después del triunfo de la revolución, ninguno era la clave de la verdad histórica. Ambos fueron cegados por sus respectivos prejuicios, sin reconocer hasta qué punto su perspectiva limitada moldeaba los relatos. "Traté de servir a la verdad como causa única", escribió Matthews, "y dentro de lo posible —teniendo en cuenta las falencias de la naturaleza humana— he atendido a mi razón y no a mis emociones, haciendo caso omiso de adónde me llevaba". Cuando se encontró con Castro en la Sierra, se encontraba claramente vencido por la emoción, lo cual no es raro en situaciones en que los reporteros se encuentran cara a cara con figuras históricas de la talla de Castro. Sin embargo, cuando Matthews voló a Cuba para llevar a cabo su misión secreta, no lo hizo bajo la presión de una ideología. Mantuvo su escepticismo acerca de las posibilidades del triunfo de Castro a lo largo de toda la serie de entrevistas que realizó en La Habana antes de dirigirse a las montañas. No recorrió penosamente los espesos bosques con la intención de construir a Castro, a quien no conocía. Sus propios prejuicios e historia personal sentaron las bases de lo que sucedió durante la entrevista. Después, Matthews no se mantuvo lo suficientemente alerta para impedir que su fascinación por Castro se filtrara en sus escritos. La fuerza de su confianza en sí mismo lo engañó, no permitiéndole ver lo que escribía y el impacto que causaba. "Muchas de mis historias dañaron una causa cara a mi corazón", escribió, "pero no siento remordimientos ni me arrepiento".

En cambio, Matthews albergaba resentimientos. Creía haber sido maltratado a raíz de la mente estrecha de los directores del *Times*, que rechazaban ciertas verdades problemáticas. También le dolía pensar que algunos de sus colegas habían gozado con su infortunio. Pensaba que debería habérsele otorgado un Premio Pulitzer por la entrevista con Castro, o por sus editoriales sobre Cuba, o por sus escritos acerca de Vietnam, mucho más avanzada su carrera. Atribuía el no haberlo obtenido a la mala voluntad del periódico, que le había retaceado su apoyo. Durante casi todo el tiempo que trabajó en el *Times*, fue presa de profundos sentimientos paranoicos, seguro de que determinadas personas estaban en su contra.

Sin embargo, de ser verdad que algunos directores mantuvieron el nombre de Matthews fuera de la lista de candidatos al Pulitzer, probablemente le hicieron un favor. Si lo hubiera ganado por la información que trajo de Cuba, más tarde se habría desatado una campaña feroz para que lo devolviera. La existencia del premio se habría convertido en blanco de ataque, especialmente para los exiliados cubano-estadounidenses de la Florida y Nueva Jersey que continúan responsabilizando a Matthews y al *Times* por ayudar a Castro a tomar el poder. La sola mención de su nombre los enfurece, del mismo modo en que el nombre de Walter Duranty hace el efecto de un trapo rojo ante los nacionalistas ucranianos, quienes han pasado más de cincuenta años tratando de desacreditar el Premio Pulitzer al que éste se hizo acreedor en 1932 por su labor en la Unión Soviética.

En 2004, presionado por los ucranianos, el *Times* hizo que Mark von Hagen, profesor de la Universidad de Columbia y experto en historia rusa, examinara el trabajo de Duranty. Si los directores esperaban su absolución, quedaron decepcionados. Luego de revisar la serie de artículos que le valieron el Pulitzer, y de investigar sus graves defectos de carácter, von Hagen llegó a varias conclusiones, todas ellas condenatorias. Duranty se había basado en estadísticas inexactas, sin advertir a sus lectores que podría estar cometiendo errores de interpretación. Se había propuesto que Estados Unidos estableciera relaciones formales con la Unión Soviética, y en pro de que así ocurriera, enfatizó los logros de Stalin al tiempo que minimizó la manera —a menudo brutal— en que los obtenía. Finalmente, von Hagen dictaminó que el premio de Duranty debía ser revocado. Bill Keller, director ejecutivo y ex corresponsal en la Unión Soviética se negó a ello, alegando que retirarle el premio sugería un cierto revisionismo soviético, ya pasado de moda.

Aunque los críticos tratan de establecer una relación entre Matthews y Duranty, se trata de una comparación injusta por donde se la mire. Von Hagen resolvió que Duranty se había propuesto, con premeditación, llevar a sus lectores a conclusiones erróneas acerca de Stalin. Matthews se equivocó, pero no distorsionó las noticias deliberadamente. Por otra parte, el carácter desagradable de Duranty y la sordidez de su vida personal afectaron su escritura. Von Hagen descubrió que había tenido una amante que trabajaba para la policía secreta soviética, y que probablemente mantenía una estrecha relación laboral con la KGB. Ningún aspecto de la vida de Matthews sugiere algo similar. Duranty vivió muchos años en la Unión Soviética; si sus informes hubieran expresado críticas al régimen, le habrían costado la deportación, mientas que las alabanzas a Stalin le aseguraban acceso especial al Kremlin. Matthews nunca vivió en Cuba, y no necesitaba poner en juego recursos extraordinarios para permanecer en el país. El haber tenido la suerte de ser el primer periodista en llegar a la Sierra le garantizaba un lugar especial, muy difícil de perder, en el corazón de los revolucionarios. El único paralelo que lo relacionaba con la situación de Duranty es que, de haber tomado partido en contra de Castro, sí habría perdido el respeto y afecto de los rebeldes.

Ambos corresponsales, objeto de tantas controversias, intentaron influir en la política exterior de los Estados Unidos. No es frecuente que la información periodística moldee hasta un punto tan extremo la percepción del pueblo y gobierno estadounidense sobre los grandes movimientos sociales y los hombres imperfectos que los lideraron. En la época en que Matthews escribía sobre Cuba, todavía persistía en los corresponsales extranjeros —particularmente los del *Times*— la sensación de que podían desempeñar el doble papel de periodistas y 'enviados especiales'. Del mismo modo en que Duranty hizo lo que pudo para ayudar a restablecer las relaciones entre Washington y la Unión Soviética, Matthews creyó que el mejor interés de los Estados Unidos sería mantener vínculos estrechos con Cuba. Inclusive en momentos en que las relaciones entre ambos países se tornaron agrias, él instó a la cautela. Culpaba a Washington por no comprender la naturaleza radical de la revolución y por no prestar atención a los sentimientos nacionalistas que Castro había despertado en el pueblo cubano.

Por cierto, la lección que entrañan estos casos reside en que el trato con líderes carismáticos que surgen en naciones extranjeras, cercanas o distantes, la imagen importa tanto como la realidad, o puede inclusive deformarla, en tanto decidimos quiénes son nuestros amigos y nuestros enemigos. Aquellos que van tras el poder siempre utilizan a los corresponsales: cuanto más positivo sea el retrato que presenten a la opinión pública, más bienvenidos serán. No obstante, un buen corresponsal no confía exclusivamente en sus fuentes de información, sino que escarba, verifica, cuestiona, y sopesa la información de mil maneras. Esperar que el corresponsal vea el futuro, y que sepa que la verdad de un momento histórico puede no ser la verdad de otro momento por venir es pedir un imposible. La única garantía es relatar la historia con honestidad y sin prejuicios.

Justamente, el trabajo de Matthews quedaba definido por su parcialidad y por la franqueza con que admitía que tomaba partido. No era el único en creer que el espíritu y la pasión pueden insuflar vida a un reportaje. Cuando a fines de los sesenta, Vietnam eclipsó a Cuba, los informes eficaces sobre la guerra no estaban en absoluto libres de prejuicios tan profundos como los de Matthews. Entre otros reporteros, Neil Sheehan y David Halberstam escribieron con pasión acerca de la iniquidad de la guerra —según su opinión—, mientras que a algunos de sus jefes en Nueva York y al gobierno de los Estados Unidos les molestaba lo indecible que no se atuvieran a narrar los hechos. Y sin embargo, muchos estadounidenses creyeron los informes de estos periodistas, pues los escritores que han evidenciado mayor influencia sobre la política fueron siempre los más apasionados: Richard Harding Davis en el caso de la guerra entre España y los Estados Unidos; John Reed cuando la Revolución Rusa; Edgar Snow describiendo la Gran Marcha de Mao; Ernest Hemingway durante la Guerra Civil Española; Norman Mailer y Vietnam... todo lo cual no significa que fueran necesariamente quienes más se apegaron a la verdad.

Esa misma pasión que da vida al trabajo del corresponsal también plantea peligros, y puede, potencialmente, socavar la confianza y la credibilidad. Respecto de la historia cubana, estalló una sensación nacional de indignación cuando el Castro original, el que mostraba la confianza propia de la juventud y hacía gala de los ideales de Jefferson, reveló la tenebrosidad de su alma. Ello se vivió como una traición a los intereses nacionales, una burla a los cientos de millones de personas y a los gobiernos de Cuba y de los Estados Unidos, y Matthews desempeñó un rol central en la tragedia. La idea de Arthur Hays Sulzberger de crear superperiodistas con el doble papel de editorialistas y corresponsales extranjeros sin duda contribuyó a proporcionar a Matthews un escenario único para desarrollar su papel, aunque el experimento arrojó resultados tan lamentables que el periódico jamás volvió a implementarlo.

Finalmente, el héroe que Matthews inventó para el público estadounidense no fue sino un mito, y la historia de su creación se transformó en un mito también, en un cuento malicioso que buscaba culpas en la ingenuidad, el orgullo, y la arrogancia del creador. En el mito, la entrevista ocupó el lugar central: dramático momento de nuevas percepciones plagadas de símbolos: las boscosas tierras vírgenes, el dictador predestinado a caer y, sobre todo, la imagen que evocaba la resurrección del héroe asesinado merced a los oficios de un fiel apóstol que pasa el resto de su vida defendiendo su acto y su héroe. En Cuba todavía se conmemora el aniversario de la entrevista exhibiendo en televisión, cada febrero, viejas películas de Castro con Matthews. Una placa de bronce con el nombre de éste ocupa un lugar prominente en un monumento a los héroes de la revolución situado en las cercanías del malecón de La Habana. Los expertos en estrategia militar estudian la entrevista y la utilizan para enseñar el valor de la propaganda y de la prensa favorable dentro de la guerra psicológica. Y, algunas veces, el episodio se degrada a la categoría de una farsa. En 2001, alguien en Seattle produjo una ópera rock titulada *Herbert Matthews va a la Sierra*. Muestra a Matthews como un reportero idealista, tan absorto en su descubrimiento de Castro que no pudo ver la verdad. La Internet intensificó el mito de Matthews, alimentado por la renovada efusión de odio de la comunidad cubana en el exilio, que no le perdona haber inventado a Fidel, ni se perdona a sí misma por no haber concretado sus planes y haber asesinado al despreciado corresponsal.

A Matthews no le sorprendió la ira de los exiliados, ni el enterarse de que el FBI lo vigilaba. Las críticas de las que era objeto por parte de otros periodistas lo irritaban pero, por lo demás, era un maestro consumado en mantener las cosas en la perspectiva adecuada. Se sentía halagado por la admiración duradera que le profesaban los cubanos y por la cálida recepción que le brindaban cada vez que visitaba la isla. Lo que no esperaba, y que siempre le resultó muy difícil aceptar, fue que el *Times* se rehusara a publicar sus artículos posteriores sobre Cuba. Sentía que el periódico había traicionado a los lectores tanto como a él. Por el solo hecho de que provenía de Matthews, los directores retuvieron información importante, que tendría que haber sido puesta a disposición del público. Tanto el Director General como los otros insistían en que confiaban en él, pero no lo defendieron cuando sus detractores atacaron sus informes.

Muchos años después de que Matthews escribiera su última historia, algunos de los mencionados directores admitieron que deberían haberlo apoyado. El ex Secretario de Redacción Turner Catledge no estaba seguro de haber dado a Matthews un trato justo. Evitó ofrecer una respuesta para salir del paso, y dejó flotando en el aire la pregunta de si el *Times* se había comportado correctamente con él. Creía que Matthews era demasiado apasionado, y que había sacrificado parte de la credibilidad del periódico y de la suya propia al tomar tan abiertamente partido por Castro. Pero también lo torturaba la idea de que cuando las críticas de otros medios se volvieron muy duras, el periódico había abandonado a uno de sus escritores más leales, a un hombre que informó sólo lo que vio.

En sus memorias, Catledge escribió: "Creo que en el asunto Eastland y en muchos otros, el *Times* demostró su voluntad de apoyar a su gente si estaba convencido de los hechos. En el caso de Matthews, nos preocupaba que ni él ni nosotros habíamos procedido con entera corrección. No fue una decisión fácil, y yo no me sentía del todo feliz con ella; mirando hacia atrás, me obsesiona la idea de que los pecados que se cometieron contra Matthews excedieron los que él mismo cometió".

Matthews se sintió desagradablemente sorprendido por la crudeza de estos comentarios, pero conservó las formas. En 1976, escribió: "Supongo que lo que quiso decir es que los *lectores* no iban a confiar en mis informes de Cuba a causa de mi simpatía por Castro, que yo no ocultaba. En lo tocante al *Times*, tuve que soportar muchas críticas debidas a mi trabajo, y me publicaron durante mucho más tiempo de lo que lo habría hecho cualquier otro periódico, porque confiaba en mi capacidad e integridad. Creo que se equivocaron al excluirme de las columnas de noticias, desde el punto de vista de las *noticias* exclusivamente, pero tal vez tuvieron razón, teniendo en cuenta los aspectos administrativos y de circulación. De lo que estoy convencido es de que durante años no aprovecharon noticias únicas sobre Cuba, producto de mis viajes e imposibles de obtener mediante otras fuentes."

Matthews sostuvo esta postura hasta el fin de su vida. Meditando acerca de lo que ocurriría después de su muerte, sostuvo su fe en su trabajo. Le envió a John Oakes una fotografía tomada antes de su jubilación, pidiéndole que, llegado el momento de redactar su obituario, se utilizara esa foto en lugar de otra, más reciente y menos halagadora, tomada por su hijo e inserta en las solapas de sus dos últimos libros. No dejaba de preocuparle su legado, la forma en que se lo recordaría, inclusive la última imagen de su persona que se publicaría en el *Times*. Una foto de superficie granulada, en la que se lo veía fumando un cigarro junto a Castro en 1957, había probado la realidad de la mayor primicia de su vida. Ahora, en los últimos meses que le restaban, le preocupaba nuevamente demostrar que en verdad había estado donde dijo que estuvo, visto lo que dijo que vio, y hecho lo que dijo que hizo.

En el escrito de *Valediction*, escribió: "Algo de la esencia, algún vapor tenue y fantasmático de mi paso por la vida perdurará; quizás en España, con seguridad en Cuba, o en Nueva York, o en Roma, o en mis hijos y nietos, y los hijos y nietos de mis nietos". Al momento de dar los toques finales al manuscrito, Matthews tenía setenta y siete años y su salud se deterioraba. Recordó que en la última parte de *Education of a Correspondent* había incluido una reflexión sobre Ulises anciano, ansiando que todo volviera a comenzar, y preguntándose si, cuando llegara su hora, él tendría los mismos anhelos. Había escrito aquel libro a los cuarenta y cinco años, persuadido de que sus días de corresponsal habían terminado. Sin embargo, como subrayó treinta años después en el manuscrito inédito, "por un capricho del destino, continué 'navegando'; a Cuba, donde el 17 de febrero de 1957 penetré las líneas de Batista, me interné en la Sierra Maestra y entrevisté al entonces desconocido rebelde Fidel Castro. Ello implicó, para mí, el comienzo de una guerra política y periodística que duró muchos años. Yo tenía cincuenta y siete. Fue una buena pelea, y creo que salí vencedor".

Esa era la verdad tal y como la veía él, ni más ni menos, pero no fue lo que ocurrió. Teniendo en cuenta el resultado, y su reputación destrozada —que se la haya ganado o que se la hayan endilgado carece aquí de importancia— sería difícil que alguien infiriera que Matthews resultó vencedor, excepto en su propia mente.

Herbert Lionel Matthews falleció en Adelaida, a causa de una hemorragia intercraneana el 30 de julio de 1977. En un primer momento, su familia pensó que había sido víctima de una de sus habituales migrañas, pero en realidad se trataba de un sangrado interno imposible de detener, y que acabó con su vida. Agnóstico hasta el fin, decidió que su cuerpo fuera cremado y que las cenizas se conservaran bajo una sencilla lápida cerca del borde de un cantero de rosas ubicado en el Centennial Park de Pasadena, en Australia del Sur. Después de los torrentes de palabras escritas por él y sobre él, la breve inscripción que marca su tumba reza: "Herbert L.

Matthews, 30 de julio de 1977, a los setenta y siete años". Ni siquiera su muerte terminó con las controversias alrededor de su persona. Los Veteranos de la Brigada Abraham Lincoln, a menudo acusados de haber apoyado a los comunistas durante la Guerra Civil Española, publicaron en el *Times* un aviso fúnebre pago que, inadvertidamente, resucitó viejas acusaciones: "Nosotros, que combatimos contra Franco en el Ejército Popular Republicano, jamás olvidaremos su cobertura intrépida y honesta de aquellos tres años trágicos. Fue, durante cuarenta años, un gran periodista y amigo incondicional". El obituario oficial del *Times* lo describió como "uno de los hombres de prensa más criticados de su tiempo", explicando que ello se había debido principalmente a que "mucha gente veía la verdad desde un ángulo diferente". En prueba de que Matthews había sido un personaje controvertido, algunos días después de la publicación de su obituario, el *Times* hizo lugar a una carta al director suscrita por John Oakes. Pocos meses antes, Punch Sulzberger lo había destituido de su cargo de Director de la Página Editorial, pues Sulzberger deseaba modificar la postura política liberal favorecida por Oakes y adoptar una línea más centrista. En esta carta, Oakes objetaba el obituario y defendía a Matthews.

Señor Director:
Si Herbert L. Matthews fue uno de los periodistas más controvertidos de su época, ello se debió a que nada provoca controversias más enconadas entre los lectores de periódicos que la información honesta cuando ésta contradice prejuicios dictados por las emociones.

Herbert Matthews tuvo la posibilidad —y la responsabilidad— de informar sin intermediarios acerca de las cuestiones más desgarradoras de nuestro tiempo, incluyendo la invasión italiana a Etiopía, la Guerra Civil Española, y la revolución castrista.

El honor que cabe a Matthews reside en que jamás, a lo largo de su carrera, se desvió de la verdad según él la veía, nunca se avino a hacer concesiones en pro de la popularidad, nunca permitió que las amenazas ni la seducción de la fama lo apartaran de las normas más elevadas que distinguen a la integridad periodística.

Durante los últimos dieciocho años de los cuarenta y cinco que trabajó en el Times, hasta su retiro diez años atrás, se desempeñó como miembro del Consejo Editorial. Sus colegas

> *lo consideraban un escritor sensible y elegante, un filósofo valiente con convicciones propias, y un artesano minucioso que amaba la lengua inglesa y la utilizaba para hacerla lucir. Fue un hombre de calidad, un orgullo para la profesión y para el periódico al que supo servir tan bien. Su muerte representa una pérdida para todos nosotros.*
> *John B. Oakes*
> *Nueva York, agosto 3 de 1977*

Valediction nunca se publicó, a pesar de todos los esfuerzos de Nancie Matthews para que Scribner's aceptara el manuscrito. Priscilla guardó las páginas escritas a mano en un gastado portafolio de cuero en su casa de Inglaterra, y allí permaneció, olvidado y sin leer. Por supuesto, Castro sigue siendo el mismo personaje controvertido de siempre, aferrado al poder y a la atención del mundo, y defraudando a todos los que esperan que le llegue la muerte. Sin embargo, nunca olvidó aquellos primeros días ni el mito que contribuyó al lanzamiento de su revolución. En 1995, pasó cinco días en Nueva York para asistir a la celebración del quincuagésimo aniversario de las Naciones Unidas. Llegado el último día de su estadía, visitó el *New York Times*, tal como lo hizo cuando el Director accedió a recibir al célebre rebelde barbado y ofrecerle café y cigarros pero *"nada de bebidas alcohólicas"*. Mucho había cambiado desde entonces. Castro había dejado de fumar, y aunque no fuera así, ni siquiera al Director le estaba permitido hacerlo, aunque se tratara de su propia oficina. Ya no quedaba ninguno de los directores de sesión que Castro había conocido en su primera visita, y el envejecido Arthur Hays Sulzberger había sido reemplazado por su nieto, Arthur Ochs Sulzberger Jr. Lo único que se mantenía constante era Castro y, como de costumbre, se encontraba dispuesto a conversar sobre el tormentoso rumbo de su revolución y de su relación con los Estados Unidos.

Caminando por un pasillo de cuyas paredes pendían las fotografías de ganadores del Pulitzer que habían trabajado en el *Times*, Castro, con un dejo de timidez, inquirió:

—¿Dónde está la foto de Matthews?

Acababa de relatar, una vez más, la leyenda —que su mente había convertido en realidad— de cómo había ordenado a sus desarrapados soldados engañar a Matthews marchando en círculos a su alrededor. "Marchar en círculos" había llegado a simbolizar los frustrados esfuerzos de Matthews por insistir en su verdad y en su sello periodístico, intensamente personal, con el brillo de su sesgo, su ideología, y su creación de mitos. También Castro entremezclaba mito y verdad, decidiendo, como siempre, que el mito era más poderoso y, por tanto, preferible a una verdad revolcada por el polvo.

Castro comentó que la visita de Matthews en 1957 había "resultado de gran utilidad".

Cinco años más tarde, en ocasión de otra ceremonia en las Naciones Unidas y otra recorrida por el mismo pasillo, la historia se repitió.

En ambas circunstancias, la verdad fue sometida a la misma prueba, y se la someterá a prueba cada día que Castro viva. En los albores del nuevo siglo, a excepción de Castro, ninguno de los que se encontraban en el pasillo habían presenciado aquel amanecer en la Sierra, cuando las hojas de los *guaguasí* goteaban el rocío del alba y la pasión de la revolución inundaba el aire.

Y sólo Castro podía decir lo que en verdad había ocurrido.

EPÍLOGO

Detrás de la protección de cristal que resguarda la Vitrina No 99 en el viejo Palacio Presidencial de Batista en La Habana, el mismísimo edificio que el régimen de Castro, en un acto irónico, transformó en el Museo de la Revolución, se exhibe una copia de la fotografía en la que se ve a Herbert Matthews y Fidel Castro fumando cigarros en la Sierra. La explicación de esta muestra en particular reza: "Los primeros meses de 1957 fueron de gran importancia para la guerrilla. Ocurrieron acontecimientos transcendentales, como la primera victoria en combate —La Plata— el encuentro del Directorio Nacional del Movimiento 26 de Julio, y la entrevista con Herbert Matthews, periodista del *New York Times*". Debajo de la foto puede verse una pequeña máquina de escribir portátil, una carcaza gris y maltrecha con teclas color verde alga y un letrero que la identifica como la que Matthews utilizó durante la famosa entrevista con el Comandante Castro.

Pero no lo es. Matthews, quien tomaba notas minuciosas, nunca mencionó haber transportado una máquina de escribir hasta el lugar de la entrevista. Habría sido imprudente de su parte arriesgarse a ser detenido con tal aparato cuando, supuestamente, se dirigía a una excursión de pesca o a inspeccionar tierras de cultivo. Tampoco habría sido sensato arrastrar peso extra por el barro, mientras se encaminaba hacia su encuentro nocturno deslizándose por terraplenes, cruzando ríos, metido hasta las rodillas en el agua helada. Ni siquiera llevaba un anotador. En cambio, usó unas cuantas hojas de papel doblado en tres para tomar apuntes —las que pidió a Castro que firmara para demostrar la veracidad de la entrevista— y abandonó la Sierra inmediatamente después de la reunión. Eric Matthews declaró que su padre todavía tenía consigo su fiel Olivetti en Australia, y la familia niega haber donado otra al museo de Cuba.

Esto es sólo un pequeño ejemplo de cómo, inclusive ahora, medio siglo después de la entrevista que puso la maquinaria en movimiento, Castro continúa fingiendo, reacomodando la historia para propiciar su propio mito. Aún mantiene viva la batalla de ideas que comenzó en 1957. Creó un ministerio para "La batalla de ideas" dentro de su propio gobierno, y empapeló las zonas rurales con carteles de propaganda que proclaman el legado perdurable de su revolución intelectual. Una parada de ómnibus que se encuentra sobre la ruta a Bayamo, en la provincia de Granma, da el tono a la campaña, mediante la simple proclama de "Nuestras ideas son nuestra fuerza".

Matthews todavía no ha perdido vigencia dentro del mito de Castro. En Cuba, se le sigue considerando un héroe. Además de ser venerado en el Museo, se le honra en el antiguo Hotel Sevilla, donde se alojó antes de partir hacia la Sierra. En el vestíbulo hay una fotografía suya enmarcada, en compañía de otras tomadas a actores y políticos famosos que fueron huéspedes del hotel. La mayoría de los cubanos que vivió la época de la revolución conoce su nombre, y a muchos de los nacidos después de 1959 se les enseña que, si bien en nuestros días el *New York Times* es sólo una herramienta más al servicio de imperialistas *yanquis* controlados por la mafia de Miami, Herbert Matthews dijo la verdad sobre Cuba desde el momento mismo en que él y Fidel se sentaron en cuclillas, uno junto al otro, bajo los árboles de *guaguasí* en las tierras de Epifanio Díaz, una cruda mañana hace ya mucho tiempo.

Luego de estudiar detenidamente lo que ocurrió durante aquella entrevista, comprendí que Castro había planeado cuidadosamente la forma de inducir a Matthews al error. Pero también supe que Matthews no fue simplemente un conducto de información. Se había preparado concienzudamente para la entrevista, consultando con fuentes del gobierno y de la oposición, y se había mostrado muy escéptico respecto de Castro en los editoriales que redactó antes de conocerlo. No intentó una evaluación de su carácter desde su cómoda oficina de Nueva York, sino que se aventuró Sierra adentro, enfrentando el peligro y las vicisitudes del viaje, para verlo con sus propios ojos. Fue un ejemplo de la debida diligencia de la que hablan los textos usados en las escuelas de periodismo, y nada fácil de llevar a cabo.

Sé que no fue fácil porque, a fin de comprender mejor lo que Matthews tuvo que soportar para conseguir la entrevista con Castro, emprendí un viaje similar, contando como él con la ayuda de guías locales, que conocían bien la montaña. Lo hice en el verano de 2005 y, al igual que Matthews, viajé en un vehículo con tracción en las cuatro ruedas, por caminos de tierra y ríos poco profundos hasta llegar a la Sierra y a la granja que todavía pertenecía a la familia de Epifanio Díaz, una de las muchas cosas que no habían cambiado a pesar del tiempo transcurrido. Uno de sus descendientes, un muchacho de dieciséis años magro, taciturno, e hijo de la revolución a quien llamaré Ramiro —no es ése su verdadero nombre— dijo saber dónde se había realizado la entrevista. Cuando le dije que quería ver el lugar, puso cara de asombro, pero accedió a guiarme.

Ramiro tomó prestados un par de botas y un machete, y nos internamos en las mismas estribaciones cubiertas por una densa vegetación que Matthews había recorrido penosamente cincuenta años antes. Pasamos por tres chozas techadas con paja; los sucios pisos no parecían haber cambiado en absoluto en el medio siglo que mediaba entre el día histórico y nuestra caminata. Unos perros escuálidos ladraron a nuestro paso. No hay caminos, ni electricidad, ni teléfonos, ni agua corriente. Donde la tierra es llana, se utilizan bueyes robustos uncidos a yugos de madera y a 'rejas' de arado confeccionadas con madera para arar pequeñas eras de maíz, frijoles, y yuca. Pero lo que más sobresale es un tramo interminable de árboles desmadejados —*guaguasíes*, caoba, *almásigos*— y matorrales espinosos.

Ramiro marchaba adelante, su oscura espalda desnuda cubierta de sudor. Durante más de una hora nos abrió paso entre la maleza a golpes de machete. Sobre el borde de un barranco, se resbaló unos cincuenta pies y cayó al río Tío Lucas, que tuvimos que cruzar una y otra vez. Finalmente, casi dos horas después de haber partido de la choza que compartía con su familia, y cuando yo ya pensaba seriamente en regresar, porque él no parecía conocer el rumbo y nada me aseguraba de que el lugar al que me conducía era el que yo buscaba, se escabulló hacia atrás, regresando al barranco.

—¡Es aquí! —exclamó triunfalmente.

En la superficie plana que se extendía sobre el barranco, en lo profundo de las sombras moteadas de los guaguasí y los almásigos, me sorprendió ver una señal de unos tres pies de altura hecha de ese mármol poroso que se extrae de las canteras de la zona. Con toda la lectura e investigación que llevaba hecha, con todas las entrevistas que sostuve con cubanos y estadounidenses, con la gente que trabajó con Matthews y su familia, nadie había mencionado la existencia de un monumento. "En este lugar, el Comandante en Jefe Fidel Castro Ruz se entrevistó con el periodista estadounidense Herbert Matthews el 17 de febrero de 1957". La estela había sido erigida en 1997, en el cuadragésimo aniversario de la entrevista. Por hallarse en un sitio tan inaccesible, es obvio que ha tenido pocos visitantes.

A Ramiro lo trajo por primera vez su maestro, como parte de una lección de historia. Otros podrían decir que aquella excursión escolar constituyó un adoctrinamiento para la batalla de las ideas.

A Matthews todavía se lo honra en Cuba por decir la verdad, mientras que en los Estados Unidos se lo condena por distorsionarla.

Inclusive en la Sierra, en lo que podría llamarse el 'punto cero' de la revolución castrista, lo único que cambia es el número del año calendario. La choza donde vivía Ramiro se componía de dos habitaciones amplias, con piso de tierra compactada y lisa. Había unos cuantos taburetes confeccionados a mano con madera y piel de cabra. Una muñeca con formas de bebé, envuelta en plástico, pendía de una pared: era el único intento tosco de decoración. La lluvia se escurría persistentemente a través de la paja del techo. Cuando caía la oscuridad, también se oscurecía el interior: no había electricidad. La escuela Camilo Cienfuegos, que distaba unas cinco millas, representaba un adelanto reciente. Pero no había presentado muchas oportunidades para Ramiro, ni le había dado a su familia la clase de sociedad nueva prometida por Castro.

La mera desesperación de la escena me dejó aturdido. Todo el rencor y el derramamiento de sangre de medio siglo, ¿para esto? ¿Cómo podía haber cambiado tan poco, cuando tanto ha cambiado en el mundo?

***

Inclusive en nuestros días, muchos son los que se preguntan cómo es posible culpar a Matthews por estas dolorosas circunstancias. Sin embargo, yo siento la necesidad de dejar algo bien claro, aun si el hacerlo reabre viejas heridas y vuelve a encender una amarga guerra verbal. Herbert Matthews y el *New York Times* no llevaron el comunismo a Cuba. Los artículos que él escribió luego de penetrar las barreras sin ser visto para entrevistarse con Castro integran las noticias más provocativas jamás escritas; cincuenta años más tarde todavía se las celebra en Cuba y se las condena en Miami, Nueva York, y cualquier otra ciudad donde se reúnen cubanos de cierta edad a sorber café dulce servido en pequeñas tazas, pero no fueron la causa del triunfo de Castro.

Al fin y al cabo, Castro era Castro y, siendo quien era, poseía una habilidad misteriosa para sobrevivir, de modo que se las habría ingeniado para permanecer vivo el tiempo que le demandara tomar el poder, sin importar si Matthews llegó o no en el momento en que él y su revolución estaban completamente abatidos. Castro podría haber triunfado sin Matthews, pero entonces la historia habría sido diferente. Lo que Matthews hizo fue inventar el personaje de Fidel Castro que, en un primer momento, cautivó a tantos estadounidenses para enfurecerlos después. A veces parece como si Castro sólo pudiera ser el producto de una invención; que no era un hombre sino una serie desconcertante de ilusiones creadas en los espejismos de los ardores caribeños. Antes de que Matthews apareciera en escena, Castro era un hombre, un rebelde, y un héroe. Lo que Matthews hizo fue inventarlo bajo la forma de una idea, un concepto que se mantuvo inasible, insondable y, por lo tanto, imbatible.

Como sucede con cualquier otra invención, la construcción de esta imagen se debió al trabajo de muchos, aunque sólo uno reclamó el mérito para sí. Matthews desempeñó un rol central gracias a sus artículos y editoriales, y cuando llegó la hora de culpar a alguien por el desastre de Cuba, fue un blanco conveniente. Pero muchos otros hicieron lo suyo: los diplomáticos estadounidenses destinados a La Habana que se equivocaron de medio a medio en su interpretación de la oposición a Batista, los funcionarios de Washington que no conocían la historia de las relaciones entre Cuba y los Estados lo suficiente para comprender que cualquier Revolución Cubana habría de ser necesariamente anti-yanqui, las organizaciones de prensa que comenzaron por aplaudir a Castro y luego permitieron que sus rencores sesgaran la cobertura periodística. Ningún periodista puede prescindir de toda inclinación personal, pero el profesional de los medios aprende a contener sus prejuicios de modo que no se cuelen dentro de la información.

Estoy persuadido de que Matthews no se propuso ofrecer una imagen distorsionada de Castro. La revolución castrista se construyó a fuerza de imágenes y mitos. La vida entera de Fidel va más allá de la realidad: es un mito construido sobre la base que proporcionó Matthews. En su visión, Castro era el "perfecto soldado de fortuna", un héroe creado por las ideas y cuya arma más poderosa era la mente. No creo que Matthews haya malinterpretado la historia desde el comienzo. Después de observar a Castro durante cinco décadas, el mundo llegó a saber de qué tipo de camaleón se trata: impredecible, vengativo, inclusive irracional, pero siempre atento a su objetivo primario; es decir, a mantenerse en el poder. El actual sistema político de Cuba apenas si se parece al comunismo soviético que impuso a principios de los sesenta. Los hermosos balnearios que hoy se extienden a lo largo de las polvorientas playas de Varadero y los ostentosos hoteles de La Habana y Santiago no están al alcance del común de los cubanos y constituyen una viva burla al declarado igualitarismo socialista de Castro. El grado de descomposición que sufrieron sus ideales de igualdad queda demostrado por la doble economía, donde coexisten un sistema monetario convertible que permite que los turistas compren lo que deseen, y otro con una moneda prácticamente sin valor y estanterías vacías para el consumo interno. Los disidentes afirman que Castro se comporta como si odiara a los cubanos. En la granja de Epifanio Díaz, los cubanos que conocí manifiestan optimismo respecto de un cambio favorable porque —dicen— Castro ya no vivirá mucho.

En Cuba, gran parte de las características distintivas del comunismo clásico, a excepción de una, fueron distorsionadas o, directamente, desaparecieron. El sistema controla lo que la gente dice y piensa. Una palabra fuera de lugar todavía acarrea consecuencias desastrosas: si se pone en duda el patriotismo de alguien, esta persona no será tenida en cuenta para la asignación de viviendas. Los disidentes continúan desapareciendo; las prisiones rebosan de internos condenados por actividades anti-revolucionarias: por ejemplo, po poseer papel carbón, o escribir frases como las que acaban de leer.

De modo que no es de sorprenderse que en la granja de Epifanio Díaz, en las estribaciones de la Sierra Maestra donde comenzó la leyenda de Castro, aquellos que tienen edad suficiente para entender se muestren renuentes a expresar sus pensamientos, aun cuando están seguros de que no los amenaza peligro alguno. Ramiro todavía no había llegado a ese punto, pero los otros finalmente se libraron de sus sospechas al ver mi deseo de marchar a la Sierra guiado por Ramiro y escuchar mi acento de gringo. Cuando regresamos a la choza donde lo esperaba su familia, estaban preparados para hablarme de lo que pensaban de Matthews y de la revolución.

—Sí, nos acordamos de Matthews y de cómo era todo en ese entonces —dijo un hombre de sesenta y cinco años cuyos ojos azules, casi transparentes, brillaban en la penumbra de la cabaña atravesada por las goteras. Dijo que en 1957 había ayudado a los jóvenes rebeldes, trayéndoles mantas y provisiones mientras se esforzaban por eludir a las fuerzas de Batista. Fue testigo de cómo las fuerzas castristas crecían en poder y número. Se alegró al enterarse de la huida del tirano y de que los barbudos habían asumido el control de La Habana.

No obstante, ahora, al igual que muchos cubanos cuya valentía o frustración —dependiendo de cada caso particular— les permite admitirlo, el hombre está amargado. —No tenemos nada —dice —y lo poco que podemos cultivar, tenemos que vigilarlo para que no nos lo roben. Esperábamos más; mucho más, y ahora nos sentimos tan decepcionados. Creo que cuando todo esto acabe, podremos volver a ser amigos.

Se refería a los cubanos como él y a los estadounidenses como yo.

—Así solía ser —dijo— antes de que todo esto pasara. Así es como debería volver a ser.

Y así será: de eso estaba seguro. Espera el día en que el obituario anticipado que escribí sobre Castro finalmente se publique en el *New York Times*, en prenda de que finalmente habrá comenzado el capítulo final de una historia que nació no muy lejos de allí.

Lo que sobrevenga después será una nueva historia de Cuba.

Indíce

Abisinia 49, 50, 51, 55, 56, 76, 250, 259 (*ver* Invasión de Etiopía)
Agencia Central de Inteligencia (CIA) 14, 65, 139, 174, 177, 179, 181, 185, 202, 203, 204
Agüero, Andrés Rivero 135, 137
Alemania 44, 48, 49, 52, 53, 56, 61 (*ver* Fascismo)
Almeida, Juan 75
América Latina 4, 7, 14, 17, 18, 22, 59, 61, 62, 65, 96, 105, 112, 116, 128, 131, 144, 166, 182, 191, 197, 199, 204, 209, 212, 228, 230, 237
Angola 250, 251
Arbenz, Jacobo 14, 65
Argentina 62, 95, 96, 115
Arnett, Peter 202
Associated Press 16
Ataja 101
Australia 243, 244, 245, 251, 252, 255, 268, 273
Ávila, Pedro Rodríguez 16

Badoglio, Pietro 51
Bahía de Cochinos 152, 177, 181, 183, 184, 200, 201, 224, 227, 229
Baldwin, James 224
Barbudos 144, 278
Barquín, Ramón 92
Barron, Charles 136
Bazán, René Zayas 117
Benjamin, Robert 185
Bernstein, Theodore 96, 124, 125, 145
Biblia 257
Bigart, Homer 124, 125, 126, 127, 128, 130, 131, 132, 140, 155, 164
Biografía, de Castro 3, 5, 211, 230, 234, 236, 238, 239, 241, 243, 244, 246, 260, 261
Birch, John 259
Birchall, Frederick T. 46

Bishop, Jim 109
Blair, Jayson 6, 7
Bohr, Niels 243
Bonsal, Philip 157, 158, 161, 162
Bosch, José 91, 92, 177
Bracker, Milton 119, 126
Braden, Spruille 217, 218
Brigada Abraham Lincoln 54, 269
Brogan, John A., Jr. 103
Brown, John 242
Bryson, George E. 34
Buckley, William F., Jr. 193, 194
Bundy, McGeorge 227, 228
Bush, George W., administración de 6

Cable News Network (CNN) 202
Camp Columbia 105, 136, 137
Cantillo, Eulogio 138
Capa, Robert 53
Capitalismo 258
Capote, Truman 224
Cardona, José Miró 177
Carney, William P. 52, 56
Casa Blanca 6, 112, 139, 155, 166, 174, 182, 201, 203, 227, 228
Castro, Emma 102
Castro, Lidia 102
Castro, Raúl 75, 81, 100, 135, 147, 170, 247, 260
Catledge, Turner 115, 119, 124, 129, 140, 141, 143, 144, 145, 179, 182, 205, 206, 208, 267
Católicos 55, 56
CBS (*ver* Columbia Broadcasting System)
Censura 23, 29, 30, 34, 37, 38, 52, 66, 69, 77, 79, 80, 94, 96, 97, 98, 99, 101, 107, 114, 120, 121, 141, 173, 200, 209, 210, 231, 235
Chalabi, Ahmed 6

Chamberlain, John 245, 246
Chester, Edmund 99, 116, 185
Chiang Kaishek 183, 184
Chibás, Eduardo 27
Chibás, Raúl 103, 134
Chicago Tribune 103, 105, 139, 143, 210, 246
Chile 62, 191
Churchill, Winston 43
CIA (*ver* Agencia Central de Inteligencia)
Cienfuegos Base Naval de 135
CNN (*ver* Cable News Network)
La colina de San Juan 14, 42, 43
Colombia 68
Colonialismo 166
Coltman, Leycester 261
Columbia Broadcasting System (CBS) 98, 112, 114, 143, 223
Columbia Journalism Review 190
Comité por la Libertad de la Cultura 93
Comunismo 2, 4, 28, 52, 84, 95, 96, 99, 100, 103, 134, 147, 148, 151, 156, 162, 163, 165, 166, 169, 170, 172, 175, 176, 181, 188, 189, 190, 200, 210, 215, 218, 224, 225, 227, 231, 243, 250, 251, 259, 260, 261, 276, 277, 278 (*ver* Unión Soviética)
Congressional Record 221
Constitución 15
Corea 47, 65, 178
Corresponsales extranjeros 1, 18, 23, 60, 159, 205, 264, 265
Corrupción 27, 28, 55, 91, 101, 197
La Coubre 175
Creasy, Edward 127
Creelman, James 72

281

Crespo, Luís 81
Crisis de los misiles 201, 203, 204, 207, 224, 251, 253
Croce, Benedetto 49, 158
Cromwell, Oliver 242
Cuervo, Pelayo 69
Cushing, Richard 67, 103, 220

Daily News 221
Dale, Edwin L. 120
Daniel, Jean 207
Dante Alighieri 45, 49, 158, 257
Davis, Richard Harding 41, 42, 43, 50, 72, 173, 219, 229, 237, 241, 265
The Day Lincoln Was Shot (Bishop) 109
Delmer, Sefton 53
Democracia 3, 19, 53, 61, 84, 103, 117, 121, 123, 145, 249
Díaz, Epifanio 79, 274, 278
Díaz, José 20
Díaz, Porfirio 72
Dietrich, Bernard 234
La Divina Comedia (Dante Alighieri) 257
Dodd, Thomas J. 218, 219, 220, 225
Dorticós, Osvaldo 175, 176
Draper, Theodore 182, 190, 191, 210, 244
Dryfoos, Orvil E. 59, 119, 124, 178, 179, 180, 196, 199, 200
Dubois, Jules 105, 139, 140, 141, 144, 145, 210, 211, 220
Dulles, Allen 139
Dulles, John Foster 111, 150
Duranty, Walter 7, 48, 110, 263, 264

Eastland, James O. 215, 216, 221, 224, 267
Echeverría, Antonio 86, 88, 92, 100, 108, 109
The Ed Sullivan Show 155
The Education of a Correspondent (Matthews) 233, 256, 262, 268

Eisenhower, Dwight D. 65, 96, 111, 135, 150, 151, 152, 158, 177, 180, 182
Ejecuciones 145, 146, 147, 148, 150, 151, 153, 210
Elecciones 26, 27, 28, 36, 72, 84, 91, 92, 117, 123, 127, 128, 130, 135, 143, 147, 160, 177, 197, 223
El Vedado 65, 86
Embargo 1, 4, 17, 26, 28, 30, 34, 41, 43, 51, 66, 71, 72, 76, 84, 92, 94, 95, 100, 101, 105, 110, 116, 119, 123, 126, 127, 133, 134, 139, 148, 149, 155, 160, 162, 164, 170, 176, 180, 183, 184, 188, 193, 197, 199, 209, 211, 215, 223, 232, 235, 245, 246, 250, 255, 262, 263, 265, 268, 270, 276
Encounter 209, 210, 211, 212, 235
Enmienda Platt 15
Entrevista 1, 2, 5, 7, 35, 37, 45, 70, 72, 77, 78, 79, 83, 85, 86, 87, 88, 93, 95, 98, 99, 101, 104, 105, 107, 108, 112, 114, 116, 118, 119, 123, 140, 154, 155, 160, 161, 163, 165, 166, 190, 194, 201, 205, 206, 207, 219, 220, 221, 222, 228, 229, 232, 237, 247, 248, 262, 263, 266, 273, 274, 275
Estoicismo 257
Eyewitness to Abyssinia (Matthews) 51

Fascismo 18, 50, 52, 53, 61, 141, 149, 162, 173, 259
Federal Bureau of Investigations (FBI) 103, 169, 170, 171, 172, 173, 174, 175, 184, 185, 204, 211, 212, 213, 231, 232, 266
Fidel Castro (Matthews) 242, 243
Fidel Castro: Rebel-Liberator or Dictator (Dubois) 211
Flynn, Errol 248

For Whom the Bell Tolls (Hemingway) 54
Franco, Francisco 52, 53, 55, 56, 269
Frankel, Max 164, 165, 166, 179, 207
Franqui, Carlos 101, 102
Freedman, Emanuel R. 37, 39, 129, 141, 206, 207
Frías, Ciro 87
Fundación Carnegie para la Paz Internacional 47

Galíndez, Jesús de 170
Gardner, Arthur 67, 69, 105, 110, 111, 118, 218, 219, 220, 221, 222, 223, 225
Garst, Robert 119
Gellhorn, Martha 53, 54, 57, 125
Geyer, Georgie Anne 261
Gómez, Máximo 34
Goulart, João 228
Goya, Francisco 54, 245
Granma 10, 11, 12, 13, 28, 29, 32, 34, 36, 38, 62, 82, 120, 123, 133, 184, 274
Grau San Martín, Ramón 26, 27, 69
Guadalajara 56
Guantánamo Bahía 113
Guatemala 14, 65, 176, 178
Guerra, Eutimio 25, 32, 33, 87
Guerra Civil Española 6, 18, 52, 55, 61, 88, 95, 97, 118, 141, 149, 246, 259, 265, 269
Guerra Fría 2, 3, 6, 7, 14, 17, 38, 112, 174, 192, 195, 199, 200, 210, 251, 259, 260
Guerrilla 4, 69, 178, 234, 273
Guevara, Che 29, 100, 107, 147, 170, 176, 195, 252, 260
Guggenheim, Harry 145, 229

von Hagen, Mark 263, 264
Halberstam, David 265
Half of Spain Died (Matthews) 246

Hart, Armando 112, 176
Harvard 157
Havana Post 31, 70
Healy, George M., Jr. 143, 145
Hearst, William Randolph 42, 72, 103, 231
Hemingway, Ernest 6, 53, 54, 55, 88, 158, 194, 195, 265
Herter, Christian 133, 150, 151
Hewitt, Don 114
Hill, Robert C. 224
Hilton, Ronald 190, 197
Hispanic American Report 190, 197, 198, 208, 211
Hoffman, Wendell 113
Hoover, J. Edgar 170, 231
Hungría 21, 65, 117

Imperialismo 193
India 18, 59
Invasión, de Cuba 7
Invasión de Etiopía 6
Irak 6
Isla de Pinos 16
Italia 6, 18, 45, 48, 49, 50, 52, 53, 56, 58, 59, 76, 193, 260 (*ver* Fascismo)

James, Edwin L. 52, 60, 159
Japón 47
Jefferson, Thomas 225, 265
Johnson, Lyndon B. 228
Jordan, Robert 54

Keller, Bill 263
Kennedy, John F. 177
Kennedy, Robert 184
Kenny, James 213
Khrushchev, Nikita 165, 201, 203, 204, 205, 207, 208
Kihss, Peter 66, 67, 119
The Kingdom and the Power (Talese) 234
King Features Syndicate 103
Knowles, Clayton 125, 216
Kohn, Hans 170

L'Express 207
Lanz, José Luis Díaz 174, 175

Laos 183
Lazo, Mario 120
Legión Americana 193
Leonard, John 243, 246
Leyva, Emiliano 107, 108
Life 114
Lincoln, Abraham 54, 109, 154, 222, 225, 269
Lippmann, Walter 162
Llerena, Mario 93, 94, 97, 98, 102, 112, 113, 120
Loeb, Louis 216, 221
Long Island Daily Press 216
López-Fresquet, Rufo 110, 144, 152, 156, 176
Luce, Henry 161

Macartismo 6, 216, 259 (*ver* McCarthy, Joseph)
Machado, Gerardo 26, 36, 147, 159
Macmillan, Harold 143, 241
Madero, Francisco I. 72
Madrid 53, 54, 56
Mafia 21, 27, 274
Mailer, Norman 224, 265
Manifesto Comunista 191
Mann, Thomas C. 202
Manzanillo 15, 71, 72, 79, 82, 86
Mao Tse-Tung 184, 224, 265
Markel, Lester 205, 206
Márquez, Juan Manuel 13
Márquez Sterling, Carlos 120
Martí, José 12, 34, 130
Marx, Karl 190, 227
Matos, Felipe Guerra 73
Matthews, Eric 251, 273
Matthews, Herbert L. 6, 17, 39, 41, 66, 104, 105, 114, 143, 148, 154, 158, 162, 170, 172, 179, 184, 190, 192, 193, 196, 206, 215, 217, 219, 220, 222, 224, 225, 237, 239, 245, 266, 268, 269, 273, 274, 275, 276
Matthews, Nancie 138, 270
Matusow, Harvey 215, 216
Maxwell, W.D. 143, 144, 145

McCarthy, Francis L. 16, 189
McCarthy, Joseph 3, 125
McCormick, Anne 62
Medios 23, 38, 39, 66, 68, 81, 93, 118, 149, 154, 155, 182, 201, 215, 243, 251, 267, 277
Meet the Press 155
Mejías, Pichirilo 10, 11
Merz, Charles 216
Mesa, Miriam 71
México 4, 10, 11, 15, 18, 20, 28, 29, 72, 80, 93, 94, 99, 103, 106, 108, 159, 182, 185, 199, 201, 202, 204, 205, 224, 248, 249, 251
Mikoyan, Anastas 170, 175, 179
Mill, John Stuart 246
Miller, Judith 6
Moderados 92, 93, 110, 170
Moncada 16, 17, 28, 160, 190, 261
Morse, Wayne 145, 148
Movimiento 26 de Julio 11, 28, 75, 82, 84, 86, 93, 100, 101, 106, 109, 117, 128, 139, 162, 189, 273
Mujal, Eusebio 128
Murrow, Edward R. 3, 155
Mussolini, Benito 49, 51, 52, 53, 56, 162, 250, 259

Nagy, Imre 117
Nation 223
National Review 245
New Orleans Times-Picayune 143
New Republic 207
Newsday 143, 145, 229, 230
Newsweek 163, 164, 169, 192, 243
New York Herald 34, 41
New York Herald Tribune 99
New York Journal 41
The New York Times, 1, 2, 4, 6, 7, 14, 17, 18, 21, 22, 23, 24, 26, 29, 30, 31, 35, 36, 37, 38, 45, 46, 47, 48, 51, 52, 55, 57, 59, 66, 77, 80, 88, 94, 95, 97, 98, 101, 104, 110, 112, 114, 116, 118, 129, 132, 153,

156, 157, 158, 159, 161, 164, 167, 169, 171, 172, 177, 189, 192, 193, 194, 200, 208, 209, 215, 216, 217, 222, 225, 231, 237, 245, 250, 251, 270, 273, 274, 276, 279
Nixon, Richard 139, 151, 152, 166, 171, 177

Oakes, John B. 48, 196, 202, 236, 267, 269, 270
Ochs, Adolph S. 47
OEA (*ver* Organización de Estados Americanos)
Operación Verdad 146
Organización de Estados Americanos (OEA) 68
Ornes, Germán 31, 37
Otero, Ernestina 137
Overseas Press Club 189

País, Frank 117
Palacio Presidencial 14, 19, 20, 22, 26, 27, 30, 66, 99, 108, 112, 118, 135, 137, 138, 147, 206, 247, 273
Paramilitares 32
Partido Ortodoxo 27, 69
Pasajes de la Guerra Revolucionaria (Guevara) 252
Patterson, Alicia 143, 144
Pawley, William D. 135
Pazos, Felipe 35, 66, 91, 93, 120, 131, 144
Pazos, Javier 35, 39, 71, 72, 73, 86
Pearson's Magazine 72
Penguin Books 234
Pérez, Faustino 29, 35, 71, 205
Periodismo 3, 18, 41, 159, 193, 195, 225, 255, 262, 274
Perón, Juan 62, 96
Phillips, James Doyle 17, 159
Phillips, Ruby Hart 15, 17, 19, 21, 22, 23, 24, 26, 29, 31, 35, 39, 67, 70, 83, 84, 86, 109, 116, 118, 128, 131, 132, 136, 137, 138, 140, 145, 158, 161, 164, 172, 181, 201, 229, 262

Pico Turquino 9, 113, 223
Piedra, Carlos M. 138
Plantaciones 32
La Plata 33, 34, 273
Política exterior 6, 160, 182, 264
Premio Pulitzer 7, 48, 263
Prensa 3, 23, 26, 30, 31, 46, 53, 80, 81, 89, 101, 103, 105, 112, 115, 139, 144, 149, 153, 154, 155, 171, 182, 192, 193, 197, 198, 200, 204, 205, 206, 210, 215, 216, 220, 222, 223, 237, 238, 245, 252, 266, 269, 277 (*ver* Medios)
Prensa Latina 204
Prensa Libre 101
Presley, Elvis 65, 96
Primera Guerra Mundial 42, 43, 50, 52, 58, 158
Prío Socarrás, Carlos 26, 28, 91, 92, 116, 120
Propaganda 35, 57, 105, 112, 146, 157, 165, 253, 266, 273
Punta de Las Coloradas 20

Quarles, Donald A. 139
Quince Batallas Decisivas del Mundo (Creasy) 127

Radio Reloj 109
Raskin, Abe 232, 233
Reed, John 50, 265
Religión 255, 256, 258, 259
República Dominicana 31, 68, 119, 124, 126, 137, 163, 171
Republicanos, Españoles 53, 55
Resolución No. 1 170
Reston, James 178, 179, 180
Revolución 101, 102, 184
Revolución Americana 114
Revolución Francesa 141, 227, 241
Revolución Mexicana 72, 141
Ricardo Corazón de León 258
Río Tío Lucas 81, 275
Roa, Raúl 153, 175
Robin Hood 112, 130, 219, 222, 225, 242

Rodríguez, Carlos Rafael 165
Rodríguez, René 34, 39
Roosevelt, Franklin D. 15
Roosevelt, Theodore 14, 42
Roque, Roberto 9, 10, 11
Rough Riders 14, 43
Rusk, Dean 178
Ryan, Charles 114
Ryan, William F. 221

Sánchez, Celia 81, 113, 163
Sanciones 148, 182
Santamaría, Haydée 113, 163
Santiago de Cuba 10, 13, 139
Sartre, Jean-Paul 224
Saturday Review 195
Savonarola, Girolamo 55
Schlesinger, Arthur M., Jr. 157
Schuyler, Walter W. 68, 69
Scott, Edward 37, 70, 136, 137
Segunda Guerra Mundial 3, 6, 58, 124, 126, 127
Sheehan, Neil 265
Sierra Maestra 1, 5, 9, 20, 29, 32, 34, 71, 88, 89, 94, 97, 113, 114, 130, 154, 155, 163, 178, 190, 229, 252, 268, 278
Silvert, Kalman A. 250
Sindicatos 128, 176
60 Minutes 114
Smith, Earl E.T. 111, 112, 128, 133, 134, 138, 139, 141, 219, 221, 222, 223, 225
Snows, Edgar 224
Sourwine, Julien G. 217, 221, 222
Stalin, Joseph 7, 48, 96, 263, 264
Stewart, C. Allan 134
Stone, I. F. 208
Sulzberger, Arthur Hays 18, 46, 59, 119, 153, 178, 196, 200, 265, 270
Sulzberger, Arthur Ochs 199, 270
Sulzberger, Cyrus L. 60, 62

Szulc, Tad 163, 164, 179, 180, 181, 230

Taber, Robert 98, 112, 113, 114, 223, 224
Tabernilla, Francisco 107
Taiwan 184
Talese, Gay 234, 235
Tamayo, Martín Díaz 104
Televisión 3, 98, 112, 143, 155, 175, 187, 197, 241, 266
Terrorismo 6, 23, 128, 130, 173
Time 161, 162, 164, 193
Times World Wide Photographic Service 159
Topping, John 67
Trujillo, Rafael Leonidas 31, 68, 119, 171
Tuberculosis 44, 118, 235
Two Wars and More to Come (Matthews) 55

Uberti, Farinata degli 257
Unión Soviética 7, 14, 48, 111, 152, 167, 169, 170, 173, 174, 178, 179, 180, 200, 204, 207, 227, 260, 261, 263, 264
United Fruit Company 68
United Press International (UPI) 187, 188, 189, 190
Universidad de California en Berkeley 103
Universidad de La Habana 35, 68, 108, 159, 190, 204
Universidad de Michigan 198
Universidad de Oriente 86
Universidad de Stanford 190
UPI (*ver* United Press International)
Urrutia, Manuel 134, 144, 175

Verdeja, Santiago 99, 100, 101
Veteranos de la Brigada Abraham Lincoln 269
Vietnam 198, 228, 251, 263, 265
Vocero Occidental 104

La Voz de América 96

Wagner 21
Washington, George 225
Wieland, William A. 138, 139, 223
Willauer, Whiting 224
Winchell, Walter 216
A World in Revolution (Matthews) 245

www.ingramcontent.com/pod-product-compliance
Lightning Source LLC
Chambersburg PA
CBHW030433190426
43202CB00035B/52